律师

LAWYER IS COMING

道路交通纠纷律师答疑

（第二版）

庞哲学 编著

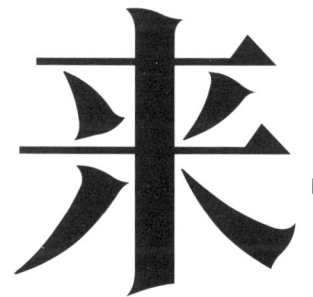

⑤

legal issues of road traffic

法律出版社
LAW PRESS·CHINA
—— 北京 ——

图书在版编目(CIP)数据

律师来了:道路交通纠纷律师答疑/庞哲学编著.--2版.--北京:法律出版社,2024
ISBN 978-7-5197-8034-0

Ⅰ.①律… Ⅱ.①庞… Ⅲ.①公路运输—交通运输事故—民事纠纷—中国—问题解答 Ⅳ.①D922.145

中国国家版本馆CIP数据核字(2023)第114104号

| 律师来了:道路交通纠纷律师答疑(第二版) LÜSHI LAILE:DAOLU JIAOTONG JIUFEN LÜSHI DAYI (DI-ER BAN) | 庞哲学 编著 | 责任编辑 蒋　橙 装帧设计 李　瞻 |

出版发行　法律出版社　　　　　　　　　开本　A5
编辑统筹　法律应用出版分社　　　　　　印张　11.375　字数　300千
责任校对　王晓萍　　　　　　　　　　　版本　2024年9月第2版
责任印制　刘晓伟　　　　　　　　　　　印次　2024年9月第1次印刷
经　　销　新华书店　　　　　　　　　　印刷　三河市龙大印装有限公司

地址:北京市丰台区莲花池西里7号(100073)
网址:www.lawpress.com.cn　　　　　　　销售电话:010-83938349
投稿邮箱:info@lawpress.com.cn　　　　　客服电话:010-83938350
举报盗版邮箱:jbwq@lawpress.com.cn　　咨询电话:010-63939796
版权所有·侵权必究

书号:ISBN 978-7-5197-8034-0　　　　　　定价:48.00元
凡购买本社图书,如有印装错误,我社负责退换。电话:010-83938349

前言

机动车已经逐渐成为人们主要的代步工具。随着机动车保有量的迅速增加,其所带来的一系列交通安全问题凸显出来,交通事故发生率逐年升高,事故造成的人身伤亡和财产损失也逐渐增加。

本书的编写目的就是通过实例讲解和法律分析,让读者明白交通事故发生后如何进行及时、正确的处理,以达到尽快解决纠纷、减少人身和财产损失的目的。为了使本书更具有实用性,本书的编写主要采取如下方法:

第一,引入实例。本书旨在通过对身边发生的案件和热门话题的分析、介绍,让读者更易于准确理解法律的含义,最终做到正确地使用法律。同时,参考类似的案例,更能轻松地解决生活实际问题。

第二,辅助法律分析。除了明确问题的解决方案外,本书同时进行了法律法规的辅助分析,让读者知其然更知其所以然,理解法理所在。

第三,重点问题突出讲解。本书强化了对违法行为的行政、刑事处罚的介绍和民事赔偿的介绍。尤其是对"逃逸""酒驾""套牌"等违法行为作出了反复论证，意在通过讲解相关行为的危害性和惩处力度，有效地降低违法行为发生的可能性。

第四，更新法律法规。随着《民法典》的推出，与其相关的配套司法文件及司法解释均已发生变化。因此，本书对相关法律法规进行了更新，同时，对违法记分规则、保险理赔等重大变化进行了重点提醒。

本书是一本通俗易懂、把法律融入生活的工具书。本书尽可能采用鲜活的案例、简明的语言，让读者对法律条款更容易接受。同时，本书采用法律的论证方法，让结论回到法律本身，从而做到有理有据。希望本书能为读者的生活带来一些帮助，把损失降到最低。

庞哲学

2024 年 8 月

第一章 道路交通事故的处理

第一节 道路交通常识 / 004

1. 道路交通事故的基本定义是什么？ / 004
2. 外籍人士持有境外机动车驾驶证的，如何获得我国的驾驶资格？ / 004
3. 尚未领取号牌和行驶证的新车，可否先应急上路，后补办登记手续？ / 007
4. 因借款需要对机动车抵押的，债权人能否要求进行抵押登记？ / 011
5. 机动车号牌能否被收缴、扣留？ / 014
6. 能否使用他人的机动车登记证书、号牌、行驶证、检验合格标志、保险标志？ / 017

第二节 交通事故现场处置 / 020

7. 发生交通事故后，现场应当如何应急处置？ / 020
8. 发生交通事故，仅造成轻微财产损失的，应当如何处置？ / 022
9. 发生交通事故，造成人身伤亡的，应当如何处置？ / 024
10. 发生交通事故后车辆逃逸的，目击或者发现的人员应当做什么？ / 027
11. 交通事故发生后，当事人应如何进行证据保全？ / 030

001

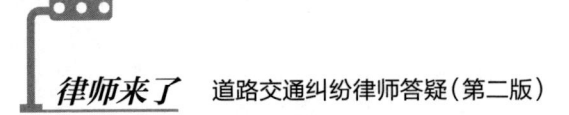

12. 车辆在道路以外通行时发生的事故，公安机关交通管理部门如何处理？ / 033

第三节　交通事故处理流程 / 035

13. 交通事故的处理程序是什么？ / 035

14. 交通事故发生后，如何确定有管辖权的公安机关交通管理部门？ / 037

15. 交通事故发生时没有报警，事后报案的，公安机关交通管理部门应当如何处理？ / 039

16. 对于造成死亡的交通事故案件，如何进行尸检程序？ / 042

17. 对于肇事车辆逃逸的交通事故案件，如何进行查缉程序？ / 044

18. 交通肇事车辆逃逸未被查获的，如何进行交通事故认定？ / 046

19. 公安机关交通管理部门在处理交通事故时应公开哪些内容？ / 048

20. 交警拒绝当事人查阅事故处理案卷时，当事人应该怎么办？ / 049

21. 当事人因交通事故受伤后，如何进行伤残鉴定？ /051

第四节　救济与垫付 / 053

22. "私了"应当注意哪些事项？ / 053

23. 交通事故的调解程序如何进行？ / 055

24. 事故各方当事人一致请求公安机关交通管理部门调解的，公安机关交通管理部门如何处理？ / 059

目 录

25. 公安机关交通管理部门主持的赔偿调解必须
    接受吗？/ 061
26. 案件经过交警调解的，是否还可以向法院提起
    诉讼？/ 063
27. 发生交通事故后，当事人在起诉时应当如何选择
    法院？/ 065
28. 针对道路交通事故人身损害赔偿诉讼，当事人需
    要准备哪些证据？/ 068
29. 交通事故受伤人员的抢救费用由谁承担？/ 071
30. 当事人如何申请支付、垫付交通事故中受伤人员
    的抢救费用？/ 074

第二章 道路交通事故的责任认定

第一节 道路交通事故的归责原则 / 078

31. 如何认定事故属于道路交通事故？/ 078
32. 机动车发生交通事故的，公安机关交通管理部门
    如何定责？/ 081
33. 交通事故是由非机动车驾驶人、行人故意造成的，
    机动车一方要承担责任吗？/ 084
34. 行人横穿马路被撞，司机可否减轻责任？/ 085
35. 在机动车道上拦截出租车发生交通事故的，责任
    如何承担？/ 087

第二节 道路交通事故认定 / 088

36. 公安机关交通管理部门拒不作出道路交通事故认定
    书的，当事人应该怎么办？/ 088

37. 不服公安机关交通管理部门作出的道路交通事故认定书的,当事人应该怎么办? / 091

38. 当事人与交警车相撞的,交警是否应当在事故认定时回避? / 094

第三节 道路交通事故具体的归责情形 / 096

39. 机动车所有人或者管理人在哪些情形下会承担责任? / 096

40. 未成年子女被撞,其父母未尽到监护责任的,父母是否应负责任? / 099

41. 未成年人造成交通事故的,谁来承担责任? / 101

42. 执行职务的过程中发生交通事故造成他人损害的,谁来负责? / 103

43. 受个人雇佣的雇员在工作期间发生交通事故的,谁来负责? / 105

44. 帮忙卸车发生事故的,谁来承担责任? / 106

45. 驾驶私车出公差发生车祸的,谁来赔偿? / 107

46. 救护车送医途中发生交通事故的,找谁赔偿? / 109

47. 饲养牲畜钻洞进入高速路段引发交通事故,责任怎么分担? / 111

48. 被盗车辆发生交通事故的,车主需要承担责任吗? / 113

49. 单纯因为机动车质量问题造成的交通事故由谁负责? / 114

50. 违法临时停车导致交通事故的,谁来负责? / 115

51. 汽车撞死名贵宠物,宠物饲养人或管理人是否有责任? / 117

52. 交通事故责任无法查清时,应如何认定赔偿
责任? / 119

53. 当事人违反停放规定引发交通事故的,应如何
承担责任? / 120

54. 当事人已经死亡的,还需要承担交通事故
责任吗? / 122

第三章 道路交通事故的损害赔偿处理

第一节 损害赔偿原则 / 126

55. 出了交通事故,能否把侵权人和保险公司列为共
同被告? / 126

56. 交强险理赔第三者人身伤亡及财产损失的方法是
什么? / 127

57. 商业三者险理赔第三者人身伤亡及财产损失的方
法是什么? / 129

58. 在受害人死亡又联系不到其家属的情况下,谁来
偿还施救者垫付的费用? / 131

59. 没有投保过交强险的车辆发生交通事故致人受伤
的,受害人应该找谁赔偿? / 132

60. 交通事故伤及乘车人的,应由谁赔偿损失? / 133

61. 上下班途中发生交通事故的,属于工伤吗? / 135

62. 职工在上下班途中因无证驾驶机动车导致伤亡
的,应否认定为工伤? / 137

63. 好意搭乘致搭乘人受伤的,由谁赔偿? / 138

64. 紧急避险出事故,损害赔偿谁担责? / 140

65. 自甘冒险搭车受伤的,搭车人有没有责任? / 142

第二节　损害赔偿具体处理 / 143

66. 挂靠在企业名下的车，在从事道路运输经营活动的过程中出了交通事故的，企业需要承担责任吗？/ 143

67. 转让后一直没有办理过户登记的车辆出了交通事故的，车辆的名义所有人需要承担责任吗？/ 144

68. 套牌车出了交通事故的，应该由谁承担责任？/ 146

69. 在驾校学车过程中，不小心出了交通事故的，应该由谁承担责任？/ 148

70. 驾驶人醉酒驾驶造成交通事故导致他人损害的，保险公司还需要对此进行赔偿吗？/ 149

71. 转让得来的车发生交通事故，车辆一直未办理交强险变更手续的，能继续用交强险赔偿吗？/ 151

72. 交强险人身伤亡保险金请求权可以转让或者设定担保吗？/ 152

73. 借名买车的，机动车发生交通事故应由谁来承担责任？/ 153

74. 分期付款的车辆发生事故的，保留所有权的出卖人应否担责？/ 154

75. 连环购车但未办理过户手续的，发生事故由谁赔偿？/ 156

76. 高速路上的障碍物引发车祸的，公路管理部门是否担责？/ 158

77. 拼装车、已达到报废标准的机动车或者依法禁止行驶的其他机动车发生交通事故的，应由谁承担赔偿责任？/ 161

78. 试乘人在试乘过程中发生交通事故造成自己损害

的,应由谁承担赔偿责任? / 163

79. 代驾司机造成交通事故的,应由谁来赔偿? / 164

80. 学校包车组织学生到郊区爬山,途中发生交通事故致使学生受伤的,学校应当承担法律责任吗? / 167

第四章 道路交通事故的损害赔偿项目

第一节 道路交通事故损害赔偿的一般知识 / 172

81. 机动车发生交通事故造成人身伤亡、财产损失的,赔偿项目有哪些? / 172

82. 交警不定责,损害如何赔? / 174

第二节 道路交通事故中的财产损害赔偿 / 176

83. 交通事故中的财产损失如何赔偿? / 176

84. 交通事故导致营运车辆受损的,对维修期间的停运损失可以要求赔偿吗? / 178

85. 发生交通事故后,受害人能否要求侵权人赔偿车辆贬值损失? / 180

第三节 道路交通事故中的精神损害赔偿 / 182

86. 交通事故造成人身、财产损害的,能请求精神损害赔偿吗? / 182

87. 发生交通事故后,谁可以提出精神损害赔偿?应在什么时间提出精神损害赔偿? / 184

第四节 交通事故中的人身损害赔偿 / 185

88. 医疗费如何计算? / 185

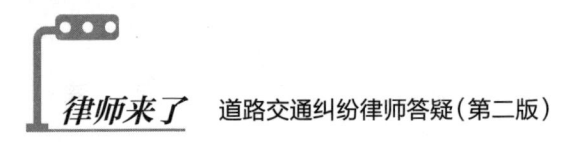

89. 误工费如何计算？／188

90. 护理费如何计算？／191

91. 交通费如何计算？／193

92. 住宿费与伙食费如何计算？／194

93. 营养费如何计算？／196

94. 残疾赔偿金如何计算？／198

95. 残疾辅助器具费如何计算？／202

96. 被扶养人生活费如何计算？／204

97. 丧葬费如何计算？／207

98. 死亡赔偿金如何计算？／209

99. 意外保险已报销医疗费的，受害人是否还可以向侵权人索赔？／210

100. 死亡赔偿金能否作为遗产分割？／212

第五章　道路交通事故的保险理赔

101. 肇事车辆驾驶人逃逸或者无法查明肇事司机，事故责任难以划分的，交强险保险公司能否拒赔？／216

102. 车辆买卖未通知保险公司的，发生事故保险公司能否拒赔？／217

103. 在保险期内发生改装、使用性质改变的机动车发生交通事故的，保险公司是否应当理赔？／220

104. 车辆的牌照是临时的，保险公司能拒赔吗？／221

105. 投保人未缴足保险费，车辆发生交通事故的，怎么理赔？／223

106. 被保险人没有及时报案的，如何理赔？／225

107. 醉酒驾车发生事故造成他人财产损失的,交强险赔不赔? / 226

108. 驾驶人记分已达 12 分,公安机关交通管理部门未扣留驾驶证,发生事故后保险公司能否拒赔? / 228

第六章 道路交通事故处罚

第一节 道路交通事故行政处罚 / 232

109. 饮酒后驾驶机动车的,应如何处罚? / 232
110. 醉酒驾驶机动车的,应如何处罚? / 233
111. 饮酒后驾驶营运机动车的,应如何处罚? / 235
112. 醉酒驾驶营运机动车的,应如何处罚? / 237
113. 酒后驾驶机动车发生重大交通事故构成犯罪的,如何处罚? / 239
114. 驾驶客运车辆超载的,应如何处罚? / 240
115. 驾驶货运车辆超载的,应如何处罚? / 243
116. 对超载车辆运输单位的负责人,应如何处罚? / 246
117. 机动车违反规定停放的,应如何处理? / 247
118. 因采取不正确的方法拖车造成机动车损坏的,应如何处理? / 249
119. 上道路行驶的机动车未按规定携带驾驶证的,应如何处理? / 251
120. 对于故意遮挡、污损或者不按规定安装机动车号牌的行为,应如何处罚? / 253
121. 伪造、变造或者使用伪造、变造的机动车登记证书、号牌、行驶证、驾驶证的,应如何处罚? / 255

122. 伪造、变造或者使用伪造、变造的检验合格标志、
 保险标志的，应如何处罚？ / 258
123. 使用其他车辆的行驶证的，应如何处罚？ / 260
124. 被依法扣留的机动车，何时可以退还
 当事人？ / 262
125. 非法安装警报器、标志灯具的，应如何处罚？ / 265
126. 对未取得机动车驾驶证、机动车驾驶证被吊销或
 者机动车驾驶证被暂扣期间驾驶机动车的，应如
 何处罚？ / 267
127. 将机动车交由未取得机动车驾驶证或者机动车
 驾驶证被吊销、暂扣的人员驾驶的，应如何
 处罚？ / 270
128. 造成交通事故后逃逸，尚不构成犯罪的，如何
 处罚？ / 272
129. 对强迫机动车驾驶人违反道路交通安全法律、法
 规和机动车安全驾驶要求驾驶机动车，造成交通
 事故，尚不构成犯罪的，应如何处罚？ / 275
130. 违反交通管制的规定强行通行的，应如何
 处罚？ / 277
131. 故意损毁、移动、涂改交通设施，造成危害后果，
 尚不构成犯罪的，应如何处罚？ / 279
132. 非法拦截、扣留机动车辆，不听劝阻，造成交通严
 重阻塞或者较大财产损失的，应如何处罚？ / 282
133. 驾驶拼装的机动车或者已达到报废标准的机动车
 上道路行驶的，对该机动车应如何处理？ / 283

目 录

134. 对驾驶拼装的机动车或者已达到报废标准的机动车上道路行驶的驾驶人,应如何处罚? / 286

135. 对交通肇事构成犯罪的机动车驾驶人,是否应吊销其驾驶证? / 287

136. 对造成交通事故后逃逸,构成犯罪的机动车驾驶人,应如何处罚? / 289

137. 在道路两侧及隔离带上种植树木、其他植物或者设置有关设施,妨碍安全视距的,应如何处理? / 292

138. 交通警察能否当场收取罚款? / 295

139. 公安机关交通管理部门收取罚款应出具什么收据?不出具法律规定的收据的,当事人能否拒绝缴纳罚款? / 296

140. 公安机关交通管理部门或者交通警察的违法行为给当事人造成损失的,应如何处理? / 298

141. 车内挂饰物是否应被罚款? / 301

142. 公安机关交通管理部门造成暂扣车辆损坏的,车辆所有人该怎么办? / 303

143. 发生交通事故后,受害方可以自行扣押肇事车辆吗? / 304

144. 机动车不贴交强险标志的,交警是否可以扣留该车? / 306

145. 交警能否收取拖车费? / 307

第二节 道路交通事故刑事处罚 / 309

146. 交通肇事在哪些情形下构成故意伤害罪或故意杀人罪? / 309

147. 闹市区连续撞人致多人伤亡,会构成以危险方法危害公共安全罪吗? / 311

148. 步行也会构成交通肇事罪吗? / 313

149. 乘客在小区门口下车,在开门时将人撞死,其行为应如何定性? / 314

150. 意外撞人后逃逸致被害人死亡的行为构成何罪? / 317

151. 犯罪嫌疑人因交通肇事被判刑后,被害人还能要求民事赔偿吗? / 319

152. 司机未察觉事故发生而离开事故现场的,是否属于肇事逃逸? / 321

第七章 参考案例

153. 交通事故伤残参考案例 / 326
154. 刑事案件审结后另行提起民事诉讼参考案例 / 337
155. 交通肇事逃逸参考案例 / 342
156. 醉驾刑事处罚参考案例 / 344

Chapter 1

第一章

道路交通事故的处理

律师来了 道路交通纠纷律师答疑(第二版)

第一节　道路交通常识

1.道路交通事故的基本定义是什么？

律师答疑

道路是指公路、城市道路和虽在单位管辖范围内但允许社会机动车通行的地方，包括广场、公共停车场等用于公众通行的场所。而交通事故是指车辆在道路上因过错或者意外造成的人身伤亡或者财产损失的事件。车辆既包括机动车也包括非机动车。

道路交通事故与非道路交通事故在适用法律法规、保险理赔、刑事处罚等方面存在一定的区别。车辆在道路上通行时，主要参照《道路交通安全法》《道路交通安全法实施条例》《机动车登记规定》等法律法规。发生交通事故并构成刑事犯罪的，主要以交通肇事罪及危险驾驶罪进行处罚。

2.外籍人士持有境外机动车驾驶证的，如何获得我国的驾驶资格？

法律咨询

澳大利亚友人 Devaid 在中国某大学研究生院留学，假期想自驾到西藏旅游。一年前，Devaid 在澳大利亚顺利通过了该国的驾

第一章　道路交通事故的处理

照考试，并成功获取了澳大利亚的驾照。请问，Devaid 能否持澳大利亚驾照在我国驾驶机动车？是否需要换发中国的驾驶证？如何办理相关手续？

律师答疑

如果 Devaid 符合我国国务院公安部门规定的驾驶许可条件，经公安机关交通管理部门考核合格，可以给其换发中国的机动车驾驶证。

首先，《道路交通安全法》第 19 条第 3 款规定，对于持有境外机动车驾驶证的人，符合国务院公安部门规定的驾驶许可条件，经公安机关交通管理部门考核合格的，可以发给中国的机动车驾驶证。根据上述规定，境外机动车驾驶证可以换发中国的机动车驾驶证。随着我国改革开放的不断深入，外国人驾驶机动车临时进入我国境内和我国公民在外国取得机动车驾驶证后又回国定居的情况越来越普遍。为了方便他们的出行，同时保障交通安全，有必要对其进行一定的考核后发给中国的机动车驾驶证。

其次，持有境外机动车驾驶证是指已经持有外国或我国港澳台地区机动车驾驶证，符合国务院公安部门规定的驾驶许可条件的，经公安机关交通管理部门考核合格后，可以发给中国境内的机动车驾驶证，允许其在我国境内驾驶机动车。申请换发中国的机动车驾驶证时，外国人可以根据情况，分别申请机动车驾驶证或者申领临时机动车驾驶许可。具体来说，对于居住在我国境内，并在境内驾驶车辆的境外人员，在提交有关证明后可以申请在全国有效的机动车驾驶证；对于临时入境的境外人员，则应当申领在规定的时间、路线上有效的临时机动车驾驶许可。申请中国的机动车驾驶证，必须符合国务院公安部门规定的驾驶许可条件，包括身体条件和年龄条件等。对境外驾驶员考核发给中国的机动车驾驶证的具体管理工作，按照管理权限，应由公安机关交通管理部门负责。

最后，港澳台同胞和海外侨胞如果临时入境驾驶机动车辆旅游、探亲或参加比赛，也应当参照外国人申领临时机动车驾驶许可的办法办理。

法律依据

> **《中华人民共和国道路交通安全法》**
>
> **第十九条** 驾驶机动车，应当依法取得机动车驾驶证。
>
> 申请机动车驾驶证，应当符合国务院公安部门规定的驾驶许可条件；经考试合格后，由公安机关交通管理部门发给相应类别的机动车驾驶证。
>
> 持有境外机动车驾驶证的人，符合国务院公安部门规定的驾驶许可条件，经公安机关交通管理部门考核合格的，可以发给中国的机动车驾驶证。
>
> 驾驶人应当按照驾驶证载明的准驾车型驾驶机动车；驾驶机动车时，应当随身携带机动车驾驶证。
>
> 公安机关交通管理部门以外的任何单位或者个人，不得收缴、扣留机动车驾驶证。

3. 尚未领取号牌和行驶证的新车，可否先应急上路，后补办登记手续？

📖 法律咨询

暑假期间，张某携妻子和两个孩子前往广州探望亲人王某。一家人在当地旅游期间，气候炎热和连日降雨给出行造成极大不便。为此，很早就有买车打算的王某决定购置一辆新车，以解决出行问题。经过对比多家4S店，王某决定购置某品牌小客车。但新车没有牌照，也没有行驶证。请问，张某是否能因急需使用小客车而先上路，后补办登记手续？

📝 律师答疑

不得因张某急需用车而先购车上路后补办登记手续。

机动车上道路行驶的，必须依法登记并领取号牌和行驶证。本案中，尚未登记的机动车，即使需要临时上道路行驶，也应当先取得临时通行牌证。禁止先应急上路，后补办登记手续。

根据《道路交通安全法》第8条的规定，尚未登记的机动车，需要临时上道路行驶的，应当取得临时通行牌证。机动车上道路行驶必须依法登记并领取号牌和行驶证。但是，机动车从出厂或者进口到上道路行驶，中间还有运输、销售的过程。同时机动车所有人购买机动车以后，在申请登记前的这段时间，也需要临时上道路行驶，如返回住所、前往办理机动车登记手续等。对这些尚未取得机动车号牌、行驶证的机动车实行临时通行牌证管理，是整个机动车牌证管理制度的一部分。临时通行牌证应当由公安机关交通管理部门依法发放，只能用于机动车运输、移动等临时通行需要，

007

不得代替机动车牌证。使用临时通行牌证的机动车应当按照国家规定，及时办理机动车登记手续，取得正式的机动车牌证。

📂 拓展延伸

临时行驶车号牌的核发有效期因申领情形的不同而不同。例如，常见的购置新车临时行驶车号牌的核发有效期不超过 30 日。机动车所有人需要多次申领临时行驶车号牌的，车辆管理所核发临时行驶车号牌不得超过 3 次。因疫情、疾病等重大事件导致机动车所有人无法现场办理申领手续的，可以通过电子平台申领临时行驶车号牌。科研、定型试验车临时行驶车号牌的核发有效期不超过 6 个月。因轴荷、总质量、外廓尺寸超出国家标准不予办理注册登记的特型机动车临时行驶车号牌的核发有效期不超过 90 日。此外，随着智能驾驶的科技研发的推进，对智能网联机动车进行道路测试、示范应用需要上道路行驶的，其临时行驶车号牌有效期应当与准予道路测试、示范应用凭证上签注的期限保持一致，但最长不得超过 6 个月。

申领临时行驶车号牌应当提交机动车所有人的身份证明和机动车交通事故责任强制保险凭证。对于未销售的机动车及因轴荷、总质量、外廓尺寸超出国家标准不予办理注册登记的特型机动车，需补充提交机动车整车出厂合格证明或者进口机动车进口凭证。通过购买、调拨、赠与等方式获得机动车后尚未注册登记的，需补充提交来历证明，以及机动车整车出厂合格证明或者进口机动车进口凭证。对于新车出口销售的，需补充提交机动车制造厂出具的安全技术检验证明以及机动车出口证明。对于进行科研、定型试验的机动车，需补充提交书面申请，以及机动车安全技术检

第一章　道路交通事故的处理

验合格证明或者机动车制造厂出具的安全技术检验证明。另外，对于智能网联机动车进行道路测试、示范应用需要上道路行驶的，道路测试、示范应用单位应当向车辆管理所申领临时行驶车号牌，提交道路测试、示范应用单位的身份证明，机动车交通事故责任强制保险凭证，经主管部门确认的道路测试、示范应用凭证，机动车安全技术检验合格证明。

法律依据

《中华人民共和国道路交通安全法》

第八条　国家对机动车实行登记制度。机动车经公安机关交通管理部门登记后，方可上道路行驶。尚未登记的机动车，需要临时上道路行驶的，应当取得临时通行牌证。

《机动车登记规定》

第四十六条　机动车具有下列情形之一，需要临时上道路行驶的，机动车所有人应当向车辆管理所申领临时行驶车号牌：

（一）未销售的；

（二）购买、调拨、赠予等方式获得机动车后尚未注册登记的；

（三）新车出口销售的；

（四）进行科研、定型试验的；

（五）因轴荷、总质量、外廓尺寸超出国家标准不予办理注册登记的特型机动车。

第四十七条　机动车所有人申领临时行驶车号牌应当提交以下证明、凭证：

（一）机动车所有人的身份证明；

（二）机动车交通事故责任强制保险凭证；

（三）属于第四十六条第一项、第五项规定情形的，还应当提交机动车整车出厂合格证明或者进口机动车进口凭证；

（四）属于第四十六条第二项规定情形的，还应当提交机动车来历证明，以及机动车整车出厂合格证明或者进口机动车进口凭证；

（五）属于第四十六条第三项规定情形的，还应当提交机动车制造厂出具的安全技术检验证明以及机动车出口证明；

（六）属于第四十六条第四项规定情形的，还应当提交书面申请，以及机动车安全技术检验合格证明或者机动车制造厂出具的安全技术检验证明。

车辆管理所应当自受理之日起一日内，审查提交的证明、凭证，属于第四十六条第一项、第二项、第三项规定情形，需要临时上道路行驶的，核发有效期不超过三十日的临时行驶车号牌。属于第四十六条第四项规定情形的，核发有效期不超过六个月的临时行驶车号牌。属于第四十六条第五项规定情形的，核发有效期不超过九十日的临时行驶车号牌。

因号牌制作的原因，无法在规定时限内核发号牌的，车辆管理所应当核发有效期不超过十五日的临时行驶车号牌。

对属于第四十六条第一项、第二项规定情形，机动车所有人需要多次申领临时行驶车号牌的，车辆管理所核发临时行驶车号牌不得超过三次。属于第四十六条第三项规定情形的，车辆管理所核发一次临时行驶车号牌。

临时行驶车号牌有效期不得超过机动车交通事故责任强

第一章 道路交通事故的处理

制保险有效期。

机动车办理登记后,机动车所有人收到机动车号牌之日起三日后,临时行驶车号牌作废,不得继续使用。

第四十八条 对智能网联机动车进行道路测试、示范应用需要上道路行驶的,道路测试、示范应用单位应当向车辆管理所申领临时行驶车号牌,提交以下证明、凭证:

(一)道路测试、示范应用单位的身份证明;

(二)机动车交通事故责任强制保险凭证;

(三)经主管部门确认的道路测试、示范应用凭证;

(四)机动车安全技术检验合格证明。

车辆管理所应当自受理之日起一日内,审查提交的证明、凭证,核发临时行驶车号牌。临时行驶车号牌有效期应当与准予道路测试、示范应用凭证上签注的期限保持一致,但最长不得超过六个月。

4. 因借款需要对机动车抵押的,债权人能否要求进行抵押登记?

法律咨询

张某因公司生产经营的资金周转需要,向孙某借款20万元。在合同签署完毕后,孙某要求张某以其名下的小客车作抵押,并要求张某到车辆管理所办理抵押登记。孙某承诺于抵押登记办理完毕后转款。但张某认为双方均为朋友,既然合同已签,没必要办理抵押登记。请问,小客车抵押是否需要登记?哪些情况需要登记?

011

律师来了 道路交通纠纷律师答疑(第二版)

律师答疑

机动车属于特殊动产,实行登记制度。根据《民法典》第225条的规定,机动车的物权的设立、变更、转让和消灭,未经登记不得对抗善意第三人。因此,本案中,只有对小客车进行抵押登记,才能有效地保护孙某的权益。

机动车需要登记的类型有以下四种:

首先,注册登记。《道路交通安全法》第8条规定,国家对机动车实行登记制度。机动车经公安机关交通管理部门登记后,方可上道路行驶。机动车依法进行注册登记以后,所登记的事项依法载入机动车登记档案之中,这些信息是公安机关交通管理部门实施道路交通管理的重要依据,也是公民、法人和其他组织从事相关活动时重要的参考资料。

其次,转移、变更登记。根据《道路交通安全法》第12条的规定,已经登记的机动车遇到下列特定情形,也要到公安机关交通管理部门进行特别登记:(1)机动车所有权发生转移。如机动车所有人将机动车转让,则机动车所有权已经归他人所有,应当到道路交通管理部门将机动车所有权登记到别人名下。(2)机动车登记内容变更。已注册登记的机动车有下列情形之一的,机动车所有人应当向登记地车辆管理所申请变更登记:改变车身颜色的;更换发动机的;更换车身或者车架的;因质量问题更换整车的;机动车登记的使用性质改变的;机动车所有人的住所迁出、迁入车辆管理所管辖区域的。其中属于改变车身颜色、更换发动机、更换车身或者车架的变更事项的,机动车所有人应当在变更后10日内向车辆管理所申请变更登记。

再次,抵押登记。在机动车上设定抵押,属于对车辆所有人权利的重大限制。在抵押期间,车辆未经抵押权人同意,不得随便转让、

第一章　道路交通事故的处理

处分。在使用该车辆抵押担保的债务到期无法清偿的情况下，抵押权人有权要求处置该车辆偿还债务。要求机动车抵押进行登记，就是为了保证债权人的抵押权的实现，保障民事活动的顺利进行。

最后，注销登记。机动车报废的，应按照国家规定及时办理相应的登记手续。

拓展延伸

不得对抗善意第三人的意思是第三人的合法权利不受双方当事人之间的约定损害。如果机动车未按规定及时进行登记，就会出现机动车被无权处分、机动车发生交通事故后无法认定责任主体、机动车被法院强制执行等问题。

法律依据

《中华人民共和国民法典》

第二百二十五条　船舶、航空器和机动车等的物权的设立、变更、转让和消灭，未经登记，不得对抗善意第三人。

《中华人民共和国道路交通安全法》

第八条　国家对机动车实行登记制度。机动车经公安机关交通管理部门登记后，方可上道路行驶。尚未登记的机动车，需要临时上道路行驶的，应当取得临时通行牌证。

第十二条　有下列情形之一的，应当办理相应的登记：

（一）机动车所有权发生转移的；

（二）机动车登记内容变更的；

（三）机动车用作抵押的；

（四）机动车报废的。

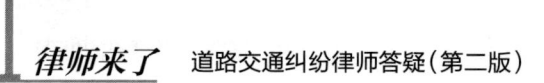

5.机动车号牌能否被收缴、扣留?

法律咨询

2020年春节期间,李某开着新车带着家人回老家过年。途经某国道路段时,被现场执勤交警拦下。交警以李某违章驾驶为由要求其交罚款,而李某由于不服,拒绝交罚款。交警为了惩罚李某,便将其机动车号牌当场卸下并拿走。请问,交警的此种行为是否合法?

律师答疑

本案中交警扣留李某机动车号牌的做法不合法。

首先,机动车系合法所有且其号牌真实、有效时,任何单位和个人不得将该机动车的号牌收缴。根据《道路交通安全法》第11条第3款的规定,任何单位和个人不得收缴、扣留机动车号牌。这是因为,机动车号牌是机动车登记主管部门依法发放的用于证明机动车身份的凭证。因此,只要机动车系合法所有且其号牌真实、有效,任何单位和个人不得扣留、收缴机动车号牌,否则不利于道路交通安全管理工作。如果允许只扣留机动车的号牌,而不扣留机动车,那么机动车就会成为没有号牌的机动车,这样的机动车上道路行驶反而更危险,更不利于道路交通安全管理。

其次,机动车号牌存在特定违法情形时,公安机关交通管理部门有权进行收缴。如果机动车的号牌、行驶证本身存在违反道路交通安全法律法规的情况,如号牌、行驶证系伪造、变造的,公安机关交通管理部门就有权依法将该机动车扣留,并将伪造、变造的机动车号牌、行驶证予以收缴。

第一章　道路交通事故的处理

实践中，遇到任何单位或者个人收缴、扣留机动车号牌的，机动车所有人都有权当场予以拒绝，并向有关部门反映。公安机关交通管理部门以及其他有关部门接到相应的投诉、反映，应当及时依法予以查清并作出相应处理。公安机关交通管理部门收缴、扣留机动车号牌的，应当及时返还；其他任何单位和个人收缴、扣留机动车号牌的，应当责令行为人及时退还，或者追回后退还。对于收缴、扣留他人机动车号牌的单位和个人，还要依照有关规定追究其法律责任。这里的任何单位和个人包括公安机关交通管理部门及其执法人员在内。

拓展延伸

机动车被依法扣留的情形相对多一些。比如，发现该车辆未悬挂机动车号牌，未放置检验合格标志、保险标志，或者未随车携带机动车行驶证、驾驶证的；伪造、变造或者使用伪造、变造的机动车登记证书、号牌、行驶证、驾驶证的；机动车所有人、管理人未按照国家规定投保机动车第三者责任强制保险等情形。若存在机动车是非法拼装的车辆或者应当报废的车辆等情形，公安机关交通管理部门可以依法收缴该机动车，予以强制报废。

法律依据

《中华人民共和国道路交通安全法》

第十一条　驾驶机动车上道路行驶，应当悬挂机动车号牌，放置检验合格标志、保险标志，并随车携带机动车行驶证。

机动车号牌应当按照规定悬挂并保持清晰、完整，不得故意遮挡、污损。

任何单位和个人不得收缴、扣留机动车号牌。

《道路交通安全违法行为处理程序规定》

第二十七条　有下列情形之一的，依法扣留车辆：

（一）上道路行驶的机动车未悬挂机动车号牌，未放置检验合格标志、保险标志，或者未随车携带机动车行驶证、驾驶证的；

（二）有伪造、变造或者使用伪造、变造的机动车登记证书、号牌、行驶证、检验合格标志、保险标志、驾驶证或者使用其他车辆的机动车登记证书、号牌、行驶证、检验合格标志、保险标志嫌疑的；

（三）未按照国家规定投保机动车交通事故责任强制保险的；

（四）公路客运车辆或者货运机动车超载的；

（五）机动车有被盗抢嫌疑的；

（六）机动车有拼装或者达到报废标准嫌疑的；

（七）未申领《剧毒化学品公路运输通行证》通过公路运输剧毒化学品的；

（八）非机动车驾驶人拒绝接受罚款处罚的。

对发生道路交通事故，因收集证据需要的，可以依法扣留事故车辆。

第三十八条　公安机关交通管理部门对扣留的拼装或者已达到报废标准的机动车，经县级以上公安机关交通管理部门批准后，予以收缴，强制报废。

第三十九条　对伪造、变造或者使用伪造、变造的机动车登记证书、号牌、行驶证、检验合格标志、保险标志、驾驶证

第一章　道路交通事故的处理

的,应当予以收缴,依法处罚后予以销毁。

对使用其他车辆的机动车登记证书、号牌、行驶证、检验合格标志、保险标志的,应当予以收缴,依法处罚后转至机动车登记地车辆管理所。

6. 能否使用他人的机动车登记证书、号牌、行驶证、检验合格标志、保险标志?

法律咨询

小章酷爱自驾旅行。但因当地车辆管理政策限制,小客车购车指标不容易获得。于是小章在与好友小林协商后,购置了一台外观和车型与小林名下车辆完全相同的小轿车。这样,小章就可以套用小林的机动车登记证书、号牌、行驶证、检验合格标志和保险标志。请问,小章和小林的此种做法是否符合规定?

律师答疑

本案中小章套用小林机动车登记证书、号牌、行驶证、检验合格标志和保险标志的行为不合法。

任何单位或者个人不得使用其他机动车的登记证书、号牌、行驶证、检验合格标志、保险标志。使用其他车辆的机动车登记证书、号牌、行驶证、检验合格标志、保险标志的,由公安机关交通管理部门予以收缴,扣留该机动车,处2000元以上5000元以下罚款。本案中,如果小章套用小林的车辆号牌发生交通事故,由小章和小林对事故造成的损失承担连带责任。

017

"使用其他机动车的登记证书、号牌、行驶证、检验合格标志、保险标志",是指通过购买、租、借等方式使用其他机动车的登记证书、号牌、行驶证、检验合格标志或者保险标志的行为。根据《道路交通安全法》第 16 条第 4 项的规定,任何单位或者个人不得使用其他机动车的登记证书、号牌、行驶证、检验合格标志、保险标志。

根据《道路交通安全法》第 96 条第 3 款、第 4 款的规定,使用其他车辆的机动车登记证书、号牌、行驶证、检验合格标志、保险标志的,由公安机关交通管理部门予以收缴,扣留该机动车,处 2000 元以上 5000 元以下罚款。当事人提供相应的合法证明或者补办相应手续的,应当及时退还机动车。民事赔偿方面,根据《最高人民法院关于审理道路交通事故损害赔偿案件适用法律若干问题的解释》第 3 条的规定,被套牌机动车所有人或者管理人同意套牌的,应当与套牌机动车的所有人或者管理人承担连带责任。

拓展延伸

除上述使用其他机动车号牌的违法行为外,针对机动车号牌的违法行为还包括使用假牌,套牌,使用机动车号牌贴伪造、变造机动车号牌;故意污损、遮挡或者不按规定安装机动车号牌;未悬挂机动车号牌。假牌、套牌行为一经发现,按伪造、变造机动车号牌查处,即依据《道路交通安全法》第 96 条第 1 款的规定,由公安机关交通管理部门予以收缴,扣留该机动车,处 15 日以下拘留,并处 2000 元以上 5000 元以下罚款;构成犯罪的,依法追究刑事责任。故意污损、遮挡号牌或者不按规定安装机动车号牌的,依据

第一章 道路交通事故的处理

《道路交通安全法》第90条的规定，处警告或者20元以上200元以下罚款。未悬挂机动车号牌的，公安机关交通管理部门应当扣留机动车，通知当事人提供相应的牌证、标志或者补办相应手续，并可以依照《道路交通安全法》第90条的规定予以处罚。购置新车时，销售单位代办临时行驶车号牌时存在假冒、伪造、变造等违法行为造成车辆所有人损失的，应由销售单位承担侵权责任。

法律依据

《中华人民共和国道路交通安全法》

第十六条 任何单位或者个人不得有下列行为：

（一）拼装机动车或者擅自改变机动车已登记的结构、构造或者特征；

（二）改变机动车型号、发动机号、车架号或者车辆识别代号；

（三）伪造、变造或者使用伪造、变造的机动车登记证书、号牌、行驶证、检验合格标志、保险标志；

（四）使用其他机动车的登记证书、号牌、行驶证、检验合格标志、保险标志。

第九十六条 伪造、变造或者使用伪造、变造的机动车登记证书、号牌、行驶证、驾驶证的，由公安机关交通管理部门予以收缴，扣留该机动车，处十五日以下拘留，并处二千元以上五千元以下罚款；构成犯罪的，依法追究刑事责任。

伪造、变造或者使用伪造、变造的检验合格标志、保险标志的，由公安机关交通管理部门予以收缴，扣留该机动车，处十日以下拘留，并处一千元以上三千元以下罚款；构成犯罪的，依法追究刑事责任。

使用其他车辆的机动车登记证书、号牌、行驶证、检验合格标志、保险标志的，由公安机关交通管理部门予以收缴，扣留该机动车，处二千元以上五千元以下罚款。

当事人提供相应的合法证明或者补办相应手续的，应当及时退还机动车。

《最高人民法院关于审理道路交通事故损害赔偿案件适用法律若干问题的解释》

第三条 套牌机动车发生交通事故造成损害，属于该机动车一方责任，当事人请求由套牌机动车的所有人或者管理人承担赔偿责任的，人民法院应予支持；被套牌机动车所有人或者管理人同意套牌的，应当与套牌机动车的所有人或者管理人承担连带责任。

第二节 交通事故现场处置

7. 发生交通事故后，现场应当如何应急处置？

法律咨询

魏女士刚刚通过驾驶资格考试，购置了一辆新车代步。某日，魏女士驾车行至一个十字路口时，因冬天下雪路滑加上其紧张忘

第一章 道路交通事故的处理

记提前刹车，而与前方一辆小客车发生碰撞。事故发生后，没有经历过此种情况的魏女士一时之间手足无措，不知如何是好。请问，在道路上发生交通事故后，魏女士应当如何处理？

律师答疑

根据《道路交通安全法》第 70 条第 1 款的规定，在道路上发生交通事故后，车辆驾驶人魏女士应当采取以下紧急处置措施：

首先，立即停车。当发生交通事故时，机动车驾驶人应当首先采取制动措施停车，以避免交通事故损害的进一步扩大。这也有利于现场证据的固定和交通事故的处理。

其次，保护现场。当发生交通事故时，要注意保护好现场，以便查明造成交通事故的原因，分清双方的责任。现场的范围通常是指机动车采取制动措施时的地域至停车的地域，以及受害人行进、终止的位置。保护现场最重要的方式就是不移动发生交通事故的车辆以及相关物品。保护现场的同时应判断事故是否造成人员伤亡。除了抢救受伤人员不得已移动肇事车辆外，应尽量保持交通事故现场与交通事故有关物品的原貌并进行证据保全。对于发生交通事故未造成人员伤亡当事人对事实及成因无争议的，或者仅造成轻微财产损失的，可以即行撤离现场。

再次，立即抢救受伤人员。机动车驾驶人如果发现受害人受伤，应当采取应急措施，如立即止血，防止流血过多。同时，要及时拦截过往车辆，将受伤人员送往医院。在紧急情况下，交通事故车辆也可以直接将受伤人员送往医院，但要注意保护好现场和有关证据。

最后，及时报案。交通事故发生后，机动车驾驶人应当向公安机关交通管理部门和保险公司及时报案,如自己通过电话报案或者亲自前往有关部门报案,或者请其他人报案。报案时要注意讲清交通事故发生的时间、地点、车辆型号、号牌、伤亡程度和损失情况等,以便于主管部门及时处理。

法律依据

《中华人民共和国道路交通安全法》

第七十条第一款 在道路上发生交通事故,车辆驾驶人应当立即停车,保护现场;造成人身伤亡的,车辆驾驶人应当立即抢救受伤人员,并迅速报告执勤的交通警察或者公安机关交通管理部门。因抢救受伤人员变动现场的,应当标明位置。乘车人、过往车辆驾驶人、过往行人应当予以协助。

8. 发生交通事故,仅造成轻微财产损失的,应当如何处置?

法律咨询

孙某系一名网约车司机。某日下午,因下雨路滑视野不清,孙某行驶到某公路口右转时,与骑自行车的行人王某相撞。经下车查看,事故仅造成王某的自行车轮胎变形,王某虽衣物污损但并未受伤。请问,在发生交通事故时,仅造成轻微财产损失的,孙某应当如何处理?

第一章　道路交通事故的处理

律师答疑

对于轻微财产损失的交通事故，当事人孙某和王某应先撤离现场再协商处理。

首先，根据《道路交通事故处理程序规定》第3条的规定，道路交通事故分为财产损失事故、伤人事故和死亡事故。财产损失事故是指造成财产损失，尚未造成人员伤亡的道路交通事故。

其次，《道路交通安全法》第70条第3款规定，在道路上发生交通事故，仅造成轻微财产损失，并且基本事实清楚的，当事人应当先撤离现场再进行协商处理。从上述规定可以看出，处理交通事故先撤离现场的条件是：一是仅造成轻微财产损失。造成人身伤亡或者造成的财产损失较大的，不能先撤离现场，应当分情况按照《道路交通安全法》第70条第1款、第2款的规定处理。二是基本事实清楚。即交通事故的成因和基本事实比较清楚，责任明确，不存在争议，被双方当事人所认可，如违章掉头、违章会车、违章超车等。如果违章情况比较复杂，双方当事人存在争议，则需要及时报案，等待公安机关交通管理部门或者交通警察来处理。

最后，依据《道路交通事故处理程序规定》第19条的规定，机动车与机动车、机动车与非机动车发生财产损失事故，当事人应当在确保安全的原则下，采取现场拍照或者标划事故车辆现场位置等方式固定证据后，立即撤离现场，将车辆移至不妨碍交通的地点，再协商处理损害赔偿事宜，但有本规定第13条第1款情形的除外。非机动车与非机动车或者行人发生财产损失事故，当事人应当先撤离现场，再协商处理损害赔偿事宜。对应当自行撤离现场而未撤离的，交通警察应当责令当事人撤离现场；造成交通堵塞的，对驾驶人处以200元罚款。

法律依据

《中华人民共和国道路交通安全法》

第七十条第三款　在道路上发生交通事故,仅造成轻微财产损失,并且基本事实清楚的,当事人应当先撤离现场再进行协商处理。

《道路交通事故处理程序规定》

第十九条　机动车与机动车、机动车与非机动车发生财产损失事故,当事人应当在确保安全的原则下,采取现场拍照或者标划事故车辆现场位置等方式固定证据后,立即撤离现场,将车辆移至不妨碍交通的地点,再协商处理损害赔偿事宜,但有本规定第十三条第一款情形的除外。

非机动车与非机动车或者行人发生财产损失事故,当事人应当先撤离现场,再协商处理损害赔偿事宜。

对应当自行撤离现场而未撤离的,交通警察应当责令当事人撤离现场;造成交通堵塞的,对驾驶人处以200元罚款。

9. 发生交通事故,造成人身伤亡的,应当如何处置?

法律咨询

李某一家驾车出行时,因李某疲劳驾驶而在经过路口时未留意交通指示灯,导致其闯红灯并与人行道上的多名行人相撞,造成多名行人受伤,进而造成了该路段的严重拥堵。请问,发生交通事故,造成人身伤亡的,李某应当如何处置?

第一章　道路交通事故的处理

📝 律师答疑

对于造成人身伤亡的交通事故，当事人李某应立即抢救并迅速报警、标明事发位置。乘车人、过往车辆驾驶人、过往行人应当予以协助。

首先，依据《道路交通安全法》第70条第1款的规定，在道路上发生交通事故，车辆驾驶人应当立即停车，保护现场；造成人身伤亡的，车辆驾驶人应当立即抢救受伤人员，并迅速报告执勤的交通警察或者公安机关交通管理部门。因抢救受伤人员变动现场的，应当标明位置。乘车人、过往车辆驾驶人、过往行人应当予以协助。

因此，交通事故造成人员伤亡的，首先应抢救受伤人员、标明位置。发生交通事故，车辆驾驶人必须立即停车，保护现场，查看人员和财产损失。如发现有人员受伤，应立即拨打急救电话。在查看伤者病情后，积极地进行科学施救。

其次，为了避免伤者再次发生意外，应根据病情及时将伤者移动至安全地点以及疏散车上其他人员。遇到上述情形时，乘车人、过往车辆驾驶人、过往行人应当予以协助。

再次，为了抢救受伤人员变动现场的，应当标明原来的位置，以便于公安机关后期查勘，还原现场定责。如事故现场有水淹、着火等情况的，应积极采用急救、灭火等措施并及时拨打火警电话。

最后，依据《道路交通事故处理程序规定》第13条的规定，发生死亡事故、伤人事故的，当事人应当保护现场并应及时向事故发生地有管辖权的公安机关交通管理部门报案。依据该规定第18条的规定，发生道路交通事故后当事人未报警的，在事故现场撤除后，当事人又报警请求公安机关交通管理部门处理的，公安机关交通管理部门应当予以记录，并在 3 日内作出是否接受案件的决定。经核查道路交通事故事实存在的，公安机关交通管理部门应当受理，制作受案登记表；经核查无法证明道路交通事故事实存在，或者不属于公安机关交通管理部门管辖的，应当书面告知当事人，并说明理由。

法律依据

《中华人民共和国道路交通安全法》

第七十条第一款　在道路上发生交通事故，车辆驾驶人应当立即停车，保护现场；造成人身伤亡的，车辆驾驶人应当立即抢救受伤人员，并迅速报告执勤的交通警察或者公安机关交通管理部门。因抢救受伤人员变动现场的，应当标明位置。乘车人、过往车辆驾驶人、过往行人应当予以协助。

《道路交通事故处理程序规定》

第十三条　发生死亡事故、伤人事故的，或者发生财产损失事故且有下列情形之一的，当事人应当保护现场并立即报警：

（一）驾驶人无有效机动车驾驶证或者驾驶的机动车与驾驶证载明的准驾车型不符的；

（二）驾驶人有饮酒、服用国家管制的精神药品或者麻醉药品嫌疑的；

（三）驾驶人有从事校车业务或者旅客运输，严重超过额定乘员载客，或者严重超过规定时速行驶嫌疑的；

（四）机动车无号牌或者使用伪造、变造的号牌的；

（五）当事人不能自行移动车辆的；

（六）一方当事人离开现场的；

第一章 道路交通事故的处理

（七）有证据证明事故是由一方故意造成的。

驾驶人必须在确保安全的原则下,立即组织车上人员疏散到路外安全地点,避免发生次生事故。驾驶人已因道路交通事故死亡或者受伤无法行动的,车上其他人员应当自行组织疏散。

第十八条 发生道路交通事故后当事人未报警,在事故现场撤除后,当事人又报警请求公安机关交通管理部门处理的,公安机关交通管理部门应当按照本规定第十六条规定的记录内容予以记录,并在三日内作出是否接受案件的决定。

经核查道路交通事故事实存在的,公安机关交通管理部门应当受理,制作受案登记表;经核查无法证明道路交通事故事实存在,或者不属于公安机关交通管理部门管辖的,应当书面告知当事人,并说明理由。

10. 发生交通事故后车辆逃逸的,目击或者发现的人员应当做什么?

法律咨询

李某自营一家日用超市。2021年11月,孙某驾驶自家轿车闯红灯高速通过十字路口时,与一辆正常行驶的吉普车相撞造成吉普车安全气囊弹出,车上两名儿童受伤。事发后孙某短暂减速,见现场无交通探头和其他行人后,便加速驶离现场。而该事发经过恰被位于十字路口的李某超市的摄像头拍下。后交警为调查本案进行群众走访。请问,李某此时应当怎么做?

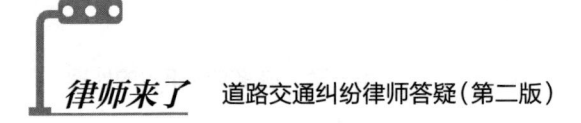

律师来了　道路交通纠纷律师答疑（第二版）

律师答疑

李某系本次事故的知情人员（现场目击人员），应当向公安机关交通管理部门或者交通警察举报。

交通肇事逃逸是指发生道路交通事故后，当事人为逃避法律责任，驾驶或者遗弃车辆逃离道路交通事故现场以及潜逃藏匿的行为。该行为给受害人及其家属的身心带来巨大创伤，还带来了一系列社会问题，具有严重的社会危害性。《刑法》对交通肇事后逃逸的行为规定了较重的刑罚。为了使交通肇事者不能逃避法律的制裁，《道路交通安全法》第71条规定，事故现场目击人员和其他知情人员应当向公安机关交通管理部门或者交通警察举报，帮助公安机关及时将违法犯罪行为人绳之以法。

其中《道路交通安全法》第71条的规定中的"事故现场目击人员"，主要是指交通事故发生时，事故现场过往的行人、附近的居民、过往车辆的驾驶人或者乘客等。"其他知情人员"，主要是指知悉事故发生情况的人员，包括事后得知相关情况的人员，如汽车修理厂的工人等。这里规定的举报，包括事故现场目击人员向公安机关交通管理部门或者交通警察提供逃逸者的特征、逃逸方向以及事故发生的相关情况，知情人员向公安机关交通管理部门或者交通警察报告肇事车辆、肇事人的去向以及相关情况等。为了鼓励举报，法律还规定，对于举报属实的，公安机关交通管理部门应当给予适当的奖励，包括相应的物质奖励及精神奖励。

拓展延伸

根据《道路交通事故处理程序规定》第112条第1项的规定，

第一章 道路交通事故的处理

交通肇事逃逸是指发生道路交通事故后,当事人为逃避法律责任,驾驶或者遗弃车辆逃离道路交通事故现场以及潜逃藏匿的行为。首先,被认定为交通肇事逃逸的情形有以下 8 种:明知发生交通事故,交通事故当事人驾车或弃车逃离事故现场的;交通事故当事人认为自己没有事故责任,驾车驶离事故现场的;交通事故当事人有酒后和无证驾车等嫌疑,报案后不履行现场听候处理义务,弃车离开事故现场后又返回的;交通事故当事人虽将伤者送到医院,但未报案且无故离开医院的;交通事故当事人虽将伤者送到医院,但给伤者或家属留下假姓名、假地址、假联系方式后离开医院的;交通事故当事人接受调查期间逃匿的;交通事故当事人离开现场且不承认曾发生交通事故,但有证据证明其应知道发生交通事故的;经协商未能达成一致或未经协商给付赔偿费用明显不足,交通事故当事人未留下本人真实信息,有证据证明其强行离开现场的。其次,不构成肇事逃逸的情形有以下 6 种:交通事故当事人对事故事实无争议,撤离现场自行协商解决,达成协议,并留下真实姓名、联系方式后,一方反悔并报案的;交通事故当事人为及时抢救事故伤者,标明车辆和伤者位置后驾车驶离现场并及时报案的;交通事故当事人将伤者送往医院后,确因筹措伤者医疗费用需暂时离开医院,经伤者或伤者家属同意,留下本人真实信息,并在商定时间内返回的;交通事故当事人因受伤需到医院救治等原因离开现场,未能及时报案的;交通事故当事人驾车驶离现场,有证据证明其不知道或不能发现事故发生的;有证据证明交通事故当事人因可能受到人身伤害而被迫离开交通事故现场并及时报案的。

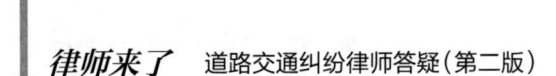

法律依据

《中华人民共和国道路交通安全法》

第七十一条 车辆发生交通事故后逃逸的,事故现场目击人员和其他知情人员应当向公安机关交通管理部门或者交通警察举报。举报属实的,公安机关交通管理部门应当给予奖励。

11. 交通事故发生后,当事人应如何进行证据保全?

法律咨询

张某是一名快餐外卖员。一日晚上,张某骑电动自行车去某小区送外卖,从小区门口出来后,与右转入小区的小型别克车相撞。小型别克车撞倒了张某的电动车并使张某腿部擦伤。请问,在交通事故现场,当事人小型别克车车主和张某应积极收集哪些证据?应当如何保全有利证据?

律师答疑

首先,小型别克车作为机动车一方,在事故发生后应采取以下措施。

(1)尽量收集目击者的证人证言。当机动车与行人发生交通事故时,如果司机看到行人没有走人行横道、闯红灯或非机动车有猛拐现象,一定要询问旁边的车辆或行人有没有看到刚才发生事故的一幕,并留下目击者的姓名、联系电话等资料。事故民警一般会在发生事故后的5~10分钟赶到现场,所以要尽量请目击证人

第一章 道路交通事故的处理

留在现场,一同协助警方调查。

(2)标出行人位置。若伤者需要立即送至医院,而警察尚未到达现场,可先用粉笔或可以画出痕迹的石块大概标出伤者倒地的位置。如果行人确为闯红灯或不走人行横道,交警在勘查事故现场时完全可以根据其倒地的位置和其他散落物测量出来。当然,如果司机随身携带照相机或录像机,也可自己拍照或录像,提供给办案民警。

(3)接受询问时多提供细节。交警在作出责任认定前,通常要询问当事人。当司机接受询问时,一定要尽可能多地提供事故发生时现场的细节,尤其是在事故现场不能清晰地反映司机采取了必要的刹车措施时,其一定要向交警阐明自己踩刹车时遇到了什么情况,以致没有明显的刹车痕迹。

其次,张某作为非机动车一方,在发生交通事故后应采取以下措施。

(1)受害人如果受伤不重,要注意观察周围的情况,看看交通信号灯的情况,并察看是否有目击者能为自己作证,如有监控,可调阅监控录像;如果肇事方逃逸,要准确记忆肇事车辆的车牌号码或车辆的基本特征。

(2)受害方不要完全依靠交警,一定要注意及时收集证据。受害人及其近亲属应当注意收集与赔偿相关的证据,注意及时申请相关检验、鉴定等。受害人及其近亲属不能独立完成调查、收集相关证据的,应当及时寻求专业律师等人员帮助。作为受害人,应当到公安机关交通管理部门及时调取驾驶员基本信息、车主基本信息和保险公司的基本信息,准确确定被告和第三人,为以后的调解和诉讼做准备。

(3)损害赔偿问题不要完全依靠交警。交警职责转变后,调解损害赔偿争议不是办案交警处理事故的必经程序，交警的职责主要是及时作出交通事故认定书。

📁 拓展延伸

需要采集的证据包括四类：(1)事故客观情况，内容包括交通事故发生时间、地点、天气、路况等；(2)事故基本信息，包括当事人姓名、身份证号码、联系方式、准驾车型、车型、车身颜色、机动车牌号、车架号、承保人、保险凭证号、保额等；(3)事故发生成因，是指双方的行驶状态、车辆的摆放位置、碰撞过程、刹车痕迹、碰撞位置等；(4)事故损失情况，包括碰撞部位、财产破损、破损程度等。对于上述证据，宜进行书面记载，不具备记载条件的，应进行拍照留存。

📜 法律依据

《中华人民共和国道路交通安全法》

第七十条 在道路上发生交通事故，车辆驾驶人应当立即停车，保护现场；造成人身伤亡的，车辆驾驶人应当立即抢救受伤人员，并迅速报告执勤的交通警察或者公安机关交通管理部门。因抢救受伤人员变动现场的，应当标明位置。乘车人、过往车辆驾驶人、过往行人应当予以协助。

在道路上发生交通事故，未造成人身伤亡，当事人对事实及成因无争议的，可以即行撤离现场，恢复交通，自行协商处理损害赔偿事宜；不即行撤离现场的，应当迅速报告执勤的交通警察或者公安机关交通管理部门。

在道路上发生交通事故，仅造成轻微财产损失，并且基本事实清楚的，当事人应当先撤离现场再进行协商处理。

12. 车辆在道路以外通行时发生的事故，公安机关交通管理部门如何处理？

法律咨询

刘某系某公司的财务工作人员。某日下午，刘某驾驶新购置的电车在小区楼下的停车场逆行出地库时，与右转的电力工程车相撞。请问，小区内部的地下停车场是否属于"道路"？如不属于，那么车辆在道路以外通行时发生的事故，公安机关交通管理部门应该如何处理呢？

律师答疑

本案事故发生地为小区内部的地下停车场，该起事故是车辆在道路以外通行时发生的事故，公安机关交通管理部门应该参照《道路交通安全法》办理。

根据《道路交通安全法》第77条的规定，车辆在道路以外通行时发生的事故，公安机关交通管理部门接到报案的，参照《道路交通安全法》的有关规定办理。这里规定的"车辆在道路以外通行时发生的事故"，是指在公路、城市道路、单位管辖范围内允许社会机动车通行的道路，包括广场、公共停车场等用于公众通行的场所之外的地方，机动车、非机动车因通行发生的人身伤亡或者财产损失，如在农田作业、居民小区、工厂等地发生的事故。

"参照《道路交通安全法》的有关规定"办理，主要包括：公安机关交通管理部门接到交通事故报警后，应当立即派交通警察赶赴现场，先组织抢救受伤人员，并采取措施，尽快恢复交通秩序。

交通警察应当对交通事故现场进行勘验、检查，收集证据；因收集证据的需要，可以扣留事故车辆，但应妥善保管，以备核查。公安机关交通管理部门应当委托专门机构对当事人的生理、精神状况等进行专业性较强的检验；最终，公安机关交通管理部门还应当根据交通事故现场勘验、检查、调查情况和有关的检验、鉴定结论，及时制作交通事故认定书；交通事故认定书应当载明交通事故的基本事实、成因和当事人的责任，并送达当事人。此外，公安机关交通管理部门可以接受当事人的请求，对当事人之间关于交通事故损害赔偿的争议进行调解。

拓展延伸

对于机动车在道路以外的地方通行时引发的损害赔偿案件的处理，可以参照适用《最高人民法院关于审理道路交通事故损害赔偿案件适用法律若干问题的解释》的规定。

法律依据

《中华人民共和国道路交通安全法》

第七十七条 车辆在道路以外通行时发生的事故，公安机关交通管理部门接到报案的，参照本法有关规定办理。

《最高人民法院关于审理道路交通事故损害赔偿案件适用法律若干问题的解释》

第二十五条 机动车在道路以外的地方通行时引发的损害赔偿案件，可以参照适用本解释的规定。

第一章　道路交通事故的处理

第三节　交通事故处理流程

13. 交通事故的处理程序是什么？

法律咨询

国庆期间，任某在驾车前往徐州的高速路上，因雨天路滑而与三车辆连环相撞。事故造成多辆车损坏，人员受伤。高速公路交警现场处理后，事故方车辆被拖至指定停车场。请问，事发后公安机关交通管理部门的处理程序是什么？

律师答疑

根据《道路交通事故处理程序规定》第五章的规定，公安机关交通管理部门根据交通事故造成的人身伤亡及财产损失程度，分别按简易程序和普通程序进行处理。

一、简易程序

首先，公安机关交通管理部门可以适用简易程序处理以下道路交通事故，但有交通肇事、危险驾驶犯罪嫌疑的除外：(1)财产损失事故；(2)受伤当事人伤势轻微，各方当事人一致同意适用简易程序处理的伤人事故。适用简易程序的，可以由1名交通警察处理。

其次，交通警察适用简易程序处理道路交通事故时，应当在固定现场证据后，责令当事人撤离现场，恢复交通。拒不撤离现场的，予以强制撤离。当事人无法及时移动车辆影响通行和交通安全的，交通警察应当将车辆移至不妨碍交通的地点。撤离现场后，交通警察应当根据现场固定的证据和当事人、证人陈述等，认定并记录道路交通事故发生的时间、地点、天气、当事人姓名、驾驶证号或者身份证号、联系方式、机动车种类和号牌号码、保险公司、保险凭证号、道路交通事故形态、碰撞部位等，并确定当事人的责任，当场制作道路交通事故认定书。不具备当场制作条件的，交通警察应当在3日内制作道路交通事故认定书。

二、普通程序

除应该由简易程序处理的案件外，均需要公安机关交通管理部门按照普通程序处理。交通事故按照普通程序处理的，由不少于2名交通警察调查。公安机关交通管理部门应当自现场调查之日起10日内制作道路交通事故认定书。交通肇事逃逸案件在查获交通肇事车辆和驾驶人后10日内制作道路交通事故认定书。对需要进行检验、鉴定的，应当在检验报告、鉴定意见确定之日起5日内制作道路交通事故认定书。有条件的地方公安机关交通管理部门可以试行在互联网公布道路交通事故认定书，但对涉及的国家秘密、商业秘密或者个人隐私，应当保密。

发生死亡事故以及复杂、疑难的伤人事故后，公安机关交通管理部门应当在制作道路交通事故认定书或者道路交通事故证明前，召集各方当事人到场，公开调查取得的证据。证人要求保密或者涉及国家秘密、商业秘密以及个人隐私的，按照有关法律法规的规定执行。当事人不到场的，公安机关交通管理部门应当予以记录。道路交通事故基本事实无法查清、成因无法判定的，公安机关交通管理部门应当出具道路交通事故证明,载明道路交通事故发生的时间、地点、当事人情况及调查得到的事实,分别送达当事人,并告知申请复核、调解和提起民事诉讼的权利、期限。道路交通事故认定书应当由交通警察签名或者盖章,加盖公安机关交通管理部门道路交通事故处理专用章。

14. 交通事故发生后,如何确定有管辖权的公安机关交通管理部门?

法律咨询

张某夫妇从山东省驾驶汽车赶往老家河南省。由于长时间在高速公路上开车,张某因疲劳驾驶,未保持安全距离,刹车不及时,与前方行驶的一辆汽车相撞。据悉,事故发生在河南省A县,张某的车登记在河南省B县,被撞车辆登记在河北省C县。请问,本案如何确定有管辖权的公安机关交通管理部门?

律师答疑

本案由河南省A县的公安机关交通管理部门进行管辖。

道路交通事故由事故发生地的县级公安机关交通管理部门管辖。未设立县级公安机关交通管理部门的,由设区的市公安机关交通管理部门管辖。道路交通事故发生在两个以上管辖区域的,由事故起始点所在地公安机关交通管理部门管辖。

对管辖权有争议的,由共同的上一级公安机关交通管理部门指定管辖。指定管辖前,最先发现或者最先接到报警的公安机关交通管理部门应当先行处理。

📁 拓展延伸

《道路交通事故处理程序规定》第 9 条中的"事故发生地"应作狭义理解。对比诉讼管辖地,管辖法院的选择范围宽泛很多。从地域管辖的角度来说,道路交通事故损害赔偿案件作为特殊的侵权案件,应当适用《民事诉讼法》第 29 条的规定选择管辖法院,即由侵权行为地或被告住所地人民法院管辖。而此处的侵权行为地,包括侵权行为实施地、侵权结果发生地。

📙 法律依据

《道路交通事故处理程序规定》

第九条 道路交通事故由事故发生地的县级公安机关交通管理部门管辖。未设立县级公安机关交通管理部门的,由设区的市公安机关交通管理部门管辖。

第十条 道路交通事故发生在两个以上管辖区域的,由事故起始点所在地公安机关交通管理部门管辖。

对管辖权有争议的,由共同的上一级公安机关交通管理部门指定管辖。指定管辖前,最先发现或者最先接到报警的公安机关交通管理部门应当先行处理。

《中华人民共和国民事诉讼法》

第二十九条 因侵权行为提起的诉讼,由侵权行为地或者被告住所地人民法院管辖。

15. 交通事故发生时没有报警，事后报案的，公安机关交通管理部门应当如何处理？

法律咨询

某日晚9时35分，岳某驾车去接孩子放学。行至一家超市门前时，岳某由于躲闪不及将行人李某撞倒。岳某下车询问李某伤情，李某称无大碍，双方友好协商后各自回家。但李某回家后，感觉下肢无法活动，故被紧急送往医院。经查，事故造成李某股骨头骨折。请问，事故发生时双方没有报警，事后报案的，公安机关交通管理部门应当如何处理？

律师答疑

事故发生时没有报警，事后报案的，如果公安机关交通管理部门经核查道路交通事故事实存在，公安机关交通管理部门应当受理，制作受案登记表；经核查无法证明道路交通事故事实存在，或者不属于公安机关交通管理部门管辖的，应当书面告知当事人，并说明理由。

拓展延伸

针对交通事故责任认定书的效力分析：公安机关交通管理部门作出的交通事故认定书作为认定事发过程及赔偿责任的主要证据，除有充分证据足以推翻外，法院会确认其证据效力，并参考该认定书来判定赔偿比例和赔偿数额。事故责任与赔偿比例分属不同的法律概念，但二者之间存在一定的对应关系。如事故发生时没有报警,导致责任无法认定,或者即使报警,事故现场证据也不足以认定双方责任,那么,当事人可在诉讼过程中向法院提交减轻其赔偿责任的其他证据,法院将综合案件事实和案件全部证据,重新划分当事人所应承担的民事责任。

法律依据

《道路交通事故处理工作规范》

第二十二条 发生道路交通事故后当事人未报警,在事故现场撤除后,当事人又报警请求公安机关交通管理部门处理的,公安机关交通管理部门应当按照《道路交通事故处理程序规定》第十六条规定的记录内容予以记录,并在三日内根据当事人提供的证据或案件线索,对事故发生地点的道路情况、事故车辆情况等进行核查,查找并询问事故当事人和证人。

经核查道路交通事故事实存在的,公安机关交通管理部门应当受理,制作《受案登记表》,并告知当事人;经核查无法证明道路交通事故事实存在或者不属于公安机关交通管理部门管辖的,应当制作《不予受理告知书》,注明理由,送达当事人;经核查不属于道路交通事故但属于公安机关管辖范围的案件,应当移送公安机关相关部门,并书面告知当事人,说明理由;经核查不属于公安机关管辖的案件,应当告知当事人向相关部门报案,并通知相关部门。

《道路交通事故处理程序规定》

第十六条 公安机关及其交通管理部门接到报警的,应当受理,制作受案登记表并记录下列内容:

第一章 道路交通事故的处理

（一）报警方式、时间，报警人姓名、联系方式，电话报警的，还应当记录报警电话；

（二）发生或者发现道路交通事故的时间、地点；

（三）人员伤亡情况；

（四）车辆类型、车辆号牌号码，是否载有危险物品以及危险物品的种类、是否发生泄漏等；

（五）涉嫌交通肇事逃逸的，还应当询问并记录肇事车辆的车型、颜色、特征及其逃逸方向、逃逸驾驶人的体貌特征等有关情况。

报警人不报姓名的，应当记录在案。报警人不愿意公开姓名的，应当为其保密。

第十八条 发生道路交通事故后当事人未报警，在事故现场撤除后，当事人又报警请求公安机关交通管理部门处理的，公安机关交通管理部门应当按照本规定第十六条规定的记录内容予以记录，并在三日内作出是否接受案件的决定。

经核查道路交通事故事实存在的，公安机关交通管理部门应当受理，制作受案登记表；经核查无法证明道路交通事故事实存在，或者不属于公安机关交通管理部门管辖的，应当书面告知当事人，并说明理由。

《最高人民法院关于审理道路交通事故损害赔偿案件适用法律若干问题的解释》

第二十四条 公安机关交通管理部门制作的交通事故认定书，人民法院应依法审查并确认其相应的证明力，但有相反证据推翻的除外。

16. 对于造成死亡的交通事故案件，如何进行尸检程序？

法律咨询

傅某某下班骑行横穿马路时，由于躲闪不及，被对面驶来的一辆小型轿车撞伤，傅某某当场昏迷，送医3日后抢救无效死亡。傅某某家属从外地入京，处理交通事故相关事宜。请问，如何进行尸检程序？

律师答疑

本案傅某某死亡之日起3日内，某家属需申请公安机关交通管理部门委托尸体检验，尸体检验报告确定后10日内办理丧葬事宜。

交通事故致人死亡的，应该进行尸体检验。尸体检验应当在死亡之日起3日内委托。对现场调查结束之日起3日后需要检验的，应当报经上一级公安机关交通管理部门批准。除法律法规另有规定外，检验费用由公安机关交通管理部门承担。公安机关交通管理部门应当与鉴定机构确定检验完成的期限，确定的期限不得超过30日。超过30日的，应当报经上一级公安机关交通管理部门批准，但最长不得超过60日。

为了确定死因需要解剖尸体的，应当征得死者家属同意。死者家属不同意解剖尸体的，经县级以上公安机关或者上一级公安机关交通管理部门负责人批准，可以解剖尸体，并且通知死者家属到场，由其在解剖尸体通知书上签名。死者家属无正当理由拒不到场或者拒绝签名的，交通警察应当在解剖尸体通知书上注明。

第一章　道路交通事故的处理

对身份不明的尸体，无法通知死者家属的，应当记录在案。尸体检验报告确定后，应当书面通知死者家属在10日内办理丧葬事宜。无正当理由逾期不办理的应记录在案，并经县级以上公安机关或者上一级公安机关交通管理部门负责人批准，由县级以上公安机关或者上一级公安机关交通管理部门处理尸体，逾期存放的费用由死者家属承担。当事人对检验报告有异议，申请重新检验的，应当自公安机关交通管理部门送达检验报告之日起3日内提出书面申请，经县级以上公安机关交通管理部门负责人批准，原办案单位应当重新委托检验。

法律依据

《道路交通事故处理程序规定》

第四十九条　需要进行检验、鉴定的，公安机关交通管理部门应当按照有关规定，自事故现场调查结束之日起三日内委托具备资质的鉴定机构进行检验、鉴定。

尸体检验应当在死亡之日起三日内委托。对交通肇事逃逸车辆的检验、鉴定自查获肇事嫌疑车辆之日起三日内委托。

对现场调查结束之日起三日后需要检验、鉴定的，应当报经上一级公安机关交通管理部门批准。

对精神疾病的鉴定，由具有精神病鉴定资质的鉴定机构进行。

第五十条　检验、鉴定费用由公安机关交通管理部门承担，但法律法规另有规定或者当事人自行委托伤残评定、财产损失评估的除外。

17. 对于肇事车辆逃逸的交通事故案件，如何进行查缉程序？

法律咨询

郑某夫妇晚饭后外出去超市购物。在回家途中，郑某被一辆黑色轿车撞伤，肇事车主逃逸。由于天色已晚，郑某夫妇只记得肇事司机驾驶的是一辆黑色路虎，再无其他信息。警方经过多日排查仍未找到肇事车辆。请问，对于本起肇事车辆逃逸的交通事故案件，查缉程序如何进行？

律师答疑

首先，公安机关交通管理部门应当根据管辖区域和道路情况，制定交通肇事逃逸案件查缉预案，并组织专门力量办理交通肇事逃逸案件。公安机关交通管理部门侦办交通肇事逃逸案件期间，交通肇事逃逸案件的受害人及其家属向公安机关交通管理部门询问案件侦办情况的，除依法不应当公开的内容外，公安机关交通管理部门应当告知并做好记录。

其次，根据《道路交通事故处理程序规定》第66条的规定，交通肇事逃逸案件尚未侦破，受害一方当事人要求出具道路交通事故认定书的，公安机关交通管理部门应当在接到当事人书面申请后10日内，根据该规定第61条确定各方当事人责任，制作道路交通事故认定书，并送达受害方当事人。道路交通事故认定书应当载明事故发生的时间、地点、受害人情况及调查得到的事实，以及受害方当事人的责任。交通肇事逃逸案件侦破后，已经按照前款

第一章　道路交通事故的处理

规定制作道路交通事故认定书的,应当按照该规定第61条重新确定责任,制作道路交通事故认定书,分别送达当事人。重新制作的道路交通事故认定书除应当载明该规定第64条规定的内容外,还应当注明撤销原道路交通事故认定书。

最后,交通事故案件需要告知道路交通事故社会救助基金管理机构的,道路交通事故部门应配合办理。在交通肇事逃逸案件侦破后,公安机关交通管理部门应当及时书面告知道路交通事故社会救助基金管理机构交通肇事逃逸驾驶人的有关情况。道路交通事故社会救助基金管理机构有权向相关人员追偿。

法律依据

《道路交通事故处理程序规定》

第六十六条　交通肇事逃逸案件尚未侦破,受害一方当事人要求出具道路交通事故认定书的,公安机关交通管理部门应当在接到当事人书面申请后十日内,根据本规定第六十一条确定各方当事人责任,制作道路交通事故认定书,并送达受害方当事人。道路交通事故认定书应当载明事故发生的时间、地点、受害人情况及调查得到的事实,以及受害方当事人的责任。

交通肇事逃逸案件侦破后,已经按照前款规定制作道路交通事故认定书的,应当按照本规定第六十一条重新确定责任,制作道路交通事故认定书,分别送达当事人。重新制作的道路交通事故认定书除应当载明本规定第六十四条规定的内容外,还应当注明撤销原道路交通事故认定书。

18. 交通肇事车辆逃逸未被查获的，如何进行交通事故认定？

法律咨询

邵某夫妇在北京从事旧物回收。一日，在邵某夫妇骑电动三轮车拉旧纸壳回家的过程中，邵某被一辆黑色大众轿车撞骨折。事发后肇事车主逃逸。由于天色已晚，邵某只知道肇事司机驾驶的是一辆黑色大众轿车，再无其他信息。虽警方经过多日排查到车辆号牌，但仍未查获肇事车辆。请问，在交通肇事车辆未被查获的情况下，事故责任应该如何认定？

律师答疑

当发生交通事故而交通肇事车辆逃逸未查获的，受害一方当事人即邵某可以要求公安机关交通管理部门出具道路交通事故认定书，公安机关交通管理部门应当在接到邵某的书面申请后10日内确定各方当事人责任，制作道路交通事故认定书，并送达给邵某。道路交通事故认定书应当载明事故发生的时间、地点、受害人情况及调查得到的事实。如果道路交通事故成因无法查清，公安机关交通管理部门应当出具道路交通事故证明，载明道路交通事故发生的时间、地点、当事人情况及调查得到的事实，分别送达当事人。这样可以为交通事故受害人启动索赔程序提供条件。

交通肇事逃逸案件侦破后，已经按照上述规定制作道路交通事故认定书的，应当重新确定当事人责任，并在重新制作道路交通事故认定书后，分别送达当事人。发生交通事故后逃逸的当事人

第一章 道路交通事故的处理

原则上承担事故的全部责任，如有证据证明其他当事人也有过错，可以适当减轻责任，但同时有证据证明逃逸当事人有故意破坏、伪造现场、毁灭证据的情形的，其责任不予减轻。

法律依据

《道路交通事故处理程序规定》

第六十一条　当事人有下列情形之一的，承担全部责任：
（一）发生道路交通事故后逃逸的；
（二）故意破坏、伪造现场、毁灭证据的。

为逃避法律责任追究，当事人弃车逃逸以及潜逃藏匿的，如有证据证明其他当事人也有过错，可以适当减轻责任，但同时有证据证明逃逸当事人有第一款第二项情形的，不予减轻。

第六十六条　交通肇事逃逸案件尚未侦破，受害一方当事人要求出具道路交通事故认定书的，公安机关交通管理部门应当在接到当事人书面申请后十日内，根据本规定第六十一条确定各方当事人责任，制作道路交通事故认定书，并送达受害方当事人。道路交通事故认定书应当载明事故发生的时间、地点、受害人情况及调查得到的事实，以及受害方当事人的责任。

交通肇事逃逸案件侦破后，已经按照前款规定制作道路交通事故认定书的，应当按照本规定第六十一条重新确定责任，制作道路交通事故认定书，分别送达当事人。重新制作的道路交通事故认定书除应当载明本规定第六十四条规定的内容外，还应当注明撤销原道路交通事故认定书。

19. 公安机关交通管理部门在处理交通事故时应公开哪些内容？

法律咨询

某日上午，董某驾驶小客车与步行的孙某相撞，造成孙某胫骨骨折。本次事故经交警处理，认定董某负主要责任。双方对事发经过及事故认定不服，质疑交警处理的公平性，存在偏袒的情况，要求公安机关交通管理部门公开事故处理过程。请问，公安机关交通管理部门在处理交通事故时应当公开哪些内容呢？

律师答疑

在处理交通事故时，办案人员必须做到"六公开"：（1）公开办案人员的身份；（2）公开告知各当事人或委托人的权利与义务；（3）公开事故调查事实和证据，如出示现场记录图、事故照片、检验和鉴定结论等；（4）公开事故责任认定依据和责任认定结论；（5）公开处罚的依据和处罚决定；（6）公开事故损害赔偿项目、标准和相关法律规定。

拓展延伸

对于交通肇事逃逸案件，交通肇事逃逸案件的受害人及其家属向公安机关交通管理部门询问案件侦办情况的，除依法不应当公开的内容外，公安机关交通管理部门应当告知并做好记录。

法律依据

《道路交通事故处理程序规定》

第二十七条 除简易程序外,公安机关交通管理部门对道路交通事故进行调查时,交通警察不得少于二人。

交通警察调查时应当向被调查人员出示《人民警察证》,告知被调查人依法享有的权利和义务,向当事人发送联系卡。联系卡载明交通警察姓名、办公地址、联系方式、监督电话等内容。

第四十七条 公安机关交通管理部门侦办交通肇事逃逸案件期间,交通肇事逃逸案件的受害人及其家属向公安机关交通管理部门询问案件侦办情况的,除依法不应当公开的内容外,公安机关交通管理部门应当告知并做好记录。

20. 交警拒绝当事人查阅事故处理案卷时,当事人应该怎么办?

法律咨询

一日,某银行职工魏某下班后,骑着电动自行车与外卖员田某驾驶的电动车相撞,发生了交通事故。双方由于对责任认定和赔偿存在争议便报了警,公安机关交通管理部门制定了事故责任认定书,以魏某闯红灯为由要求其负全责。魏某对此不服,想要查阅事故处理案卷及事故录像。不料,交警以执法录像不得由个人调取为由拒绝了魏某。请问,交警拒绝魏某查阅事故处理案卷时,当事人应该怎么办?

律师来了　道路交通纠纷律师答疑(第二版)

📝 律师答疑

魏某可向本级公安机关负责人反映；如仍不能解决，可向上级公安机关信访部门申诉，也可向公安督察部门投诉。在民事诉讼中，魏某可申请管辖法院调取。

交通事故当事人依法享有交通事故处理的法定知情权，除涉及国家秘密、商业秘密或者个人隐私，以及应当事人、证人要求保密的内容外，当事人收到道路交通事故认定书后，可以查阅、复制、摘录公安机关交通管理部门处理道路交通事故的证据材料。公安机关交通管理部门对当事人复制的证据材料应当加盖公安机关交通管理部门事故处理专用章。如果办案交警拒绝当事人查阅相关证据，可向本级公安机关负责人反映；如仍不能解决，可向上级公安机关信访部门申诉，也可向公安督察部门投诉。

如果当事人的法定知情权仍然得不到实现，可以在向法院提起诉讼后，依法申请人民法院调取相关证据。人民法院、人民检察院审理、审查道路交通事故案件，需要公安机关交通管理部门提供有关证据的，公安机关交通管理部门应当在接到调卷公函之日起3日内或者按照其时限要求，将道路交通事故案件调查材料正本移送人民法院或者人民检察院。

📖 法律依据

《道路交通事故处理程序规定》

第六十五条第二款　当事人收到道路交通事故认定书后，可以查阅、复制、摘录公安机关交通管理部门处理道路交通事故的证据材料，但证人要求保密或者涉及国家秘密、商业

第一章 道路交通事故的处理

> 秘密以及个人隐私的，按照有关法律法规的规定执行。公安机关交通管理部门对当事人复制的证据材料应当加盖公安机关交通管理部门事故处理专用章。
>
> **第一百零六条** 人民法院、人民检察院审理、审查道路交通事故案件，需要公安机关交通管理部门提供有关证据的，公安机关交通管理部门应当在接到调卷公函之日起三日内，或者按照其时限要求，将道路交通事故案件调查材料正本移送人民法院或者人民检察院。

21. 当事人因交通事故受伤后，如何进行伤残鉴定？

法律咨询

车某接孩子放学，在行至某路口时，被一辆小型汽车撞倒。虽然车某被紧急送往同仁医院，并无生命危险，但该事故造成其腰椎压缩性骨折。为了索要赔偿，车某准备去做伤残鉴定。请问，交通事故受伤后，车某应该怎样做伤残鉴定呢？

律师答疑

车某可以自行委托具备资质的机构进行评定、评估，也可申请公安机关交通管理部门或法院委托鉴定。

需要进行伤残评定、财产损失评估的，应当由当事人自行委托具备资质的机构，但财产损失数额巨大涉嫌刑事犯罪的，应当由公安机关交通管理部门委托。当事人委托伤残评定、财产损失评估

051

的费用，由当事人承担。

📁 拓展延伸

对于伤残鉴定应从鉴定时机、鉴定委托、鉴定项目和鉴定检材四个项目进行细致了解。

首先，鉴定时机。根据《人体损伤致残程度分级》第4.2条的规定，应在原发性损伤及其与之确有关联的并发症治疗终结或者临床治疗效果稳定后进行鉴定。值得注意的是，治疗终结指的是临床医学一般原则所承认的临床效果稳定而非康复。通常情况下，对因损伤造成瘢痕和对组织器官损伤、骨折致功能障碍的，在伤后6个月视为治疗终结。而对因损伤造成听力障碍、视力障碍、神经功能障碍、颅脑损伤后遗留智能损害等，一般应在伤后6～12个月后视为治疗终结。

其次，鉴定委托。伤残鉴定委托主要分为自行委托鉴定、公安机关交通管理部门委托鉴定和法院委托鉴定三种。自行委托鉴定又分为当事人自行委托鉴定、双方共同委托鉴定两种。司法实践中，法院委托鉴定的公信力最高，公安机关交通管理部门委托鉴定次之，当事人自行委托鉴定的最低。

再次，鉴定项目。伤残鉴定项目包括：因果关系鉴定、伤残等级鉴定、误工期鉴定、护理依赖程度鉴定、护理期鉴定、营养期鉴定、后续医疗费鉴定、医疗费用合理性鉴定、残疾辅助用具更换周期和费用鉴定等。

最后，鉴定检材。伤者本人必须到鉴定机构查体，带身份证、所有的病历材料和影像片。对于个别伤情明确且无异议的，经当事人双方申请，鉴定机构可以进行线上鉴定。

第一章　道路交通事故的处理

> **法律依据**
>
> **《道路交通事故处理程序规定》**
>
> **第五十条**　检验、鉴定费用由公安机关交通管理部门承担，但法律法规另有规定或者当事人自行委托伤残评定、财产损失评估的除外。
>
> **第九十二条**　因确定损害赔偿的数额，需要进行伤残评定、财产损失评估的，由各方当事人协商确定有资质的机构进行，但财产损失数额巨大涉嫌刑事犯罪的，由公安机关交通管理部门委托。
>
> 当事人委托伤残评定、财产损失评估的费用，由当事人承担。
>
> **《道路交通事故处理工作规范》**
>
> **第七十六条**　伤残评定、财产损失评估由当事人自行委托具备资质的机构进行评定、评估。财产损失数额较大涉嫌刑事犯罪的，应当由公安机关交通管理部门委托。

第四节　救济与垫付

22. "私了"应当注意哪些事项？

法律咨询

董女士刚领取驾照不久。一日，董女士在小区内倒车时，不

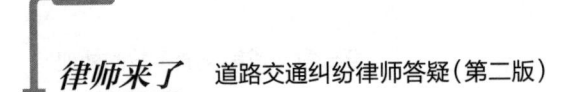

慎与后方停放的别克车相撞,造成两辆汽车出现不同程度的损伤。董女士主动报警,并与别克车主刘某取得联系。因事故造成的损失较小,董女士想要与对方"私了",对方表示同意。请问,当事人之间"私了"应当注意哪些事项?

律师答疑

首先,事故发生后,双方当事人驾驶员应主动出示驾驶证,对事故事实及成因无争议的,填写《当事人自行解决交通事故协议书》中"事故事实"以上部分,记录下事故的时间、地点、当事人姓名及联系方式、机动车牌号、驾驶证号、保险凭证号、碰撞部位等重要信息,并共同签名,双方各一份。此后即可撤离现场,将事故车辆移至不妨碍交通的地点,自行协商赔偿事宜。当事人就损害赔偿达成协议的,把上述协议书中"赔偿协议"填完,然后办理赔偿事宜。当事人对事实部分没有异议,但对损害赔偿无法达成协议的,可就争议到法院提起民事诉讼。

其次,"私了"系双方当事人缔约合同的过程。合同订立后,当事人之间的法律关系由侵权纠纷转化为合同纠纷。因此,为了保证合同的有效性,在私了过程中,其一,应确认当事人是否具有缔约合同的行为能力。其二,应保证协议内容为双方的真实意思表示,该内容不能违反法律规定,不能存在损害第三人权益的情形,且协议的制定过程不存在欺诈、重大误解、显失公平等情节。

再次,"私了"必须对人身损害和物质损失进行完整清算,不应有遗漏。如受伤人员需要后续治疗的,应保留权利人后续追索的权利。

最后,在"私了"的过程中,当事人应积极与车辆承保保险公司沟通,保障赔偿支付能力。因事故车辆投保保险,保险公司作为保险人应在保险范围内进行理赔。但保险公司的理赔往往与当事人之间的赔偿存在一定的金额差异,因此,为了促成协商,"私了"应由事故双方当事人和保险公司三方共同进行。

法律依据

《中华人民共和国道路交通安全法》

第七十条 在道路上发生交通事故,车辆驾驶人应当立即停车,保护现场;造成人身伤亡的,车辆驾驶人应当立即抢救受伤人员,并迅速报告执勤的交通警察或者公安机关交通管理部门。因抢救受伤人员变动现场的,应当标明位置。乘车人、过往车辆驾驶人、过往行人应当予以协助。

在道路上发生交通事故,未造成人身伤亡,当事人对事实及成因无争议的,可以即行撤离现场,恢复交通,自行协商处理损害赔偿事宜;不即行撤离现场的,应当迅速报告执勤的交通警察或者公安机关交通管理部门。

在道路上发生交通事故,仅造成轻微财产损失,并且基本事实清楚的,当事人应当先撤离现场再进行协商处理。

23. 交通事故的调解程序如何进行?

法律咨询

大学生王某拿到驾照之后,驾驶家中的汽车去马路上兜风,由于经验不足再加上对道路不熟悉,王某行驶到某路口时,闯红灯将

律师来了 道路交通纠纷律师答疑(第二版)

一位行人撞倒。因事故仅造成行人轻微伤,经及时治疗,已无大碍。对于赔偿事宜,双方请求交警调解。请问,交通事故的调解程序如何进行?

律师答疑

交通事故赔偿调解分为申请人民调解委员会调解、申请公安机关交通管理部门调解和申请人民法院调解三种。调解通常省时、省力、成本低、赔付快,不但有利于纠纷的解决,而且有利于社会的和谐稳定,是解决事故争议的首选。申请公安机关交通管理部门调解的程序如下:

首先,当事人在收到道路交通事故认定书等文书后10日内,一致向公安机关交通管理部门书面申请。当事人申请公安机关交通管理部门调解的,应当在收到道路交通事故认定书、道路交通事故证明或者上一级公安机关交通管理部门维持原道路交通事故认定的复核结论之日起10日内一致书面申请。

其次,调解原则上应公开进行,调解的时间、地点应提前3日通知当事人。公安机关交通管理部门应当按照合法、公正、自愿、及时的原则进行道路交通事故损害赔偿调解。除当事人申请不予公开的,道路交通事故损害赔偿调解应当公开进行。公安机关交通管理部门应当与当事人约定调解的时间、地点,并于调解时间3日前通知当事人。口头通知的,应当记入调解记录。

再次,参加损害赔偿调解的人员包括道路交通事故当事人及其代理人、道路交通事故车辆所有人或者管理人、承保机动车保险的保险公司人员,以及公安机关交通管理部门认为有必要参加的其他人员。

第一章 道路交通事故的处理

最后,调解过程中有一方当事人向人民法院提起民事诉讼、一方当事人无正当理由不参加调解或一方当事人调解过程中退出调解的,调解工作终止。公安机关交通管理部门应当自调解开始之日起 10 日内制作道路交通事故损害赔偿调解书或者道路交通事故损害赔偿调解终结书。

📁 拓展延伸

一、交通事故调解开始的时间

公安机关交通管理部门受理调解申请后,应当按照下列规定日期开始调解:造成人员死亡的,从规定的办理丧葬事宜时间结束之日起;造成人员受伤的,从治疗终结之日起;因伤致残的,从定残之日起;造成财产损失的,从确定损失之日起。

二、人民调解委员会调解

当事人申请人民调解委员会调解,达成调解协议后,双方当事人认为有必要的,可以根据《人民调解法》共同向人民法院申请司法确认。当事人申请人民调解委员会调解,调解未达成协议的,当事人可以直接向人民法院提起民事诉讼,或者自人民调解委员会作出终止调解之日起 3 日内,一致书面申请公安机关交通管理部门进行调解。经调解各方当事人未达成协议的,公安机关交通管理部门应当终止调解,制作道路交通事故损害赔偿调解终结书,送达各方当事人。

📖 法律依据

《道路交通事故处理程序规定》
第八十四条 当事人可以采取以下方式解决道路交通事

故损害赔偿争议：

（一）申请人民调解委员会调解；

（二）申请公安机关交通管理部门调解；

（三）向人民法院提起民事诉讼。

第八十九条 参加损害赔偿调解的人员包括：

（一）道路交通事故当事人及其代理人；

（二）道路交通事故车辆所有人或者管理人；

（三）承保机动车保险的保险公司人员；

（四）公安机关交通管理部门认为有必要参加的其他人员。

委托代理人应当出具由委托人签名或者盖章的授权委托书。授权委托书应当载明委托事项和权限。

参加损害赔偿调解的人员每方不得超过三人。

第九十条 公安机关交通管理部门受理调解申请后，应当按照下列规定日期开始调解：

（一）造成人员死亡的，从规定的办理丧葬事宜时间结束之日起；

（二）造成人员受伤的，从治疗终结之日起；

（三）因伤致残的，从定残之日起；

（四）造成财产损失的，从确定损失之日起。

公安机关交通管理部门受理调解申请时已超过前款规定的时间，调解自受理调解申请之日起开始。

公安机关交通管理部门应当自调解开始之日起十日内制作道路交通事故损害赔偿调解书或者道路交通事故损害赔偿调解终结书。

第一章 道路交通事故的处理

> **第九十四条** 有下列情形之一的,公安机关交通管理部门应当终止调解,并记录在案:
> (一)调解期间有一方当事人向人民法院提起民事诉讼的;
> (二)一方当事人无正当理由不参加调解的;
> (三)一方当事人调解过程中退出调解的。

24. 事故各方当事人一致请求公安机关交通管理部门调解的,公安机关交通管理部门如何处理?

法律咨询

陈某驾驶自家的汽车外出旅游,在倒车驶出服务站时,与一辆汽车发生碰撞。陈某及时下车查看,对方车主王某只是轻微擦伤,车体有轻微的划痕。双方对责任认定没有争议,陈某愿意承担全责,双方遂请求公安机关交通管理部门进行调解。请问,发生交通事故后,陈某与王某一致请求公安机关交通管理部门调解的,公安机关交通管理部门应当如何处理?

律师答疑

陈某与王某申请公安机关交通管理部门调解的,应当在收到道路交通事故认定书、道路交通事故证明或者上一级公安机关交通管理部门维持原道路交通事故认定的复核结论之日起10日内一致书面申请。对于陈某与王某的调解申请,公安机关交通管理部门依法先行核实是否符合调解要求。对于符合调解程序的,依

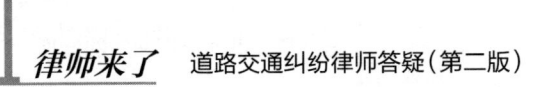

法进行调解工作。对于不符合调解程序的，依法采取不予调解、终止等措施。

首先，对于当事人提出的调解请求，公安机关交通管理部门应核实申请人主体是否适格，即是否具有道路交通事故损害赔偿权利人、义务人主体资格。不适格的，告知当事人予以变更。

其次，公安机关交通管理部门应核实提出的时限是否合法，即申请书是否自收到道路交通事故认定书、道路交通事故证明或者上一级公安机关交通管理部门维持原道路交通事故认定的复核结论之日起10日内提出，或者自人民调解委员会作出终止调解之日起3日内提出。申请超过法定时限的，公安机关交通管理部门应当制作《道路交通事故处理（不调解）通知书》。

最后，公安机关交通管理部门应核实是否有调解终止的情形，即是否存在一方当事人向人民法院提起民事诉讼的情形。

法律依据

《道路交通事故处理程序规定》

第九十四条 有下列情形之一的，公安机关交通管理部门应当终止调解，并记录在案：

（一）调解期间有一方当事人向人民法院提起民事诉讼的；

（二）一方当事人无正当理由不参加调解的；

（三）一方当事人调解过程中退出调解的。

《道路交通事故处理工作规范》

第一百一十条 道路交通事故各方当事人一致请求公安机关交通管理部门调解的，公安机关交通管理部门应当在收

第一章 道路交通事故的处理

到各方当事人的《道路交通事故损害赔偿调解申请书》后,审核下列事项:

(一)申请人是否具有道路交通事故损害赔偿权利人、义务人主体资格;

(二)申请书是否自收到道路交通事故认定书、道路交通事故证明或者上一级公安机关交通管理部门维持原道路交通事故认定的复核结论之日起十日内提出,或者自人民调解委员会作出终止调解之日起三日内提出。

符合前款规定的,公安机关交通管理部门应当予以受理。

申请人资格不符的,公安机关交通管理部门应当告知当事人予以变更。当事人申请超过法定时限或者对道路交通事故认定有异议的,公安机关交通管理部门制作《道路交通事故处理(不调解)通知书》,说明公安机关交通管理部门不予调解的理由和依据,送达当事人并告知其可以向人民法院提起民事诉讼或者申请人民调解委员会进行调解。

25. 公安机关交通管理部门主持的赔偿调解必须接受吗?

法律咨询

孙某驾驶私家车在北京从事网约车司机的工作。某日,孙某在驾车过程中与一辆出租车发生碰撞。事故发生后,双方当事人均同意进行调解,交警遂在对现场进行勘查之后进行了调解。在调解过程中,孙某认为调解对自己不公平,协议中支付出租车营业损失每日 300 元过高,因此,中途放弃了交警的调解。请问,对于公安机关交通管理部门主持的赔偿调解,孙某必须接受吗?

律师答疑

本案公安机关交通管理部门主持的赔偿调解不具有强制力,孙某可以自愿选择是否接受赔偿调解。道路交通事故的民事赔偿调解是交通事故当事人自愿处分自己权益的合法行为,公安机关交通管理部门的事故赔偿调解必须是在双方平等、自愿的情况下进行。公安机关交通管理部门主持的调解并不具有执行强制力,也就是说,调解书是当事人自觉自愿履行调解内容的契约。双方在调解中仍然没有达成协议或是在达成协议后反悔,拒不执行协议内容的,另一方当事人既无权要求公安机关交通管理部门予以强制执行,也无权申请法院强制执行。当事人只能向人民法院提起民事诉讼。因此,针对办案交警主持的赔偿调解,当事人应自愿选择是否接受。

法律依据

《中华人民共和国道路交通安全法》

第七十四条 对交通事故损害赔偿的争议,当事人可以请求公安机关交通管理部门调解,也可以直接向人民法院提起民事诉讼。

经公安机关交通管理部门调解,当事人未达成协议或者调解书生效后不履行的,当事人可以向人民法院提起民事诉讼。

26. 案件经过交警调解的，是否还可以向法院提起诉讼？

法律咨询

赵某是一家快递公司的快递员。某日，赵某驾驶汽车去送快递，在途中与一辆小型汽车发生剐蹭。由于双方没有人员伤亡，遂请求公安机关交通管理部门进行调解。但由于双方未能就赔偿问题达成协议，赵某准备向法院起诉。请问，在此案中交警已经调解的情况下，是否还可以向法院提起诉讼？

律师答疑

此案经公安机关交通管理部门调解不成的，当事人可以向人民法院提起民事诉讼。

对交通事故损害赔偿的争议，当事人可以请求公安机关交通管理部门调解，也可以直接向人民法院提起民事诉讼。经公安机关交通管理部门调解，当事人未达成协议或者调解书生效后不履行的，当事人可以向人民法院提起民事诉讼。由此可见，不调解或者调解不成，以及调解书生效后不履行的，当事人都可以向人民法院提起民事诉讼。公安机关交通管理部门调解非民事诉讼的前置程序。

拓展延伸

经公安机关交通管理部门调解成功后，一方当事人反悔或拒不履行调解协议的，另一方当事人可以向人民法院提起合同之诉，请求法院确认调解协议的合同效力。调解协议效力的确认需要排除协议签订时是否存在欺诈、胁迫的手段或者乘人之危签订协议的情形，是否存在赔偿金额明显区别于法定赔偿金额的显失公平的情形。经法院确认调解书具有合同效力的，一方仍不配合履行调解书约定的义务的，另一方可请求申请强制执行。

法律依据

《中华人民共和国道路交通安全法》

第七十四条　对交通事故损害赔偿的争议，当事人可以请求公安机关交通管理部门调解，也可以直接向人民法院提起民事诉讼。

经公安机关交通管理部门调解，当事人未达成协议或者调解书生效后不履行的，当事人可以向人民法院提起民事诉讼。

《道路交通事故处理程序规定》

第八十四条　当事人可以采取以下方式解决道路交通事故损害赔偿争议：

（一）申请人民调解委员会调解；

（二）申请公安机关交通管理部门调解；

（三）向人民法院提起民事诉讼。

第八十六条　当事人申请公安机关交通管理部门调解的，应当在收到道路交通事故认定书、道路交通事故证明或者上一级公安机关交通管理部门维持原道路交通事故认定的复核结论之日起十日内一致书面申请。

当事人申请公安机关交通管理部门调解，调解未达成协议的，当事人可以依法向人民法院提起民事诉讼，或者申请人民调解委员会进行调解。

27. 发生交通事故后，当事人在起诉时应当如何选择法院？

法律咨询

南阳市的刘某驾驶汽车外出到北京市旅游，在行驶到北京市海淀区时与一辆出租车发生碰撞。事故造成刘某急性重度颅脑损伤及脑挫裂伤。事故发生后，公安机关交通管理部门及时赶到现场进行勘查并在双方的请求下进行调解。由于双方在调解中无法达成一致，刘某准备向法院起诉。请问，发生交通事故后，刘某应该怎样选择法院打交通赔偿官司？

律师答疑

本案刘某可依侵权行为实施地申请由北京市海淀区人民法院审理此案。

交通事故案件的受诉法院的不同，可能会造成最终赔偿金额的不同。

首先，赔偿金额之所以不同，主要是因为残疾赔偿金、被扶养人生活费、死亡赔偿金、丧葬费计算标准不同以及多部位伤残等级的累积计算方式不同。根据《最高人民法院关于审理人身损害赔偿案件适用法律若干问题的解释》，残疾赔偿金、被扶养人生活费、死亡赔偿金、丧葬费按照受诉法院所在地相应标准进行计算。

其次，需要指出的是，此处的受诉法院所在地是指受诉法院所在的省、自治区、直辖市以及经济特区和计划单列市，而非具体的市、县、乡镇。这种行政级别定位主要是为避免同类案件在不同地域的裁判结果出现太大的落差。因全国各行政区域存在发展及经济水平的不同,导致每个行政区域的计算标准各有不同。

因此,对于道路交通事故损害赔偿案件的当事人刘某来说,要根据实际情况,从获取更高赔偿和节约诉讼成本两方面出发,选择合适的法院起诉,以争取对自己更有利的赔偿额度。

拓展延伸

受诉法院在理解上应与管辖法院相区别。受诉法院指的是案件受理后的承办法院,具有唯一性。而管辖法院则不同,其是指根据《民事诉讼法》关于管辖的相关规定,当事人可以提出立案申请的法院。管辖法院对于当事人的立案申请进行形式要件核对后,决定是否受理。管辖法院不具有唯一性。例如,道路交通事故案件属于特殊类型侵权案件,管辖法院的选择适用《民事诉讼法》第29条的规定,因侵权行为提起的诉讼,由侵权行为地或被告住所地人民法院管辖。而此处的侵权行为地,包括侵权行为实施地、侵权结果发生地。因此,交通事故案件的管辖法院分三种:侵权行为实施地法院、侵权结果发生地法院及被告住所地法院。上述三种法院所在地的不同便会导致赔偿金计算标准的不同。

法律依据

《中华人民共和国民事诉讼法》

第二十九条 因侵权行为提起的诉讼,由侵权行为地或者被告住所地人民法院管辖。

《最高人民法院关于审理人身损害赔偿案件适用法律若干问题的解释》

第十二条 残疾赔偿金根据受害人丧失劳动能力程度或

者伤残等级,按照受诉法院所在地上一年度城镇居民人均可支配收入标准,自定残之日起按二十年计算。但六十周岁以上的,年龄每增加一岁减少一年;七十五周岁以上的,按五年计算。

受害人因伤致残但实际收入没有减少,或者伤残等级较轻但造成职业妨害严重影响其劳动就业的,可以对残疾赔偿金作相应调整。

第十四条 丧葬费按照受诉法院所在地上一年度职工月平均工资标准,以六个月总额计算。

第十五条 死亡赔偿金按照受诉法院所在地上一年度城镇居民人均可支配收入标准,按二十年计算。但六十周岁以上的,年龄每增加一岁减少一年;七十五周岁以上的,按五年计算。

第十七条 被扶养人生活费根据扶养人丧失劳动能力程度,按照受诉法院所在地上一年度城镇居民人均消费支出标准计算。被扶养人为未成年人的,计算至十八周岁;被扶养人无劳动能力又无其他生活来源的,计算二十年。但六十周岁以上的,年龄每增加一岁减少一年;七十五周岁以上的,按五年计算。

被扶养人是指受害人依法应当承担扶养义务的未成年人或者丧失劳动能力又无其他生活来源的成年近亲属。被扶养人还有其他扶养人的,赔偿义务人只赔偿受害人依法应当负担的部分。被扶养人有数人的,年赔偿总额累计不超过上一年度城镇居民人均消费支出额。

第二十二条第一款 本解释所称"城镇居民人均可支配收入""城镇居民人均消费支出""职工平均工资",按照政府统计部门公布的各省、自治区、直辖市以及经济特区和计划单列市上一年度相关统计数据确定。

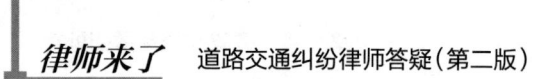

28. 针对道路交通事故人身损害赔偿诉讼，当事人需要准备哪些证据？

法律咨询

林某是某银行的职工。某日下午下班，林某骑电动车出单位门口，被右转的白色越野车撞伤。事故发生后，经交警认定，白色越野车司机负全部责任，应承担全部的赔偿责任。林某欲将其起诉至法院，但是不知道应当准备哪些材料。请问，在打交通赔偿官司时，林某需要准备哪些证据呢？

律师答疑

道路交通事故人身损害赔偿诉讼一般需要准备如下证据：

首先，交通事故认定书等事实证明材料。交通事故认定书是公安机关在查明交通事故原因后，根据当事人的违章行为与交通事故之间的因果关系，以及违章行为在交通事故中的作用，对当事人的交通事故责任加以认定的证据。根据公安部《道路交通事故处理程序规定》第60条的规定，交通事故当事人的责任分为全部责任、主要责任、次要责任、同等责任、无责任。交通事故认定书在交通事故处理中的地位至关重要，它影响到交通事故法律责任的承担，如民事赔偿、行政处罚甚至刑事责任，因此，交通事故认定书在道路交通事故人身损害赔偿诉讼中是非常重要的证据。

其次，户籍证明、家庭成员关系证明、被扶养人情况证明等身份证明材料及伤残鉴定意见书、死亡证明等伤亡证明。2019年4月，中共中央、国务院发布《关于建立健全城乡融合发展体制机制和政策体系的意见》，明确提出改革人身损害赔偿制度，统一城乡

第一章　道路交通事故的处理

居民赔偿标准。随后,最高人民法院于同年8月26日发布《关于授权开展人身损害赔偿标准城乡统一试点的通知》,授权各省、自治区、直辖市高级人民法院及新疆维吾尔自治区生产建设兵团分院根据各省具体情况在辖区内开展人身损害赔偿纠纷案件统一城乡居民赔偿标准试点工作。目前,全国的机动车交通事故案件、交通肇事刑事案件的附带民事诉讼案件不再区分城镇居民与农村居民,按统一赔偿标准计算残疾赔偿金、死亡赔偿金和被扶养人生活费。户籍证明、家庭成员关系证明、被扶养人情况证明等证据的提供主要是为了核实伤者、死者的具体身份信息、家庭成员情况、被扶养人生活状况及抚养人数量。结合伤残鉴定意见书及死亡证明等伤亡证明计算伤残赔偿金、死亡赔偿金、被扶养人生活费及丧葬费。

再次,医疗费、护理费、交通费等费用凭证。当事人支付医疗费、护理费、交通费等各种费用的票证和单据,既是要求赔偿义务人赔偿必不可少的证据,也是请求法院支持自己的赔偿请求的依据。当事人如果没有相关证据支持而漫天要价,只会白白多交一部分诉讼费,没有任何实际意义。

最后,财产损失证明及其他材料。除了以上几种重要的证据外,诉讼中常见的证据还有车损、物损证明,误工证明等一系列诉讼证据。当事人只有把各种证据都搜集起来,才能够最大限度地证明自己的主张,从而获得最大限度的赔偿。

法律依据

《中华人民共和国道路交通安全法》
第七十三条　公安机关交通管理部门应当根据交通事故

现场勘验、检查、调查情况和有关的检验、鉴定结论,及时制作交通事故认定书,作为处理交通事故的证据。交通事故认定书应当载明交通事故的基本事实、成因和当事人的责任,并送达当事人。

《最高人民法院关于授权开展人身损害赔偿标准城乡统一试点的通知》

各省、自治区、直辖市高级人民法院,新疆维吾尔自治区生产建设兵团分院:

2019年4月15日公布的《中共中央、国务院关于建立健全城乡融合发展体制机制和政策体系的意见》,明确提出"统筹城乡社会救助体系""改革人身损害制度,统一城乡居民赔偿标准"的要求。当前,我国户籍制度改革的政策框架基本构建完成,城乡统一的户口登记制度全面建立,各地取消了农业户口与非农业户口性质区分。为贯彻落实中央精神,经充分调研,现就全国法院人身损害赔偿纠纷案件统一城乡居民赔偿标准问题通知如下:

一、授权各省、自治区、直辖市高级人民法院及新疆维吾尔自治区生产建设兵团分院根据各省具体情况在辖区内开展人身损害赔偿纠纷案件统一城乡居民赔偿标准试点工作。试点工作应于今年内启动。

二、试点开展情况及试点中的问题请及时上报最高人民法院。

最高人民法院
2019年8月26日

29. 交通事故受伤人员的抢救费用由谁承担?

法律咨询

陈某在北京某餐厅打工,每天上下班都要经过一个十字路口。某日,陈某上班走到路口时被一辆迎面而来的货车撞倒。事故发生后,货车司机肇事逃逸,在场的目击者拨打了急救电话,将陈某送到了医院。该事故造成陈某蛛网膜下腔出血,需要紧急手术。由于陈某昏迷不醒又联系不到家属,无人承担其救助费用。请问,抢救交通事故中的受伤人员陈某的费用由谁承担呢?

律师答疑

本案肇事车辆逃逸,无法确定肇事司机人员信息、车辆信息及保险信息,因此,受伤人员陈某的抢救费用依法由道路交通事故社会救助基金先行垫付。

交通事故中受伤人员的抢救费用有三种救济途径:由肇事车辆参加的机动车第三者责任强制保险的保险公司支付,由道路交通事故社会救助基金先行垫付,向管辖法院提出先予执行之诉。

首先,由肇事车辆参加的机动车第三者责任强制保险的保险公司在责任限额范围内支付抢救费用。根据《道路交通安全法》第75条的规定,肇事车辆已参加机动车第三者责任强制保险的,由保险公司在责任限额范围内支付抢救费用,这是机动车第三者责任强制保险的应有之义。在保险理赔实践中,保险公司支付抢救费用是以责任限额为限。"责任限额",是指保险合同约定的保险公司就机动车第三者责任强制保险所应当承担的医疗费用赔偿限额。

其次,由道路交通事故社会救助基金先行垫付部分或者全部抢救费用，再向交通事故责任人追偿。《民法典》第1216条体现了保护人权精神，将社会救助基金先行垫付的范围扩展为：机动车不明、该机动车未参加强制保险或者抢救费用超过机动车强制保险责任限额情形。同时，明确社会救助基金垫付的范围为被侵权人人身伤亡的抢救、丧葬等费用。在垫付抢救费用后，道路交通事故社会救助基金管理机构有权向交通事故责任人追偿。道路交通事故社会救助基金管理机构的追偿权应以其实际支出的抢救费用为限。如果肇事者将抢救费用支付给了受害人，则该基金管理机构有权要求受害人返还其所支付的抢救费用。另外，在道路交通事故社会救助基金管理机构行使追偿权的过程中，受害人及其亲属也有义务为其提供相应的帮助，如提供相应的票据、证明等。

最后，根据《民事诉讼法》第109条的规定，交通事故中受伤人员的费用可以通过先予执行的方式进行。先予执行适用的案件范围包括追索医疗费用的案件。采取先予执行强制措施的对象包括侵权人、承保交强险和商业三者险的保险公司。受害人可以直接向人民法院申请对保险公司采取先予执行强制措施。《民事诉讼法》第110条规定，人民法院裁定先予执行的，应当符合下列条件：(1)当事人之间权利义务关系明确，不先予执行将严重影响申请人的生活或者生产经营的；(2)被申请人有履行能力。人民法院可以责令申请人提供担保，申请人不提供担保的，驳回申请。申请人败诉的，应当赔偿被申请人因先予执行遭受的财产损失。该法条第111条还规定，当事人对保全或者先予执行的裁定不服的，可以申请复议一次。复议期间不停止裁定的执行。

第一章 道路交通事故的处理

📂 **拓展延伸**

交强险每次事故责任限额20万元。其中,死亡伤残赔偿限额18万元,医疗费用赔偿限额1.8万元,财产损失赔偿限额0.2万元。被保险人无责任时,死亡伤残赔偿限额1.8万元,医疗费用赔偿限额1800元,财产损失赔偿限额100元。

先予执行管辖法院的选择适用《民事诉讼法》第29条的规定,即由侵权行为地或被告住所地人民法院管辖。此处的侵权行为地,包括侵权行为实施地、侵权结果发生地。

📋 **法律依据**

《中华人民共和国道路交通安全法》

第七十五条 医疗机构对交通事故中的受伤人员应当及时抢救,不得因抢救费用未及时支付而拖延救治。肇事车辆参加机动车第三者责任强制保险的,由保险公司在责任限额范围内支付抢救费用;抢救费用超过责任限额的,未参加机动车第三者责任强制保险或者肇事后逃逸的,由道路交通事故社会救助基金先行垫付部分或者全部抢救费用,道路交通事故社会救助基金管理机构有权向交通事故责任人追偿。

《中华人民共和国民法典》

第一千二百一十六条 机动车驾驶人发生交通事故后逃逸,该机动车参加强制保险的,由保险人在机动车强制保险责任限额范围内予以赔偿;机动车不明、该机动车未参加强制保

> 险或者抢救费用超过机动车强制保险责任限额，需要支付被侵权人人身伤亡的抢救、丧葬等费用的，由道路交通事故社会救助基金垫付。道路交通事故社会救助基金垫付后，其管理机构有权向交通事故责任人追偿。

30. 当事人如何申请支付、垫付交通事故中受伤人员的抢救费用？

法律咨询

张某步行发生交通事故，造成急性重度颅脑损伤，需要紧急治疗。肇事车辆投保了机动车交强险，被保险人陈某愿意积极配合张某家属办理交强险支付抢救费手续。请问，如何提出支付抢救费申请？

律师答疑

当事人在申请支付和垫付时，首先，需要与管辖公安机关交通管理部门沟通，申请其出具垫付通知；其次，需要到肇事车辆投保交强险的保险公司办理支付抢救费手续。

办理手续需要提供垫付通知书，事故认定书，医疗机构出具的医药费、住院费等收款凭证，以及病历和诊断证明、抢救医院专门银行账户等相关证据。保险公司自收到公安机关交通管理部门出具的书面垫付通知及上述证据后，应当向抢救受害人的医院出具承诺垫付抢救费用担保函，或将垫付款项划转至抢救医院在银行开立的专门账户，不进行现金垫付。通常情况下，保险公司在申请垫付手续齐全后48小时内完成垫付事宜。

向道路交通事故社会救助基金管理机构为受害人申请垫付抢救费用或者丧葬费用的程序，参照上文。

法律依据

《道路交通事故处理程序规定》

第四十二条 投保机动车交通事故责任强制保险的车辆发生道路交通事故，因抢救受伤人员需要保险公司支付抢救费用的，公安机关交通管理部门应当书面通知保险公司。

抢救受伤人员需要道路交通事故社会救助基金垫付费用的，公安机关交通管理部门应当书面通知道路交通事故社会救助基金管理机构。

道路交通事故造成人员死亡需要救助基金垫付丧葬费用的，公安机关交通管理部门应当在送达尸体处理通知书的同时，告知受害人亲属向道路交通事故社会救助基金管理机构提出书面垫付申请。

第四十八条 道路交通事故社会救助基金管理机构已经为受害人垫付抢救费用或者丧葬费用的，公安机关交通管理部门应当在交通肇事逃逸案件侦破后及时书面告知道路交通事故社会救助基金管理机构交通肇事逃逸驾驶人的有关情况。

Chapter 2

第二章

道路交通事故的责任认定

第一节　道路交通事故的归责原则

31. 如何认定事故属于道路交通事故？

法律咨询

一天，孙某与同事聚会，因见到了许久未见的好朋友，孙某喝了很多酒。聚会结束后，孙某骑着自行车回家。由于天色已晚且路灯损坏，孙某并没有看到前方停放在马路边上的小型货车。小型货车上装载的木板超出车厢，孙某撞到了超出车厢外的木板上，当场死亡。事故发生后，小型货车司机认为其车辆已熄火，该事故不应该属于道路交通事故，其对此次事故不应该承担责任。请问，此次事故是否为道路交通事故？责任如何承担？

律师答疑

本案事发时，小型货车虽然熄火，但其状态符合法律规定的"车辆使用过程中"的含义。同时，该司机对事故发生具有过错。因此，本案应按交通事故处理，小型货车司机应承担相应的过错责任。

根据《道路交通安全法》第119条的规定，"交通事故"是指车辆在道路上因过错或者意外造成的人身伤亡或者财产损失的事件。为了进一步明确交通事故的范围，还需要对车辆、道路等进行

第二章　道路交通事故的责任认定

逐一明确的界定：

（1）交通事故必须是由车辆造成的事故。

"车辆"是指机动车和非机动车。所谓"机动车"，是指以动力装置驱动或者牵引，上道路行驶的供人员乘用或者用于运送物品以及进行工程专项作业的轮式车辆，包括客车、货车、工程专项车、电动摩托车、电动轻便摩托车。"非机动车"，是指以人力或者畜力驱动，上道路行驶的交通工具，以及虽有动力装置驱动但设计最高时速、空车质量、外形尺寸符合有关国家标准的残疾人机动轮椅车、电动自行车等交通工具。

综上，依据驱动装置、用途、型号、速度、载重等指标的不同，法律上对车辆进行上述分型。该分型对车辆的管理、运行、准驾许可、保险等具有重要意义。

需要注意的是，根据《电动自行车安全技术规范》(GB 17761—2018)第4.1.c条、第4.1.d条对电动车作出的新的规定，"电驱动行驶时，最高设计车速不超过25km/h；电助动行驶时，车速超过25km/h，电动机不得提供动力输出；装配完整的电动自行车的整车质量小于或等于55kg"。超过上述标准的电动车，按机动车处理。

（2）交通事故必须发生在道路上。

所谓"道路"，是指公路、城市道路和虽在单位管辖范围但允许社会机动车通行的地方，包括广场、公共停车场等用于公众通行的场所。与道路成为一体的桥梁、隧道、轮渡设施以及道路作业用的电梯等通通包含在"道路"中，作为道路附属设施。故矿区、厂区、林区、农场等单位自建的不通行社会车辆的专用道路，机关和学校单位大院内不允许社会车辆通行的道路均不属于《道路交通安全法》中所称的道路，在这些范围内发生的事故当然也不属于交通事故。因此，区别事故发生地是否为"道路"是判断是否构成交通肇事罪的重要要件之一。交通事故必须发生在车辆使用过程中，使用过程包括车辆的运行状态也包括静止状态。

（3）交通事故出于责任人的主观过错或者意外。

对于交通事故的损害后果的发生，侵权人只能是过失。从意志因素方面来看，侵权人对损害后果的发生既非希望也非放任，而是排斥、反对的。从认识因素方面，侵权人对后果的发生应该是可以预见，但由于疏忽大意或过于轻信能够避免。

（4）交通事故发生的损害后果与侵权人的侵权行为具有直接因果关系。

交通事故的损害后果是指事故在客观上造成了人身伤亡和财产损失。该后果的产生必须与侵权人的侵权行为具有因果关系，且侵权人对此具有过错。这里的侵权行为不限于驾驶过程中的直接碰撞或接触行为，也包括引发风险的非接触行为。

（5）道路以外通行时发生的事故，参照道路交通事故处理和赔偿。

根据《道路交通事故处理程序规定》第110条的规定，车辆在道路以外通行时发生的事故，公安机关交通管理部门接到报案的，参照该规定处理。涉嫌犯罪的，及时移送有关部门。同时依据《最高人民法院关于审理道路交通事故损害赔偿案件适用法律若干问题的解释》第25条的规定，机动车在道路以外的地方通行时引发的损害赔偿案件，可以参照适用该解释的规定。因此，上述法律法规明确了保险的理赔范围，既包括道路交通事故，也包括在具有通行特征的非道路上发生的事故。

第二章　道路交通事故的责任认定

> **法律依据**
>
> **《中华人民共和国道路交通安全法》**
>
> **第一百一十九条**　本法中下列用语的含义：
>
> （一）"道路"，是指公路、城市道路和虽在单位管辖范围但允许社会机动车通行的地方，包括广场、公共停车场等用于公众通行的场所。
>
> （二）"车辆"，是指机动车和非机动车。
>
> （三）"机动车"，是指以动力装置驱动或者牵引，上道路行驶的供人员乘用或者用于运送物品以及进行工程专项作业的轮式车辆。
>
> （四）"非机动车"，是指以人力或者畜力驱动，上道路行驶的交通工具，以及虽有动力装置驱动但设计最高时速、空车质量、外形尺寸符合有关国家标准的残疾人机动轮椅车、电动自行车等交通工具。
>
> （五）"交通事故"，是指车辆在道路上因过错或者意外造成的人身伤亡或者财产损失的事件。

32. 机动车发生交通事故的，公安机关交通管理部门如何定责？

法律咨询

　　魏某驾驶家用小轿车在下班路上与横穿马路的行人相撞，造成该行人受伤入院。经交通部门认定，魏某负次要责任。魏某认为其没有责任，对事故认定结论不服。请问，机动车发生交通事故的,公安机关交通管理部门如何定责?

律师答疑

根据《道路交通安全法》第 76 条第 1 款的规定,机动车发生交通事故造成人身伤亡、财产损失的,由保险公司在机动车第三者责任强制保险责任限额范围内予以赔偿;不足的部分,按照以下原则承担赔偿责任。

首先,机动车之间发生交通事故的,由有过错的一方承担赔偿责任;双方都有过错的,按照各自过错的比例分担责任。这是民法过错责任原则在处理交通事故中的重要体现。机动车之间发生交通事故,适用过错责任原则,主要是考虑机动车驾驶人属于平等的主体,不存在强弱的区别,并负有相同的义务。"有过错"主要是指机动车驾驶人出于故意或者过失违反道路交通安全法律、法规,这种过错是造成交通事故的原因。有过错的一方对于交通事故的形成具有不可推卸的责任,即行为人的过错与损害结果的发生具有直接的因果关系,因而必须承担民事责任。对于双方都有过错的,按照"各自过错的比例分担责任",也就是按照过错的大小来确定责任的轻重,根据责任的轻重来确定对损失承担的比例。在交通事故所造成的人身伤亡、财产损失赔偿中实行过错责任原则,有利于保护公共财产和公民的合法权益,也有利于教育公民遵纪守法,预防和减少交通事故损害的发生。

其次,机动车与非机动车驾驶人、行人之间发生交通事故,非机动车驾驶人、行人没有过错的,由机动车一方承担赔偿责任;有证据证明非机动车驾驶人、行人有过错的,根据过错程度适当减轻机动车一方的赔偿责任;机动车一方没有过错的,承担不超过 10%

第二章　道路交通事故的责任认定

的赔偿责任。这一规定包含三个方面内容：(1)机动车与非机动车驾驶人、行人之间发生交通事故的，如果非机动车驾驶人、行人一方没有过错，由机动车一方承担民事责任。(2)如果非机动车驾驶人、行人一方有过错，原则上机动车一方仍然要承担赔偿责任，但是应当根据非机动车驾驶人、行人一方过错的具体程度，相应地减轻机动车一方的责任。非机动车驾驶人、行人一方有较轻的过错的，少量减轻甚至不减轻机动车一方的赔偿责任；非机动车驾驶人、行人一方有较重过错的，相应加大幅度地减轻机动车一方的赔偿责任。(3)即使完全没有过错，机动车一方仍然要承担一定的赔偿责任，但是其承担赔偿责任的最高限度为10%。

法律依据

《中华人民共和国道路交通安全法》

第七十六条第一款　机动车发生交通事故造成人身伤亡、财产损失的，由保险公司在机动车第三者责任强制保险责任限额范围内予以赔偿；不足的部分，按照下列规定承担赔偿责任：

(一)机动车之间发生交通事故的，由有过错的一方承担赔偿责任；双方都有过错的，按照各自过错的比例分担责任。

(二)机动车与非机动车驾驶人、行人之间发生交通事故，非机动车驾驶人、行人没有过错的，由机动车一方承担赔偿责任；有证据证明非机动车驾驶人、行人有过错的，根据过错程度适当减轻机动车一方的赔偿责任；机动车一方没有过错的，承担不超过百分之十的赔偿责任。

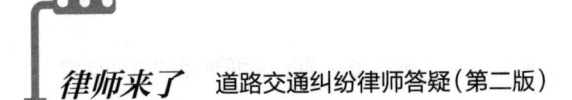

33. 交通事故是由非机动车驾驶人、行人故意造成的,机动车一方要承担责任吗?

法律咨询

张先生是一位大巴车司机。一日上午,张先生接送旅行团,正常在道路上行驶,至天桥下时,突然有一名女子从天桥上跳下直接砸在了张先生的大巴车上,该女子当场死亡。事发后,经公安机关交通管理部门调查核实,该女有自杀倾向,是故意跳下天桥而砸到了张先生的车,张先生无责。请问,交通事故是由非机动车驾驶人、行人故意造成的,张先生一方要承担责任吗?

律师答疑

非机动车驾驶人、行人故意造成的自身损失自行承担,机动车一方不需要承担责任。事故造成机动车一方损失的,由存在故意的非机动车驾驶人、行人赔偿。因此,本案张先生无须承担事故责任。

根据《道路交通安全法》第76条第2款的规定,交通事故的损失是由非机动车驾驶人、行人故意碰撞机动车造成的,机动车一方不承担赔偿责任。实践中存在非机动车驾驶人、行人故意碰撞机动车造成交通事故,如自杀性交通事故的情况。在这种情况下由机动车一方承担民事责任显然是不合理和不公平的。《道路交通安全法》的这一规定,与民事法律精神也是完全一致的。

此外,对一些地方出现的所谓"碰瓷"的现象,还需要予以特别说明。所谓"碰瓷",是指一些人为获取非法利益,故意制造交

第二章　道路交通事故的责任认定

通事故，然后以要求赔偿损失为由，骗取、强行索取他人财物。这种行为属于违法犯罪行为，不仅不应当予以赔偿，而且还要根据其行为的具体情节，分别按照以危险方法危害公共安全罪、故意毁坏财物罪、敲诈勒索罪、诈骗罪等规定追究刑事责任；情节轻微，尚不构成犯罪的，也应当依照《治安管理处罚法》的规定，予以拘留、罚款等处罚。

法律依据

> 《中华人民共和国道路交通安全法》
> 　　第七十六条第二款　交通事故的损失是由非机动车驾驶人、行人故意碰撞机动车造成的，机动车一方不承担赔偿责任。

34. 行人横穿马路被撞，司机可否减轻责任？

法律咨询

张某家的小区对面是一家大型超市，每天张某都要到路对面的超市购买新鲜蔬菜。路口的红绿灯需前行200米，为了减少行走距离，张某经常直接横穿马路。一天，张某像往常一样横穿马路到对面的超市。可是没想到，被刘某驾驶的大众轿车撞伤，车祸造成张某严重骨折。请问，在该种情况下，可否减轻刘某的责任？

律师答疑

张某横穿马路违反了《道路交通安全法》第61条、第62条的规定,其在主观上存在过错。故根据《民法典》第1173条的规定,可以依法减轻作为侵害人的机动车一方的民事责任,即可以减轻刘某的责任。

此种情形属于民法上的过失相抵。所谓过失相抵,是指受害人对损害的发生或者损害结果的扩大存在过错的,可依法减轻或免除侵权人的损害赔偿责任。此原则意在侵权领域根据当事人的主观过错来分配责任,以达到当事人之间的利益平衡,是一种公平合理分配的原则。

法律依据

《中华人民共和国道路交通安全法》

第六十一条 行人应当在人行道内行走,没有人行道的靠路边行走。

第六十二条 行人通过路口或者横过道路,应当走人行横道或者过街设施;通过有交通信号灯的人行横道,应当按照交通信号灯指示通行;通过没有交通信号灯、人行横道的路口,或者在没有过街设施的路段横过道路,应当在确认安全后通过。

《中华人民共和国民法典》

第一千一百七十三条 被侵权人对同一损害的发生或者扩大有过错的,可以减轻侵权人的责任。

35. 在机动车道上拦截出租车发生交通事故的，责任如何承担？

法律咨询

周末的一天晚上，姜某因朋友聚会大量饮酒。聚会结束时已是深夜，姜某多次打车无果。后姜某见到前方来车，便冲到路中间进行拦截。出租车司机搭载乘客正常行驶，突然见到姜某在路中间出现，便紧急避让。最终，出租车撞到路边电线杆，导致乘客面部损伤且大量出血。出租车司机立即将其送往医院紧急救治。请问，对于姜某在机动车道上拦截出租车造成交通事故的行为，责任如何承担？

律师答疑

本案，姜某作为一个完全民事行为能力人，应该对在机动车道上拦截机动车的危险性有足够的认知能力，却违反道路交通法律法规而为之，其本人对危害结果的发生具有重大过错，应该承担与其过错相应的责任。

法律依据

《中华人民共和国道路交通安全法》

第七十六条 机动车发生交通事故造成人身伤亡、财产损失的，由保险公司在机动车第三者责任强制保险责任限额范围内予以赔偿；不足的部分，按照下列规定承担赔偿责任：

（一）机动车之间发生交通事故的，由有过错的一方承担

> 赔偿责任;双方都有过错的,按照各自过错的比例分担责任。
>
> (二)机动车与非机动车驾驶人、行人之间发生交通事故,非机动车驾驶人、行人没有过错的,由机动车一方承担赔偿责任;有证据证明非机动车驾驶人、行人有过错的,根据过错程度适当减轻机动车一方的赔偿责任;机动车一方没有过错的,承担不超过百分之十的赔偿责任。
>
> 交通事故的损失是由非机动车驾驶人、行人故意碰撞机动车造成的,机动车一方不承担赔偿责任。

第二节 道路交通事故认定

36. 公安机关交通管理部门拒不作出道路交通事故认定书的,当事人应该怎么办?

法律咨询

2021年12月,郑某和杨某的车在外环路环岛处相撞,发生了一起严重的交通事故,郑某的车和杨某的车不同程度地受到了损害。事发后,交通警察赶到现场,并拍照记录了事故现场情况。但该事故过去了1个多月,郑某和杨某并没有收到交通事故认定书。请问,公安机关交通管理部门拒不作出道路交通事故认定书的,当事人应怎么办?

第二章　道路交通事故的责任认定

律师答疑

本案中,公安机关交通管理部门对已经发生的交通事故拒不作出道路交通事故认定书的,当事人郑某和杨某可以向法院起诉,判令公安机关交通管理部门履行职责。

公安机关交通管理部门在明知已经发生了交通事故,且在有关当事人再三请求下,拒不作出道路交通事故认定书的行为属于违法不履行职责的行政不作为。公安机关交通管理部门对交通事故责任的认定是一种行政行为,应当属于行政诉讼的受案范围。这里需要注意的是,公安机关交通管理部门作出或不作出责任认定是一种行政行为。

拓展延伸

对于人民法院处理道路交通事故损害赔偿案件而言,道路交通事故认定书是认定案件事实和过错的主要证据。除道路交通事故认定书外,如果有其他证据,法院应综合案件所有证据进行事实的认定。

区别于道路交通事故认定书,道路交通事故证明是公安机关交通管理部门在事故事实无法查清,责任无法认定的情况下作出的。道路交通事故证明仅载明道路交通事故发生的时间、地点、当事人情况及调查得到的事实,没有事故当事人的过错分析及责任认定。因此,当事人仅依据道路交通事故证明进行保险理赔很难得到支持;其应综合其他事实证据,起诉至法院进行救济。

法律依据

《道路交通事故处理程序规定》

第五十九条 道路交通事故认定应当做到事实清楚、证据确实充分、适用法律正确、责任划分公正、程序合法。

第六十条 公安机关交通管理部门应当根据当事人的行为对发生道路交通事故所起的作用以及过错的严重程度,确定当事人的责任。

(一)因一方当事人的过错导致道路交通事故的,承担全部责任;

(二)因两方或者两方以上当事人的过错发生道路交通事故的,根据其行为对事故发生的作用以及过错的严重程度,分别承担主要责任、同等责任和次要责任;

(三)各方均无导致道路交通事故的过错,属于交通意外事故的,各方均无责任。

一方当事人故意造成道路交通事故的,他方无责任。

第六十七条 道路交通事故基本事实无法查清、成因无法判定的,公安机关交通管理部门应当出具道路交通事故证明,载明道路交通事故发生的时间、地点、当事人情况及调查得到的事实,分别送达当事人,并告知申请复核、调解和提起民事诉讼的权利、期限。

《最高人民法院关于审理道路交通事故损害赔偿案件适用法律若干问题的解释》

第二十四条 公安机关交通管理部门制作的交通事故认定书,人民法院应依法审查并确认其相应的证明力,但有相反证据推翻的除外。

37. 不服公安机关交通管理部门作出的道路交通事故认定书的，当事人应该怎么办？

📒 法律咨询

某日，夏某驾驶出租车在路上开车时，撞上了逆行的电动车驾驶人杨某。后交警赶到事故现场，对现场情况进行拍照记录。几天后，公安机关交通管理部门作出了一份交通事故认定书，认定夏某应对此次交通事故负次要责任。但是夏某认为杨某系逆行，应对事故的发生承担全部责任。请问，夏某不服公安机关交通管理部门的交通事故认定书，应该怎么办？

📝 律师答疑

夏某对于公安机关交通管理部门作出的道路交通事故认定不服，可以自交通事故认定书送达之日起 3 日内提出书面复核申请。如果未能在该期限内提出复核申请或放弃复核申请的，也可在诉讼中结合其他证据申请法院重新认定。

首先，对于道路交通事故认定不服的复核程序在《道路交通事故处理程序规定》第七章第二节中有详细规定。复核程序主要包括复核申请、复核受理、复核审查、复核结论四个部分。具体内容在下文的"法律依据"部分进行列明。值得注意的是，当事人对道路交通事故认定有异议的可以提出复核申请，对于道路交通事故证明有异议的也可以提出复核申请。复核申请既可以向作出道路交通事故认定的公安机关交通管理部门提出，也可以向上一级公安机关交通管理部门提出。受理之日统一规定为上一级公安机关交通管理部门收到复核申请之日。

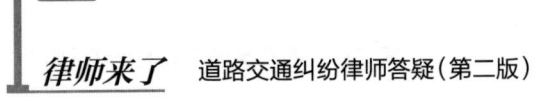

其次，当事人如果不服道路交通事故认定且有足够证据推翻交通事故认定书的，也可在诉讼过程中向法院提出重新认定的申请。如果法院审理查明该交通事故认定书确实存在问题，可综合案件事实和其他证据重新认定当事人所应承担的民事责任。当事人向公安机关交通管理部门提出复核申请并被受理后，任何一方当事人就该事故向人民法院提起诉讼并经人民法院受理的，公安机关交通管理部门应当将受理当事人复核申请的有关情况告知相关人民法院，由法院决定是否终止复核程序。

法律依据

《道路交通事故处理程序规定》

第七十一条 当事人对道路交通事故认定或者出具道路交通事故证明有异议的，可以自道路交通事故认定书或者道路交通事故证明送达之日起三日内提出书面复核申请。当事人逾期提交复核申请的，不予受理，并书面通知申请人。

复核申请应当载明复核请求及其理由和主要证据。同一事故的复核以一次为限。

第七十二条 复核申请人通过作出道路交通事故认定的公安机关交通管理部门提出复核申请的，作出道路交通事故认定的公安机关交通管理部门应当自收到复核申请之日起二日内将复核申请连同道路交通事故有关材料移送上一级公安机关交通管理部门。

复核申请人直接向上一级公安机关交通管理部门提出复核申请的，上一级公安机关交通管理部门应当通知作出道路

第二章 道路交通事故的责任认定

交通事故认定的公安机关交通管理部门自收到通知之日起五日内提交案卷材料。

第七十三条 除当事人逾期提交复核申请的情形外，上一级公安机关交通管理部门收到复核申请之日即为受理之日。

第七十五条 复核审查期间，申请人提出撤销复核申请的，公安机关交通管理部门应当终止复核，并书面通知各方当事人。

受理复核申请后，任何一方当事人就该事故向人民法院提起诉讼并经人民法院受理的，公安机关交通管理部门应当将受理当事人复核申请的有关情况告知相关人民法院。

受理复核申请后，人民检察院对交通肇事犯罪嫌疑人作出批准逮捕决定的，公安机关交通管理部门应当将受理当事人复核申请的有关情况告知相关人民检察院。

第七十六条 上一级公安机关交通管理部门认为原道路交通事故认定事实清楚、证据确实充分、适用法律正确、责任划分公正、程序合法的，应当作出维持原道路交通事故认定的复核结论。

上一级公安机关交通管理部门认为调查及认定程序存在瑕疵，但不影响道路交通事故认定的，在责令原办案单位补正或者作出合理解释后，可以作出维持原道路交通事故认定的复核结论。

上一级公安机关交通管理部门认为原道路交通事故认定有下列情形之一的，应当作出责令原办案单位重新调查、认定的复核结论：

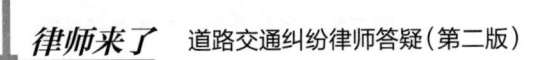

（一）事实不清的；

（二）主要证据不足的；

（三）适用法律错误的；

（四）责任划分不公正的；

（五）调查及认定违反法定程序可能影响道路交通事故认定的。

第七十七条 上一级公安机关交通管理部门审查原道路交通事故证明后，按下列规定处理：

（一）认为事故成因确属无法查清，应当作出维持原道路交通事故证明的复核结论；

（二）认为事故成因仍需进一步调查的，应当作出责令原办案单位重新调查、认定的复核结论。

《最高人民法院关于审理道路交通事故损害赔偿案件适用法律若干问题的解释》

第二十四条 公安机关交通管理部门制作的交通事故认定书，人民法院应依法审查并确认其相应的证明力，但有相反证据推翻的除外。

38. 当事人与交警车相撞的，交警是否应当在事故认定时回避？

法律咨询

2017年7月底，郑某在高速公路上驾车行驶时，前方突然逆向行驶过来一辆交警车。郑某来不及刹车，交警车正好撞在

第二章　道路交通事故的责任认定

郑某的车的前方。出现该事故后，郑某本想找交警进行交通事故认定，但考虑到撞车的是交警车，认为可能出现偏袒的问题。请问，当事人与交警车相撞的，交警是否应当在事故认定时回避？

📋 律师答疑

此案涉及道路交通事故处理的交通警察，因此其依法应该回避。

回避是指公安机关交通管理部门负责人，交通警察，公安机关检验、鉴定人员在处理道路交通事故时遇到法定情况的，应该主动退出案件的处理，事故当事人及其代理人也有权请求更换处理道路交通事故的交通警察或者检验、鉴定人员。

交通事故中涉及的公安机关交通管理部门及交通警察也是交通事故的当事人，其符合法定回避理由，理应自行回避。在其没有自行回避的情况下，当事人可以申请其回避，否则可能因程序违法而导致实体的错误，也就是交警所作出的所有行政处罚、事故认定皆因违法而无效。

📁 拓展延伸

交通警察调查处理道路交通违法行为和交通事故，有下列情形之一的，应当回避：（1）是本案的当事人或者当事人的近亲属；（2）本人或者其近亲属与本案有利害关系；（3）与本案当事人有其他关系，可能影响案件的公正处理。

> **法律依据**
>
> 《道路交通事故处理程序规定》
>
> 第一百零五条 在调查处理道路交通事故时,交通警察或者公安机关检验、鉴定人员有下列情形之一的,应当回避:
>
> (一)是本案的当事人或者是当事人的近亲属的;
>
> (二)本人或者其近亲属与本案有利害关系的;
>
> (三)与本案当事人有其他关系,可能影响案件公正处理的。
>
> 交通警察或者公安机关检验、鉴定人员需要回避的,由本级公安机关交通管理部门负责人或者检验、鉴定人员所属的公安机关决定。公安机关交通管理部门负责人需要回避的,由公安机关或者上一级公安机关交通管理部门负责人决定。
>
> 对当事人提出的回避申请,公安机关交通管理部门应当在二日内作出决定,并通知申请人。

第三节 道路交通事故具体的归责情形

39. 机动车所有人或者管理人在哪些情形下会承担责任?

法律咨询

一天,刘某的妻弟给刘某打电话,想借刘某的车,去参加高中同学聚会。刘某知道自己的妻弟没有驾驶证,但也经常开车,觉得没什么事儿,于是把车借给妻弟。刘某的妻弟在参加完聚会回来的路上,因喝酒不慎发生车祸。请问,在这种情况下,机动车所有人刘某会被认定对损害的发生承担责任吗?

律师答疑

本案刘某明知妻弟没有驾驶资格,仍借车给他使用,所以刘某应对其违法行为承担相应的过错责任。

机动车所有人或管理人是否对事故承担责任、何种情况下承担责任以及承担何种责任是一个十分常见的问题。依据《民法典》第1209条的规定,因租赁、借用等情形机动车所有人、管理人与使用人不是同一人时,发生交通事故造成损害,属于该机动车一方责任的,由机动车使用人承担赔偿责任;机动车所有人、管理人对损害的发生有过错的,承担相应的赔偿责任。由此可见,机动车所有人、管理人对事故损害的发生存在过错的,应该承担相应的赔偿责任。

首先,机动车所有人应理解为实际所有人。车辆多次转让未办理登记的,造成登记所有人与最后一次转让并交付的受让人不一致的,该受让人为实际所有人。管理人指通过租赁、借用、质押等合法方式对机动车进行管理、维护、使用,享有管理权利的人。

其次,机动车使用人是指通过租赁、借用等合法方式从所有人或管理人处获得机动车的使用权的人。

再次,机动车所有人、管理人对于机动车发生交通事故造成的损害承担的是过错责任,同时应根据过错程度的大小综合判定相应的赔偿比例。过错责任是指行为人在主观上对自己的行为及其所造成的损害有过错（故意或过失）时所应承担的法律责任。若主观上并无过错，即使行为已致人损害且具有违法性，亦不负民事责任。

最后，法律列举了机动车所有人、管理人的四种过错情形。分别为：知道或者应当知道机动车存在缺陷，且该缺陷是交通事故发生原因之一的；知道或者应当知道驾驶人无驾驶资格或者未取得相应驾驶资格的；知道或者应当知道驾驶人因饮酒、服用国家管制的精神药品或者麻醉药品，或者患有妨碍安全驾驶机动车的疾病等依法不能驾驶机动车的；其他应当认定机动车所有人或者管理人有过错的情形。其中，机动车缺陷必须与交通事故的形成具有因果关系，具有原因力，如制动失灵、轮胎破损、转向失灵等。

法律依据

《中华人民共和国民法典》

第一千二百零九条 因租赁、借用等情形机动车所有人、管理人与使用人不是同一人时，发生交通事故造成损害，属于该机动车一方责任的，由机动车使用人承担赔偿责任；机动车所有人、管理人对损害的发生有过错的，承担相应的赔偿责任。

《最高人民法院关于审理道路交通事故损害赔偿案件适用法律若干问题的解释》

第一条 机动车发生交通事故造成损害，机动车所有人或者管理人有下列情形之一，人民法院应当认定其对损害的发生有过错，并适用民法典第一千二百零九条的规定确定其相应的赔偿责任：

（一）知道或者应当知道机动车存在缺陷，且该缺陷是交通事故发生原因之一的；

　　（二）知道或者应当知道驾驶人无驾驶资格或者未取得相应驾驶资格的；

　　（三）知道或者应当知道驾驶人因饮酒、服用国家管制的精神药品或者麻醉药品，或者患有妨碍安全驾驶机动车的疾病等依法不能驾驶机动车的；

　　（四）其他应当认定机动车所有人或者管理人有过错的。

40. 未成年子女被撞，其父母未尽到监护责任的，父母是否应负责任？

法律咨询

　　一天，沈某夫妇带着孩子去建材城购置家具。路过路边的一家超市时，沈某夫妇决定去该超市买点饮料。付账过程中，孩子见路边一只小猫便突然飞奔至马路上玩耍，结果被一辆路过的小客车撞倒在地。因事发突然，小客车司机无法及时制动，导致客车继续从孩子身上轧过，造成孩子受伤严重，后被送往医院抢救。请问，在该起交通事故中，孩子的父母沈某夫妇是否应该负一定责任？

律师答疑

　　本案中，沈某夫妇未尽到足够的监护义务，导致孩子被撞伤，依法应承担相应的过错责任。

　　父母作为子女的法定监护人，应依法承担监护职责，即依法对子女的人身、财产以及其他合法权益进行监督和保护。监护人的监护职责包括保护被监护人的身体健康、照顾被监护人的生活、管理和保护被监护人的财产、对被监护人进行管理和教育等。根据《民法典》第34条的规定,监护人不履行监护职责或者未尽到监护责任的,应承担相应的责任。

小孩在车水马龙的大街上玩耍是非常危险的,如果其父母没有充分认识到这一点,也没有采取必要的措施约束小孩,就会导致惨剧发生。除了机动车驾驶人应当承担责任外,其父母也要承担一定的监护责任。

拓展延伸

如果未成年人在幼儿园、学校或者其他教育机构学习、生活期间发生交通事故,由机动车驾驶人承担相应的侵权责任;如果幼儿园、学校或者其他教育机构未尽到管理职责,承担相应的补充责任。

法律依据

《中华人民共和国民法典》

第三十四条 监护人的职责是代理被监护人实施民事法律行为,保护被监护人的人身权利、财产权利以及其他合法权益等。

监护人依法履行监护职责产生的权利,受法律保护。

监护人不履行监护职责或者侵害被监护人合法权益的,应当承担法律责任。

因发生突发事件等紧急情况,监护人暂时无法履行监护职责,被监护人的生活处于无人照料状态的,被监护人住所地的居民委员会、村民委员会或者民政部门应当为被监护人安排必要的临时生活照料措施。

第一千二百零一条 无民事行为能力人或者限制民事行为能力人在幼儿园、学校或者其他教育机构学习、生活期间,受到幼儿园、学校或者其他教育机构以外的第三人人身损害的,由第三人承担侵权责任;幼儿园、学校或者其他教育机构未尽到管理职责的,承担相应的补充责任。幼儿园、学校或者其他教育机构承担补充责任后,可以向第三人追偿。

41. 未成年人造成交通事故的,谁来承担责任?

法律咨询

彭某是一名初中生。因为其系家里独生子,所以彭某的父母对其十分溺爱。暑假期间,彭某央求其父教自己开车。经过一段时间的练习,彭某自觉驾驶没问题。一天,彭某与父母去爷爷奶奶家。在彭某的要求下,由其父亲坐在副驾驶位置指挥彭某驾驶。可是由于彭某驾驶经验不足,所以其在路上避让不及,与其他车辆相撞。请问,在该种情况下,应该由谁承担责任?

律师答疑

彭某的父母明知彭某未成年且不具有驾驶资格,仍放任其驾驶车辆,因此,本次事故导致的损失应由彭某的父母承担赔偿责任。

不满8周岁的未成年人为无民事行为能力人,由其法定代理人代理实施民事法律行为。8周岁以上的未成年人为限制民事行为能力人，实施民事法律行为由其法定代理人代理或者经其法定代理人同意、追认；但是，可以独立实施纯获利益的民事法律行为或者与其年龄、智力相适应的民事法律行为。无民事行为能力人、限制民事行为能力人造成他人损害的，由监护人承担侵权责任。

有财产的无民事行为能力人、限制民事行为能力人造成他人损害的，优先从本人财产中支付赔偿费用；不足部分，由监护人赔偿。

拓展延伸

未成年人由保姆照顾或在幼儿园、学校、其他教育机构学习和生活的，保姆或幼儿园、学校、其他教育机构承担相应的过错责任。

法律依据

《中华人民共和国民法典》

第十九条 八周岁以上的未成年人为限制民事行为能力人，实施民事法律行为由其法定代理人代理或者经其法定代理人同意、追认；但是，可以独立实施纯获利益的民事法律行为或者与其年龄、智力相适应的民事法律行为。

第二十条 不满八周岁的未成年人为无民事行为能力人，由其法定代理人代理实施民事法律行为。

第一千一百八十八条 无民事行为能力人、限制民事行为能力人造成他人损害的，由监护人承担侵权责任。监护人尽到监护职责的，可以减轻其侵权责任。

第二章 道路交通事故的责任认定

> 有财产的无民事行为能力人、限制民事行为能力人造成他人损害的,从本人财产中支付赔偿费用;不足部分,由监护人赔偿。
>
> **第一千一百八十九条** 无民事行为能力人、限制民事行为能力人造成他人损害,监护人将监护职责委托给他人的,监护人应当承担侵权责任;受托人有过错的,承担相应的责任。

42. 执行职务的过程中发生交通事故造成他人损害的,谁来负责?

法律咨询

许某是一家国有公司的专职司机。一日,许某在接到公司领导的指示,而驾驶公司的奥迪轿车自机场接客户回单位的路途中,违法并线,导致后面正常行驶的奔驰车追尾,造成两车损坏。经交警认定,本次事故中,许某实施违法行为在先,应承担事故的全部责任。两车维修费用共计18万元。请问,在该种情况下,应由谁承担赔偿责任?

律师答疑

本案中,许某在履行职务时违法并线致后车追尾,责任应该由许某所在的公司承担。

根据《民法典》第1191条的规定,由用人单位承担其工作人员造成他人损害的侵权责任的要件为:首先,侵权人必须为用人单位的工作人员,双方存在劳动关系。其次,工作人员的行为必须本

103

身就构成侵权行为,需要承担侵权责任。再次,侵权行为发生在执行工作任务期间。判断是否为工作任务应综合考虑时间、空间、控制力和利益四个因素。最后,工作人员实施侵权行为时,主观上为一般过失。如果主观上为故意或重大过失,则用人单位享有追偿权,即如果工作人员有故意或重大过失,则用人单位在承担替代责任后可以向该工作人员追偿。用人单位享有追偿权,有利于更好地约束工作人员,避免工作人员因无须实际承担责任而恣意行为。

由此可见,许某违法并线致后车追尾,应该由许某所在的公司承担责任。

拓展延伸

重大过失应当从损害结果是否具有可预见性和可避免性,即工作人员是否具有从事所属职业的专业技能、是否具有其所属年龄层所应有的认识能力、是否存在严重违反操作规程的行为、是否存在不听劝阻的情形等方面进行综合判断。

法律依据

> **《中华人民共和国民法典》**
> 第一千一百九十一条 用人单位的工作人员因执行工作任务造成他人损害的,由用人单位承担侵权责任。用人单位承担侵权责任后,可以向有故意或者重大过失的工作人员追偿。
>
> 劳务派遣期间,被派遣的工作人员因执行工作任务造成他人损害的,由接受劳务派遣的用工单位承担侵权责任;劳务派遣单位有过错的,承担相应的责任。

第二章　道路交通事故的责任认定

43. 受个人雇佣的雇员在工作期间发生交通事故的，谁来负责？

法律咨询

王某年初新建房屋。王某雇了同村的魏某帮助其运砖。一天，魏某在运砖的过程中，由于路面湿滑，刹车失灵，与左侧方车辆撞到了一起，造成左侧方车辆破损，魏某受伤。请问，该起事故发生后，最后应由谁对左侧方的车辆损失负赔偿责任？由谁对魏某负赔偿责任？

律师答疑

本案中魏某与王某之间形成的是个人之间的劳务关系，魏某的送砖行为是双方约定的劳务行为。因此，对于魏某造成的左侧方车辆的损坏，应由王某承担侵权责任。如果左侧方车辆驾驶人有过错，对魏某造成伤害，首先由左侧方车辆驾驶人承担侵权责任，王某给予补偿后可以进行追偿。

《民法典》第1192条的规定充分体现了平等主体之间提供有偿劳务过程中的替代责任问题。

首先，提供劳务一方造成他人损害的，应由接受劳务一方承担侵权责任。该问题成立的要件为：必须为平等主体之间形成的劳务关系；提供劳务一方的侵权行为必须发生在提供劳务过程中；该侵权行为的主观方面为一般过失。如有故意或重大过失，接受劳务一方承担侵权责任后，可以向提供劳务一方追偿。

其次，第三人侵权行为造成提供劳务一方损害的，提供劳务一方可以请求第三人承担侵权责任，也可以请求接受劳务一方承担补偿责任。同时，接受劳务一方拥有追偿权。此处，接受劳务一方负有的是补偿责任，而非赔偿责任，这点充分体现了公平原则。

法律依据

《中华人民共和国民法典》

第一千一百九十二条 个人之间形成劳务关系，提供劳务一方因劳务造成他人损害的，由接受劳务一方承担侵权责任。接受劳务一方承担侵权责任后，可以向有故意或者重大过失的提供劳务一方追偿。提供劳务一方因劳务受到损害的，根据双方各自的过错承担相应的责任。

提供劳务期间，因第三人的行为造成提供劳务一方损害的，提供劳务一方有权请求第三人承担侵权责任，也有权请求接受劳务一方给予补偿。接受劳务一方补偿后，可以向第三人追偿。

44. 帮忙卸车发生事故的，谁来承担责任？

法律咨询

胡某与王某系同事，王某下班后路过胡某施工现场，遂帮忙卸车。卸车过程中，车辆因失速而倾覆，造成王某受伤。请问，在该种情况下，胡某应对王某的损失承担责任吗？

律师答疑

根据《最高人民法院关于审理人身损害赔偿案件适用法律若

第二章　道路交通事故的责任认定

干问题的解释》第 5 条第 1 款的规定，王某作为无偿提供劳务的帮工人，在帮忙卸车过程中遭受人身损害的，应该由胡某承担相应的过错责任。

被帮工人承担责任的要件为：首先，当事人双方系无偿、平等关系；其次，损害的发生在提供帮工活动过程中；再次，被帮工人承担相应的过错责任；最后，被帮工人明确拒绝帮工的，被帮工人不承担赔偿责任，但可以在受益范围内予以适当补偿。

法律依据

> 《最高人民法院关于审理人身损害赔偿案件适用法律若干问题的解释》
>
> **第五条第一款**　无偿提供劳务的帮工人因帮工活动遭受人身损害的，根据帮工人和被帮工人各自的过错承担相应的责任；被帮工人明确拒绝帮工的，被帮工人不承担赔偿责任，但可以在受益范围内予以适当补偿。

45. 驾驶私车出公差发生车祸的，谁来赔偿？

法律咨询

王某是一家药物公司的销售人员，主要负责推销公司业务。一天，公司经理派王某去外地出差洽谈业务。因为两地相距不太远，王某决定驱车前往。在路上，王某因疲劳驾驶与另一辆车相撞，导致王某受伤住院。请问，在本案中，王某驾驶私车出公差发生车祸后，其损失应该由谁来负责？

律师答疑

依据《工伤保险条例》第 14 条第 5 项的规定,因工外出期间,由于工作原因受到伤害或者发生事故下落不明的,应认定为工伤。王某的行为是职务行为,在履行职务过程中受伤,应认定为工伤,可享受工伤待遇。除此之外,根据《最高人民法院关于审理工伤保险行政案件若干问题的规定》第 8 条的规定,若王某在交通事故中受伤,还可以获得交通事故的赔偿。

法律依据

《最高人民法院关于审理人身损害赔偿案件适用法律若干问题的解释》

第三条 依法应当参加工伤保险统筹的用人单位的劳动者,因工伤事故遭受人身损害,劳动者或者其近亲属向人民法院起诉请求用人单位承担民事赔偿责任的,告知其按《工伤保险条例》的规定处理。

因用人单位以外的第三人侵权造成劳动者人身损害,赔偿权利人请求第三人承担民事赔偿责任的,人民法院应予支持。

《工伤保险条例》

第十四条 职工有下列情形之一的,应当认定为工伤:

……

(五)因工外出期间,由于工作原因受到伤害或者发生事故下落不明的;

……

第二章 道路交通事故的责任认定

> 《最高人民法院关于审理工伤保险行政案件若干问题的规定》
>
> 第八条 职工因第三人的原因受到伤害,社会保险行政部门以职工或者其近亲属已经对第三人提起民事诉讼或者获得民事赔偿为由,作出不予受理工伤认定申请或者不予认定工伤决定的,人民法院不予支持。
>
> 职工因第三人的原因受到伤害,社会保险行政部门已经作出工伤认定,职工或者其近亲属未对第三人提起民事诉讼或者尚未获得民事赔偿,起诉要求社会保险经办机构支付工伤保险待遇的,人民法院应予支持。
>
> 职工因第三人的原因导致工伤,社会保险经办机构以职工或者其近亲属已经对第三人提起民事诉讼为由,拒绝支付工伤保险待遇的,人民法院不予支持,但第三人已经支付的医疗费用除外。

46. 救护车送医途中发生交通事故的,找谁赔偿?

法律咨询

张某因突发脑出血,情况危急。家人决定拨打"120",将张某送往就近医院治疗。在送医的道路上,救护车开启警灯警笛。因情况紧急,司机选择闯红灯通行,不料因观察不仔细,与正常行驶的货车相撞,导致张某未得到及时抢救而病情恶化。其同行家属也身受重伤,经鉴定构成六级伤残。请问,在该起事故中,张某及其家属应该找谁赔偿?

109

律师答疑

当个人在受到人身伤害等紧急情况下会拨打"120"寻求医疗救助,"120"方应允并出车接病人就诊,双方合意性质明显。拨打电话寻求帮助人为要约,"120"方出车接诊为承诺,双方以实际履行的方式缔结了事实上的医疗合同关系。因此,救护车在运送受伤人员途中发生交通事故,属于违约责任和侵权责任的竞合,受害人可以选择提起违约之诉或侵权之诉。如果受害人选择提起侵权之诉,则受害人负有举证责任,其须证明其所受到的伤害与交通事故之间具有因果关系。因为病人并非正常的健康人,其死亡或伤害究竟是疾病还是事故造成的,受害方很难举证。但如果提起违约之诉,则举证责任在有违约行为的前提下被分配给了"120"方。这促使"120"方积极地寻找证据及有关的鉴定资料,只有"120"方提供了相应的证据,才能减轻或免除其责任。所以,在此种情形下,本案受害人张某及其家属提起医疗合同纠纷违约之诉较为适宜。

拓展延伸

《民法典》确立的损害赔偿原则是填补原则,即受害人受到的损害应与赔偿金额相符。因此,如果受害人同时提出违约之诉和侵权之诉,其所得金额不应超过实际损失。

法律依据

《中华人民共和国民法典》

第一千一百八十二条　侵害他人人身权益造成财产损

> 失的，按照被侵权人因此受到的损失或者侵权人因此获得的利益赔偿；被侵权人因此受到的损失以及侵权人因此获得的利益难以确定，被侵权人和侵权人就赔偿数额协商不一致，向人民法院提起诉讼的，由人民法院根据实际情况确定赔偿数额。

47. 饲养牲畜钻洞进入高速路段引发交通事故，责任怎么分担？

法律咨询

郑某家住农村，紧邻高速公路，靠饲养牛羊为生。一天，郑某与妻子放完羊后在家做饭，忘记拴羊圈大门，导致羊群从羊圈中逃出。因高速路护栏出现一个洞，部分羊钻洞上了高速公路。此时，路过的车主杨某没有预料到羊会出现在高速公路上，来不及刹车，导致翻车且羊被撞死的惨剧。请问，在该种情况下，责任应该如何分担？

律师答疑

如果高速公路的防护措施得当，对交通事故没有任何过错，则高速公路所属的公司不承担责任。如果对高速公路的维护存在不足，如防护网存在破损等情况，导致有人或饲养牲畜进入高速公路，则高速公路所属公司无权以高速公路严禁行人或动物进入为由推卸责任。根据《道路交通安全法》第76条的规定，机动车一方要承担无过错责任，但有证据证明非机动车驾驶人、行人违反道

111

路交通安全法律、法规，机动车驾驶人已经采取必要处置措施的，减轻机动车一方的责任。同时，羊群在逃逸期间造成他人损害的，由动物饲养人郑某及其妻子承担侵权责任。

法律依据

《中华人民共和国道路交通安全法》

第七十六条　机动车发生交通事故造成人身伤亡、财产损失的，由保险公司在机动车第三者责任强制保险责任限额范围内予以赔偿；不足的部分，按照下列规定承担赔偿责任：

（一）机动车之间发生交通事故的，由有过错的一方承担赔偿责任；双方都有过错的，按照各自过错的比例分担责任。

（二）机动车与非机动车驾驶人、行人之间发生交通事故，非机动车驾驶人、行人没有过错的，由机动车一方承担赔偿责任；有证据证明非机动车驾驶人、行人有过错的，根据过错程度适当减轻机动车一方的赔偿责任；机动车一方没有过错的，承担不超过百分之十的赔偿责任。

交通事故的损失是由非机动车驾驶人、行人故意碰撞机动车造成的，机动车一方不承担赔偿责任。

《中华人民共和国民法典》

第一千二百四十九条　遗弃、逃逸的动物在遗弃、逃逸期间造成他人损害的，由动物原饲养人或者管理人承担侵权责任。

48. 被盗车辆发生交通事故的，车主需要承担责任吗？

法律咨询

魏某从小跟爷爷奶奶生活在一起，但爷爷奶奶岁数大了，对魏某的管教不多，魏某经常干一些小偷小盗的事情。一天，魏某看见小区门口停了一辆车，还未上锁，便将该车开出了小区。随后魏某开着车进入闹市区，结果发生了交通事故。请问，在这种情况下，被盗的车主需要承担责任吗？

律师答疑

本案被盗的车主不需要承担责任。

《民法典》第1215条规定，盗抢机动车发生交通事故造成损害的赔偿责任主体是盗窃人、抢劫人或抢夺人，机动车所有人不负赔偿责任。机动车使用人与盗抢人不是同一人的，两者共同承担连带责任。保险人在交强险限额内垫付抢救费用的，有权进行追偿。

法律依据

《中华人民共和国民法典》

第一千二百一十五条　盗窃、抢劫或者抢夺的机动车发生交通事故造成损害的，由盗窃人、抢劫人或者抢夺人承担赔偿责任。盗窃人、抢劫人或者抢夺人与机动车使用人不是同一人，发生交通事故造成损害，属于该机动车一方责任

> 的，由盗窃人、抢劫人或者抢夺人与机动车使用人承担连带责任。
>
> 　　保险人在机动车强制保险责任限额范围内垫付抢救费用的，有权向交通事故责任人追偿。

49. 单纯因为机动车质量问题造成的交通事故由谁负责？

法律咨询

　　近日，郑某在一家4S店购置了一台小轿车。自从买了该台车后，郑某就用其接送家里的小孩上下学。一天，郑某接小孩放学的路上，看见前方有行人便想刹车，可是郑某无论怎么踩刹车都不管用，导致郑某撞倒了行人。事后，经鉴定，该小轿车刹车失灵的原因系车辆出厂质量不合格。请问，在该场因机动车质量问题造成的交通事故中，应由谁负责？

律师答疑

　　交通事故如果只是因为汽车质量造成的，驾驶人本身并没有操作上的失误，也没有违反交通安全规定，那么，驾驶人本人实际也是事故的受害人。按照《民法典》第1203条的规定，本案的损失可以向两个单位要求损害赔偿：一个是汽车的制造者，也就是生产商；另一个是汽车的销售者，也就是经销公司。

第二章　道路交通事故的责任认定

> **法律依据**
>
> 《中华人民共和国民法典》
>
> **第一千二百零二条**　因产品存在缺陷造成他人损害的，生产者应当承担侵权责任。
>
> **第一千二百零三条**　因产品存在缺陷造成他人损害的，被侵权人可以向产品的生产者请求赔偿，也可以向产品的销售者请求赔偿。
>
> 产品缺陷由生产者造成的，销售者赔偿后，有权向生产者追偿。因销售者的过错使产品存在缺陷的，生产者赔偿后，有权向销售者追偿。
>
> 《最高人民法院关于审理道路交通事故损害赔偿案件适用法律若干问题的解释》
>
> **第九条**　机动车存在产品缺陷导致交通事故造成损害，当事人请求生产者或者销售者依照民法典第七编第四章的规定承担赔偿责任的，人民法院应予支持。

50. 违法临时停车导致交通事故的，谁来负责？

> **法律咨询**

刘某国庆期间到海南游玩。一家人租一辆小轿车自驾游。游玩旅途中，刘某发现道路旁的超市售卖芒果，便想买一些路上品尝。因超市车位已满，刘某觉得短暂停车不会有大碍，故将车临时停靠在路边后进超市购物。不料，后车为躲避占道的小轿车，与对面驶来的车辆发生碰撞。请问，因刘某违章占道导致的交通事故应由谁负责？

律师答疑

根据《道路交通安全法》第31条、第104条的规定，未经许可，任何单位和个人不得占用道路从事非交通活动。未经批准，擅自挖掘道路、占用道路施工或者从事其他影响道路交通安全活动的，道路主管部门应当责令其停止违法行为，并可以对其进行罚款。因为这种违法行为造成道路上通行的人员、车辆及其他财产遭受损失的，违章占道的人应当承担赔偿责任。因此，本案应由刘某承担与其违章占道行为相应的过错责任。

法律依据

《中华人民共和国道路交通安全法》

第三十一条 未经许可，任何单位和个人不得占用道路从事非交通活动。

第一百零四条 未经批准，擅自挖掘道路、占用道路施工或者从事其他影响道路交通安全活动的，由道路主管部门责令停止违法行为，并恢复原状，可以依法给予罚款；致使通行的人员、车辆及其他财产遭受损失的，依法承担赔偿责任。

有前款行为，影响道路交通安全活动的，公安机关交通管理部门可以责令停止违法行为，迅速恢复交通。

51. 汽车撞死名贵宠物，宠物饲养人或管理人是否有责任？

法律咨询

张某非常喜欢小动物。张某的女儿给张某买了一只边牧犬。一天，张某带着自家的边牧犬出来遛弯儿。在等待红灯过马路的时候，边牧犬突然发现对面有一只小黄狗，便挣脱绳子，跑到了马路中央，被一辆轿车撞上，当场死亡。请问，在该事件中，责任该如何承担？

律师答疑

本案中，边牧犬的饲养人张某未对宠物采取足够的安全措施，导致宠物逃跑酿成事故。对于本次事故，张某应承担相应的过错责任。

如果狗是在主人的控制下被撞死，视同造成财产损失，类似于机动车与行人之间发生事故，那么机动车一方要根据《道路交通安全法》第76条的规定承担无过错责任。但《民法典》第1245条、第1246条规定，饲养的动物造成他人损害的，动物饲养人或者管理人应当承担侵权责任，但能够证明损害是被侵权人故意或者重大过失造成的，可以不承担或者减轻责任。未对动物采取安全措施造成他人损害的，动物饲养人或者管理人应当承担侵权责任；但是，能够证明损害是因被侵权人故意造成的，可以减轻责任。因此，如果狗脱离饲养人的控制，在路上乱跑，对交通秩序构成干扰，饲养人无权请求赔偿；如果事故给机动车或他人造成损失，饲养人还要对受害人承担损害赔偿责任。

法律依据

《中华人民共和国道路交通安全法》

第七十六条　机动车发生交通事故造成人身伤亡、财产损失的，由保险公司在机动车第三者责任强制保险责任限额范围内予以赔偿；不足的部分，按照下列规定承担赔偿责任：

（一）机动车之间发生交通事故的，由有过错的一方承担赔偿责任；双方都有过错的，按照各自过错的比例分担责任。

（二）机动车与非机动车驾驶人、行人之间发生交通事故，非机动车驾驶人、行人没有过错的，由机动车一方承担赔偿责任；有证据证明非机动车驾驶人、行人有过错的，根据过错程度适当减轻机动车一方的赔偿责任；机动车一方没有过错的，承担不超过百分之十的赔偿责任。

交通事故的损失是由非机动车驾驶人、行人故意碰撞机动车造成的，机动车一方不承担赔偿责任。

《中华人民共和国民法典》

第一千二百四十五条　饲养的动物造成他人损害的，动物饲养人或者管理人应当承担侵权责任；但是，能够证明损害是因被侵权人故意或者重大过失造成的，可以不承担或者减轻责任。

第一千二百四十六条　违反管理规定，未对动物采取安全措施造成他人损害的，动物饲养人或者管理人应当承担侵权责任；但是，能够证明损害是因被侵权人故意造成的，可以减轻责任。

52. 交通事故责任无法查清时，应如何认定赔偿责任？

法律咨询

冀某系外地进京务工人员。一日傍晚，冀某推自行车回宿舍的途中横穿马路，被一辆直行的奔驰汽车撞上，经三天抢救无效死亡。事发后，交警进行现场勘查，因事发地点无摄像头，无目击证人，无法通过刹车痕迹和碰撞痕迹判断车速及碰撞情况。因未查到任何线索，交警最后对该起事故进行了处理，但是责任无法查清。请问，在这种情况下，应如何对冀某的死亡进行赔偿？

律师答疑

我国民事责任的归责原则主要有过错责任、无过错责任和公平责任。公平责任适用于过错责任和无过错责任无法适用的特殊情况，即与损害有关的当事人各方对损害的发生均无过错，或者哪一方当事人有过错无法查清，导致受害人既不能根据过错责任原则，也不能根据无过错责任原则从加害方处获得赔偿。若由受害人对此独自承担损失，将使受害人陷入经济上难以维持的境地，或者在经济上遭受重大损失。因此，法官基于利益平衡的考虑，斟酌加害人与受害人双方的经济状况，判令加害人补偿受害人部分或全部损失。

我国《民法典》第1186条对公平责任原则进行了规定，即当事人对造成的损害都没有过错的，可以根据实际情况，由当事人分担民事责任。因此，在损害发生的原因无法查清，无法确定哪一方当事人有责任，又不能排除任何一方责任的情况下，由各方分担损失。

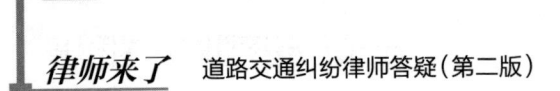

因此，本案应综合案件的实际情况，由奔驰汽车驾驶人依公平责任原则，承担相应的赔偿责任。

法律依据

《中华人民共和国民法典》

第一千一百八十六条 受害人和行为人对损害的发生都没有过错的，依照法律的规定由双方分担损失。

53. 当事人违反停放规定引发交通事故的，应如何承担责任？

法律咨询

一天，雷某像往常一样，开车去上班。到单位门口后，雷某发现单位门口没有了停车位。雷某抱着侥幸心理，将车停到了禁止停放车辆的人行横道上，随后便去单位上班了。因雷某的车违反停放规定，引发了一起交通事故。请问，在该事故中，应如何承担责任？

律师答疑

本案雷某违法停车的行为造成了交通事故，其应承担相应的过错责任。

首先，道路交通法律法规对机动车停放的要求有四点：(1)机动车应当在规定的地点停放，规定地点主要包括停车场、停车泊位等由主管部门施划的停车地点。(2)禁止在人行道上停放机动车。

(3)在城市道路范围内,在不影响行人、车辆通行的情况下,政府有关部门施划的停车泊位。(4)在道路上临时停车的,不得妨碍其他车辆、行人的通行。

其次,机动车在道路上临时停车,应当遵守下列规定:(1)在设有禁停标志、标线的路段,在机动车道与非机动车道、人行道之间设有隔离设施的路段以及人行横道、施工地段,不得停车;(2)交叉路口、铁路道口、急弯路、宽度不足4米的窄路、桥梁、陡坡、隧道以及距离上述地点50米以内的路段,不得停车;(3)公共汽车站、急救站、加油站、消防栓或者消防队(站)门前以及距离上述地点30米以内的路段,除使用上述设施的以外,不得停车;(4)车辆停稳前不得开车门和上下人员,开关车门不得妨碍其他车辆和行人通行;(5)路边停车应当紧靠道路右侧,机动车驾驶人不得离车,上下人员或者装卸物品后,立即驶离;(6)城市公共汽车不得在站点以外的路段停车上下乘客。

最后,如果机动车违反上述有关机动车停放规定而造成交通事故,应承担责任。但如果受害人对事故的发生也有过错,如其因为赶着坐公交车而没有注意到停放的车辆,也要对自己的损害承担一定的责任。

法律依据

《中华人民共和国道路交通安全法》

第五十六条 机动车应当在规定地点停放。禁止在人行道上停放机动车;但是,依照本法第三十三条规定施划的停车泊位除外。

在道路上临时停车的,不得妨碍其他车辆和行人通行。

54. 当事人已经死亡的，还需要承担交通事故责任吗？

法律咨询

2021年5月，邱某驾驶半挂牵引车行驶至京密路时，因疲劳驾驶，车辆驶入对侧车道，与文某驾驶的半挂车相撞。邱某车辆在撞击后直接翻入路侧的深沟，导致货物倾斜，将邱某当场压死。同时，本事故造成文某全身多处骨折。本事故经交警认定，邱某疲劳驾驶负事故的主要责任。请问，在邱某死亡的情况下，其还需要对文某的损失负责任吗？

律师答疑

交通事故责任认定是公安机关交通管理部门根据交通法规、当事人的行为对发生道路交通事故所起的作用以及过错的严重程度，认定交通事故是由于哪方当事人原因造成的，各方在交通事故中占多大责任的行为。当事人的死亡不影响赔偿责任的承担。因此，即使交通事故中的当事人已经死亡，如果其确实存在违法行为，仍然需要承担损害赔偿责任，只不过是由其继承人以所得遗产实际价值为限赔偿受害人的损失。

法律依据

《道路交通事故处理程序规定》

第六十条　公安机关交通管理部门应当根据当事人的行为对发生道路交通事故所起的作用以及过错的严重程度，确定当事人的责任。

第二章 道路交通事故的责任认定

（一）因一方当事人的过错导致道路交通事故的，承担全部责任；

（二）因两方或者两方以上当事人的过错发生道路交通事故的，根据其行为对事故发生的作用以及过错的严重程度，分别承担主要责任、同等责任和次要责任；

（三）各方均无导致道路交通事故的过错，属于交通意外事故的，各方均无责任。

一方当事人故意造成道路交通事故的，他方无责任。

《中华人民共和国民法典》

第一千一百五十九条 分割遗产，应当清偿被继承人依法应当缴纳的税款和债务；但是，应当为缺乏劳动能力又没有生活来源的继承人保留必要的遗产。

Chapter 3

第三章

道路交通事故的损害赔偿处理

第一节 损害赔偿原则

55. 出了交通事故，能否把侵权人和保险公司列为共同被告？

法律咨询

潘某在接孙女放学的时候被一辆私家车撞伤，后被路人送进医院接受治疗，花费了大额的治疗费用。公安机关交通管理部门认定肇事车对事故承担全部责任。经查，肇事车辆分别投保交强险和商业险。现潘某与肇事司机就赔偿问题无法达成一致。请问，潘某能否把肇事者和保险公司列为共同被告呢？

律师答疑

根据《最高人民法院关于审理道路交通事故损害赔偿案件适用法律若干问题的解释》第22条的规定，如果潘某所称的保险公司是指承保交强险的保险公司，那么法院应当将其列为共同被告，即使潘某未主张，法院也会依职权将其列入。但是，如果保险公司已经赔偿完毕，而且当事人对此无异议的，就不需要再将其列为共同被告。如果潘某所称的保险公司是指承保商业三者险的保险公司，潘某可以申请将其列为共同被告。

同时，对于潘某的损失，先由承保机动车强制保险的保险人在强制保险责任限额范围内予以赔偿；不足部分，由承保机动车商业保险的保险人按照保险合同的约定予以赔偿；仍然不足或者没有投保机动车商业保险的，由侵权人赔偿。

法律依据

> 《中华人民共和国民法典》
>
> 第一千二百一十三条　机动车发生交通事故造成损害，属于该机动车一方责任的，先由承保机动车强制保险的保险人在强制保险责任限额范围内予以赔偿；不足部分，由承保机动车商业保险的保险人按照保险合同的约定予以赔偿；仍然不足或者没有投保机动车商业保险的，由侵权人赔偿。
>
> 《最高人民法院关于审理道路交通事故损害赔偿案件适用法律若干问题的解释》
>
> 第二十二条　人民法院审理道路交通事故损害赔偿案件，应当将承保交强险的保险公司列为共同被告。但该保险公司已经在交强险责任限额范围内予以赔偿且当事人无异议的除外。
>
> 人民法院审理道路交通事故损害赔偿案件，当事人请求将承保商业三者险的保险公司列为共同被告的，人民法院应予准许。

56. 交强险理赔第三者人身伤亡及财产损失的方法是什么？

法律咨询

小客车撞倒了行人，小客车负主要责任，行人负次要责任。行人医疗费用2.5万元，死亡伤残费用21万元，另造成财产损失1000元。请问，对于行人的损失，小客车交强险如何赔偿？

律师答疑

首先，在交通事故中，如果机动车一方承保了交强险，那么人员伤亡和财产损失会优先在交强险的限额内赔偿。交强险每次事故责任限额20万元。其中，死亡伤残赔偿限额18万元，医疗费用赔偿限额1.8万元，财产损失赔偿限额0.2万元。被保险人无责任时，死亡伤残赔偿限额1.8万元，医疗费用赔偿限额1800元，财产损失赔偿限额100元。死亡伤残赔偿限额和无责任死亡伤残赔偿限额项下负责赔偿丧葬费、死亡补偿费、受害人亲属办理丧葬事宜支出的交通费用、残疾赔偿金、残疾辅助器具费、护理费、康复费、交通费、被扶养人生活费、住宿费、误工费，被保险人依照法院判决或者调解承担的精神损害抚慰金。医疗费用赔偿限额和无责任医疗费用赔偿限额项下负责赔偿医药费、诊疗费、住院费、住院伙食补助费，必要的、合理的后续治疗费、整容费、营养费。

其次，当第三者定损金额低于或等于分项赔偿限额时，赔款为交强险项下赔偿金额。当第三者定损金额高于分项赔偿限额时，赔款为交强险项下赔偿金额与交强险项外赔偿金额之和。

最后，行人被机动车撞伤，机动车方有责。机动车交强险在交强险分项内分别计算赔偿。本案中，行人医疗费用2.5万元，死亡伤残费用21万元，超过交强险限额，故该两项损失由交强险在限额内全额承担，超过限额的部分，按商业三者险条款规定，根据责任比例在商业车险项下赔偿。另造成财产损失 1000 元未超交强险限额，故该损失在交强险项下赔偿。

57. 商业三者险理赔第三者人身伤亡及财产损失的方法是什么？

法律咨询

小客车撞倒了行人，其中小客车负主要责任，行人负次要责任。行人医疗费用 2.5 万元，死亡伤残费用 21 万元，另造成财产损失 1000 元。请问，对于行人的损失，小客车商业三者险如何赔偿？

律师答疑

首先，对于超过交强险赔偿限额的交通事故案件，被保险人有权向保险公司申请理赔。保险公司每次赔付金额以保险合同约定的保险限额为限。通常保险条款规定的每次事故赔偿限额分为 5 万元、10 万元、15 万元、20 万元、30 万元、50 万元、100 万元和 100 万元以上且最高不超过 5000 万元的八档。不同于交强险，商业三者险赔偿限额内对第三者的人身和财产损失进行统一赔付，不再细分医疗费用赔偿限额、死亡伤残赔偿限额及财产损失限额。

其次，交强险项外赔偿金额的理算公式为：

交强险项外赔偿金额＝[（医疗费用定损金额－医疗费用赔偿限额）＋（死亡伤残费用定损金额－死亡伤残费用赔偿限额）＋（财产损失定损金额－财产损失赔偿限额）]×责任比例。

再次,当(第三者定损金额－交强险的分项赔偿限额)×事故责任比例,等于或高于每次事故赔偿限额时,商业险理算公式为:

赔款＝每次事故赔偿限额×(1－事故责任免赔率)×(1－绝对免赔率之和)。

当(第三者定损金额－交强险的分项赔偿限额)×事故责任比例,低于每次事故赔偿限额时,商业险理算公式为:

赔款＝(依合同约定核定的第三者损失金额－机动车交通事故责任强制保险的分项赔偿限额)×事故责任比例×(1－事故责任免赔率)×(1－绝对免赔率之和)。

最后,本案行人的损失在商业险内赔付为:[(医疗费用定损金额 2.5 万元－医疗费用赔偿限额 1.8 万元)＋(死亡伤残费用定损金额 21 万元－死亡费用赔偿限额 18 万元)]×70%×(1－事故责任免赔率)×(1－绝对免赔率之和)。

拓展延伸

商业险的赔付是以被保险人承担责任为前提。被保险车辆方无事故责任的,保险人不承担赔偿责任。被保险人自行承诺或支付赔偿金额的,保险人有权重新核定。保险人依据被保险机动车一方在事故中所负的事故责任比例,承担相应的赔偿责任。被保险人或被保险机动车一方根据有关法律法规规定选择自行协商或由公安机关交通管理部门处理事故未确定事故责任比例的,一般按照下列规定确定事故责任比例:(1)被保险机动车一方负主要事故责任的,事故责任比例为 70%;(2)被保险机动车一方负同等事故责任的,事故责任比例为 50%;(3)被保险机动车一方负次要事故责任的,事故责任比例为 30%。

58. 在受害人死亡又联系不到其家属的情况下，谁来偿还施救者垫付的费用？

法律咨询

某日，邵某在下班回家途中目睹了一起交通事故。由于肇事司机在发现自己撞人之后逃逸，邵某赶紧把受害人送往医院并垫付了医疗费用，但最终受害人经抢救无效死亡。现在邵某找不到他的亲戚朋友。请问，邵某可以找谁偿还他垫付的费用呢？

律师答疑

根据《最高人民法院关于审理道路交通事故损害赔偿案件适用法律若干问题的解释》第 23 条第 3 款的规定，被侵权人因道路交通事故死亡，邵某为其支付了医疗费用，却找不到死者的近亲属时，可以请求保险公司在交强险责任限额范围内赔偿其支出的费用。

法律依据

> 《最高人民法院关于审理道路交通事故损害赔偿案件适用法律若干问题的解释》
>
> 第二十三条　被侵权人因道路交通事故死亡，无近亲属或者近亲属不明，未经法律授权的机关或者有关组织向人民法院起诉主张死亡赔偿金的，人民法院不予受理。
>
> 侵权人以已向未经法律授权的机关或者有关组织支付死亡赔偿金为理由，请求保险公司在交强险责任限额范围内予

> 以赔偿的,人民法院不予支持。
>
> 被侵权人因道路交通事故死亡,无近亲属或者近亲属不明,支付被侵权人医疗费、丧葬费等合理费用的单位或者个人,请求保险公司在交强险责任限额范围内予以赔偿的,人民法院应予支持。

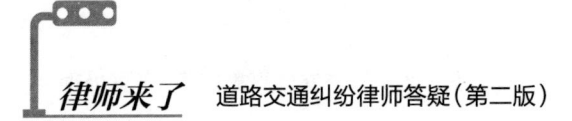

59. 没有投保过交强险的车辆发生交通事故致人受伤的,受害人应该找谁赔偿?

法律咨询

刘某在周末的时候约朋友去郊区钓鱼,但在一十字路口被一辆闯红灯的小汽车撞伤,交警认定小汽车负全责。后经查发现,肇事者并非车主,肇事车辆也没有投保过交强险。请问,刘某的损失该找谁赔偿呢?

律师答疑

根据《最高人民法院关于审理道路交通事故损害赔偿案件适用法律若干问题的解释》第16条的规定,未依法投保交强险的机动车发生交通事故造成损害,原则上应当先由投保义务人在交强险责任限额范围内予以赔偿,也就是找车主承担交强险责任。但是如果投保义务人和侵权人不是同一人,也就是在刘某遇到的这一情况下,应当由肇事车辆的投保义务人和肇事司机先在交强险责任限额范围内承担相应的过错责任。

第三章　道路交通事故的损害赔偿处理

拓展延伸

根据《机动车交通事故责任强制保险条例》第 2 条的规定，"在中华人民共和国境内道路上行驶的机动车的所有人或者管理人，应当依照《中华人民共和国道路交通安全法》的规定投保机动车交通事故责任强制保险"。因此，按该条例的规定，交强险的"投保义务人"是指机动车的所有人或者管理人。

管理人指通过租赁、借用、质押等合法方式对机动车进行管理、维护、使用，享有管理权利的人。

法律依据

《最高人民法院关于审理道路交通事故损害赔偿案件适用法律若干问题的解释》

第十六条　未依法投保交强险的机动车发生交通事故造成损害，当事人请求投保义务人在交强险责任限额范围内予以赔偿的，人民法院应予支持。

投保义务人和侵权人不是同一人，当事人请求投保义务人和侵权人在交强险责任限额范围内承担相应责任的，人民法院应予支持。

60. 交通事故伤及乘车人的，应由谁赔偿损失？

法律咨询

张某是一名出租车司机。某日，张某载着乘客赵某在公路上等红绿灯时，被后面未刹车的大客车追尾，出租车被推行数十米。张某和赵某均受伤，公安机关交通管理部门认定后车对事故负全责。请问，交通事故伤及乘车人的，应由谁来承担损失呢？

律师答疑

根据我国《民法典》的规定，无论是按照规定已经购买了车票的乘车人，还是按照规定免票、持优待票或者经承运人许可搭乘的无票乘车人，承运人都有义务在约定的期间或者合理期间内将其安全运到约定目的地。因此，承运人应当对运输过程中旅客的伤亡承担损害赔偿责任，但伤亡是旅客自身健康原因造成的或者承运人证明伤亡是旅客故意、重大过失造成的除外。乘车人有权以违约为由要求承运人承担赔偿责任。

乘客乘坐的客车与另一辆机动车、非机动车或行人相撞而发生交通事故，乘客乘坐的车辆没有任何过错，但乘客遭到损害的，可依客运合同要求承运人承担违约责任，给予赔偿；也可依侵权损害赔偿的法律规定要求对交通事故负有责任的车辆所有者或经营者承担侵权责任，赔偿损失。但是，乘车人只能择一行使权利。如果对交通事故的发生，乘车人所乘坐的车辆与其他车辆都有责任，那么乘车人有权要求所乘坐的车辆与其他车辆的所有人或者驾驶人共同承担侵权责任。

需要指出的是，如果乘车人在乘车过程中财产受到损失，而承运人对该财产的损失没有过错，承运人不承担责任。这一点与乘车人人身受到损害不一样，乘车人人身受到损害，不管承运人在交通事故中有没有过错，都要承担责任。

第三章 道路交通事故的损害赔偿处理

法律依据

《中华人民共和国民法典》

第八百二十三条 承运人应当对运输过程中旅客的伤亡承担赔偿责任；但是，伤亡是旅客自身健康原因造成的或者承运人证明伤亡是旅客故意、重大过失造成的除外。

前款规定适用于按照规定免票、持优待票或者经承运人许可搭乘的无票旅客。

第八百二十四条 在运输过程中旅客随身携带物品毁损、灭失，承运人有过错的，应当承担赔偿责任。

旅客托运的行李毁损、灭失的，适用货物运输的有关规定。

61. 上下班途中发生交通事故的，属于工伤吗？

法律咨询

某日，王某下班途中被一辆醉驾的小汽车从背后撞伤，后被路人送去医院，花费了大量的医疗费用。公安机关交通管理部门认定小汽车对事故负全责。王某想向公司主张工伤保险待遇，但公司以王某并非在工作期间受伤为由拒绝。请问，上下班途中发生交通事故的，属于工伤吗？

律师答疑

在上下班途中劳动者因交通事故受到伤害的，会发生交通事故损害赔偿与工伤保险竞合的情况,此时应认定为工伤。因为劳动者遭受工伤,是由于交通事故第三人的侵权行为造成的,第三人不能免除民事赔偿责任,所以,需要进行交通事故与工伤双赔偿。从性质上看,工伤保险属于社会保险的范畴,与私权救济性质的民事损害赔偿存在根本的差别。

根据《工伤保险条例》的规定,职工在上下班途中受到非本人主要责任的交通事故伤害的,应当由所在单位向相应社会保险行政部门请求工伤认定。如果受害职工存在残疾、影响劳动能力的情形,还应当进行劳动能力鉴定。经过劳动能力鉴定后,按照确定的劳动能力鉴定等级享受相应的工伤保险待遇。这样的规定有助于保护受害职工的合法权益。作为受害职工本人或者其近亲属,应当在机动车事故发生后及时请求工伤保险待遇。

除了工伤保险待遇之外,还应当根据受害职工的具体情况来确定交通事故的损害赔偿。如果受害职工也是驾驶机动车上下班,则应当适用机动车之间的责任处理;如果受害职工仅仅是行人,则应当适用机动车与行人之间的责任处理。

综合上述分析,只要在上下班途中因发生交通事故而受到伤害的职工符合相应的条件,经过工伤认定与劳动能力鉴定程序,就应当享受工伤保险待遇,有关保险经办机构或者用人单位就应当向其支付工伤保险待遇。同时,该职工或者其近亲属也可以基于侵权向肇事方请求相应的人身损害赔偿。也就是说,在上下班途中因交通事故受伤的职工可以享有两种请求权,得到双份赔偿。

第三章 道路交通事故的损害赔偿处理

📋 **法律依据**

> **《工伤保险条例》**
>
> **第十四条** 职工有下列情形之一的,应当认定为工伤:
>
> (一)在工作时间和工作场所内,因工作原因受到事故伤害的;
>
> (二)工作时间前后在工作场所内,从事与工作有关的预备性或者收尾性工作受到事故伤害的;
>
> (三)在工作时间和工作场所内,因履行工作职责受到暴力等意外伤害的;
>
> (四)患职业病的;
>
> (五)因工外出期间,由于工作原因受到伤害或者发生事故下落不明的;
>
> (六)在上下班途中,受到非本人主要责任的交通事故或者城市轨道交通、客运轮渡、火车事故伤害的;
>
> (七)法律、行政法规规定应当认定为工伤的其他情形。

62. 职工在上下班途中因无证驾驶机动车导致伤亡的,应否认定为工伤?

📖 **法律咨询**

某日,谢某驾车下班途中与一辆对向行驶的小汽车相撞,谢某受伤严重,并经手术治疗。公安机关交通管理部门经查发现谢某是无证驾驶。谢某想向公司主张工伤保险待遇,但公司认为谢某的情况不属于工伤范围。请问,职工在上下班途中因无证驾驶机动车导致伤亡的,应否认定为工伤?

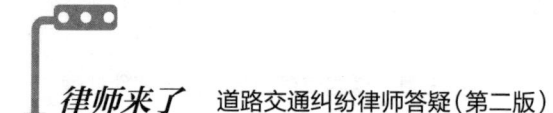

> **律师答疑**

本案谢某在上下班途中,无证驾驶机动车受伤,不应认定为工伤。

根据《最高人民法院行政审判庭关于职工在上下班途中因无证驾驶机动车导致伤亡的,应否认定为工伤问题的答复》的规定,职工在上下班途中因无证驾驶机动车、驾驶无牌机动车或者饮酒后驾驶机动车发生事故导致伤亡的,不应认定为工伤。

> **法律依据**

> 《最高人民法院行政审判庭关于职工在上下班途中因无证驾驶机动车导致伤亡的,应否认定为工伤问题的答复》
> ……职工在上下班途中因无证驾驶机动车、驾驶无牌机动车或者饮酒后驾驶机动车发生事故导致伤亡的,不应认定为工伤……

63. 好意搭乘致搭乘人受伤的,由谁赔偿?

> **法律咨询**

邹某为了接回在老家过中秋的儿子,驾驶自己的三轮摩托车外出,遇同村村民李某同路外出,便让李某站在三轮摩托车的货厢内,捎他一程。行驶过程中,由于邹某急转弯,导致李某从货厢内摔到公路上，受伤严重。请问，李某遭受的损害应找谁赔偿？

律师答疑

本案中，李某遭受的损害应由邹某承担，但应减轻其赔偿责任。

首先，好意搭乘是指无偿搭乘他人机动车的行为。好意搭乘人与有偿同乘者不同。有偿同乘者，即买车票搭乘汽车的乘客，在遭遇交通事故后，可依客运合同处理。而无偿搭车造成损害的侵权行为的特点是，所搭乘的机动车并非为搭乘者的目的而运营或者行驶，搭乘者的目的与机动车行驶的目的仅仅是巧合；但为专门接送顾客或他人而运营的机动车，如很多超市的购物免费班车，即使无偿，亦不是搭便车，不属于好意搭乘。

其次，搭乘者应当经过机动车驾驶人的同意，未经同意而搭车者，不构成好意搭乘。对于搭乘顺风车这一情形而言，车辆所有人同意他人无偿搭乘，便意味着其与搭乘人之间形成了一种无偿服务合同关系，车辆所有人对于无偿搭乘人应承担在运输过程中保障其人身和财产安全的义务。

最后，无偿搭乘人搭乘他人车辆并不意味着自己甘愿承担风险，车辆所有人也不能置其生命安全于不顾。因此，无偿搭乘人的无偿搭乘行为不能够作为车辆所有人的免责事由。但如果车辆所有人并不知道无偿搭乘人的搭乘行为，车辆所有人无须对其承担赔偿责任。因此，根据《民法典》第1217条的规定，非营运机动车发生交通事故造成无偿搭乘人损害，属于该机动车一方责任的，应当减轻其赔偿责任，但机动车使用人有故意或重大过失的除外。

法律依据

《中华人民共和国民法典》

第一千二百一十七条 非营运机动车发生交通事故造成无偿搭乘人损害，属于该机动车一方责任的，应当减轻其赔偿责任，但是机动车使用人有故意或者重大过失的除外。

64. 紧急避险出事故，损害赔偿谁担责？

法律咨询

某日，吴某下乡看望生病的父亲。在驾车返城的途中经过一条小路，突然前面有个小孩窜出来，吴某为了不撞上小孩连忙转动方向盘，最终车辆撞上路边王某家门口的栅栏。请问，现在王某该向谁主张赔偿呢？

律师答疑

本案吴某的紧急避险行为并无明显不当且避险行为合理，因此，事故造成的损失应由险情引发人即小孩负责。但由于小孩是未成年人，因此，应由小孩的监护人承担赔偿责任。

所谓紧急避险，是指为了避免社会利益、自身或他人的合法利益遭受更大损失，在不得已情况下采取的、造成他人损害的特殊行为。从它的后果来看，是牺牲了较小的利益而保护了更大的利益。

是否属于紧急避险并不是由机动车驾驶人随心所欲地认定，

它必须符合以下三个要件方能成立:(1)必须存在正在发生的并且威胁公共利益、本人或者他人合法利益的危险;(2)必须是在别无选择的情况下采取的非常措施;(3)避险行为不得超过必要限度,即不得造成更大的损失。需要说明的是,从因果关系上看,若机动车驾驶人所避免的危险恰恰是他本人的不当行为所引起,则不能构成紧急避险。

因紧急避险造成损害的,由引起险情发生的人承担民事责任。如果危险是由自然原因引起的,紧急避险人不承担民事责任,但可以给予适当补偿。因紧急避险采取措施不当或者超过必要的限度,造成不应有的损害的,紧急避险人应当承担适当的民事责任。所谓避险过当,是指采取的紧急避险行为超过了使受到正在发生危险威胁的合法权益免遭损害所必需的强度,由此在客观上造成了不应有的损害。在紧急避险情况下,损害尽可能小的合法权益去保护较大的合法权益,是紧急避险的目的所在。只有牺牲较小的权益保护较大的权益,对社会、国家和人民才是有利的。如果本末倒置,因小失大,为了保护较小的利益而牺牲了较大的利益,这种紧急避险就超过了必要限度。在这种情况下,紧急避险不仅失去其存在的意义,而且由于其造成了不应有的损害,具有一定的社会危害性,行为人还应承担相应的法律责任。因此,本案中的王某可以向小孩的监护人主张赔偿。

法律依据

《中华人民共和国民法典》

第一百八十二条 因紧急避险造成损害的,由引起险情发生的人承担民事责任。

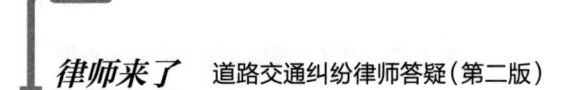

> 危险由自然原因引起的,紧急避险人不承担民事责任,可以给予适当补偿。
>
> 紧急避险采取措施不当或者超过必要的限度,造成不应有的损害的,紧急避险人应当承担适当的民事责任。

65. 自甘冒险搭车受伤的,搭车人有没有责任?

法律咨询

某日,侯某与多年未见的大学同学聚会,侯某喝了几杯白酒后怀着侥幸心理驾车回家。在出饭店门口时遇见同小区的王某在等车,王某见侯某有车,虽然闻到他身上的酒味但还是搭了他的顺风车。后由于侯某操作不当发生车祸,王某受伤。公安机关交通管理部门认定侯某为醉驾。请问,王某对自己遭受的损害有无责任?

律师答疑

明知酒后驾车的危险性却仍然乘坐醉酒者所驾驶的车辆的行为,在法律上被称为自甘冒险的行为。自甘冒险者明知其行为有生命危险,但是甘冒此险,虽大多数人自信能够避免,即使无法避免也愿意承担任何后果。一般情况下,法律不保护自甘冒险者的人身权利,除非其所受损害另有其他原因介入,如他人未尽到应尽的保护义务或其他义务。

乘客在明知车辆驾驶人处于醉酒状态的情形下,应当能够预见到酒后驾车容易导致交通事故的后果,但其不但纵容醉酒者驾车,还乘坐该车,说明搭车人本身对损害后果的发生就具有过错,因此应承担一定责任。综上，根据《民法典》第 1173 条的规定，搭车人王某预见到乘坐醉酒者所驾驶车辆的危险性仍坚持乘坐的，视为对损害结果发生具有过错，应自行承担部分责任。

> **法律依据**
>
> 《中华人民共和国民法典》
>
> **第一千一百七十三条** 被侵权人对同一损害的发生或者扩大有过错的，可以减轻侵权人的责任。

第二节　损害赔偿具体处理

66. 挂靠在企业名下的车，在从事道路运输经营活动的过程中出了交通事故的，企业需要承担责任吗？

> **法律咨询**
>
> 某日，温某驾驶的半挂牵引车与路某驾驶的大货车相撞。经查，半挂牵引车是温某自己购买并以某家运输服务公司的名称在车辆管理部门登记，平时由温某实际控制和使用，双方实际是挂靠关系。现路某要求该运输公司对事故承担连带赔偿责任。请问，挂靠在企业名下的车在从事运输经营活动的过程中出了交通事故的，挂靠企业需要承担责任吗？需要承担何种责任？

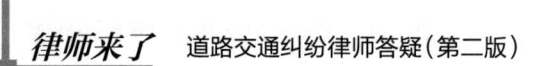

律师答疑

根据《民法典》第1211条的规定,以挂靠形式从事道路运输经营活动的机动车,发生交通事故造成损害,属于该机动车一方责任的,由挂靠人和被挂靠人承担连带责任。综上所述,路某可以要求该运输公司与温某对事故承担连带赔偿责任。

拓展延伸

被挂靠人依法先行承担赔偿责任后,可以依挂靠协议等证据向挂靠人行使追偿权。

法律依据

《中华人民共和国民法典》

第一千二百一十一条 以挂靠形式从事道路运输经营活动的机动车,发生交通事故造成损害,属于该机动车一方责任的,由挂靠人和被挂靠人承担连带责任。

67. 转让后一直没有办理过户登记的车辆出了交通事故的,车辆的名义所有人需要承担责任吗?

法律咨询

张某近期接到法院通知,因其名下的车辆发生交通事故,伤者以张某系车辆的登记所有人提起诉讼。但张某认为,前不久自己已经将该车卖给了赵某,只是由于双方工作的原因,一直没有找到合适的机会办理车辆过户手续。事故发生时，车辆已经交付给赵某，且由赵某驾驶。因此，伤者的损失不应由张某进行赔偿。请问，转让后一直没有办理过户登记的车辆发生了交通事故，张某作为车辆的名义所有人还要承担责任吗？

律师答疑

本案中，对于交通事故引发的伤者损失，张某不承担赔偿责任，而应由赵某承担赔偿责任。

根据《最高人民法院关于审理道路交通事故损害赔偿案件适用法律若干问题的解释》第2条的规定，已经转让并交付，但未办理转移登记的机动车发生交通事故造成损害，属于该机动车一方责任的，首先应由保险公司在交强险责任范围内予以赔偿，不足部分，由最后一次转让并交付的受让人承担赔偿责任。

需要注意的是，此处必须满足"交付"这一条件，即车必须已经被受让人实际控制。如果只是签订了合同，或者达成了协议，但是车一直在出让人实际控制下，那么出了事故仍由出让人承担责任。

法律依据

> 《最高人民法院关于审理道路交通事故损害赔偿案件适用法律若干问题的解释》
>
> **第二条** 被多次转让但是未办理登记的机动车发生交通事故造成损害，属于该机动车一方责任，当事人请求由最后一次转让并交付的受让人承担赔偿责任的，人民法院应予支持。

68. 套牌车出了交通事故的,应该由谁承担责任?

法律咨询

刘某购置了一辆平行进口的高级奔驰车,并经与朋友张某商量,套用了张某同型号奔驰车的车牌。某日,刘某驾驶该套牌车辆行驶至大郊亭桥附近时,撞到行人王某,造成王某受伤。为了逃避责任,刘某逃逸。通过调取事故现场录像,公安机关交通管理部门认定刘某对事故负全责,并通过缉查找到了该肇事套牌奔驰车。该车行驶证上登记的车主为张某,但发动机号与肇事车辆发动机号不一致。请问,王某是否可以要求张某与肇事司机刘某承担连带责任?

律师答疑

根据《最高人民法院关于审理道路交通事故损害赔偿案件适用法律若干问题的解释》第3条、第15条的规定,套牌机动车发生交通事故造成损害,属于该机动车一方责任时,如果套牌机动车已经投保交强险,先由保险公司在交强险责任范围内予以赔偿,不足部分,由套牌机动车的所有人或者管理人承担赔偿责任。关于车主是否要承担责任的问题,则要看具体情况,如果车主同意套牌人套牌,则应当与套牌人承担连带责任;如果套牌人没有经过车主同意私自套牌,那么车主不需要承担责任。

本案中,刘某是在经朋友张某的同意后,才套用了其机动车号牌。因此,王某可以要求张某与肇事司机刘某承担连带责任。

第三章 道路交通事故的损害赔偿处理

法律依据

《最高人民法院关于审理道路交通事故损害赔偿案件适用法律若干问题的解释》

第三条 套牌机动车发生交通事故造成损害,属于该机动车一方责任,当事人请求由套牌机动车的所有人或者管理人承担赔偿责任的,人民法院应予支持;被套牌机动车所有人或者管理人同意套牌的,应当与套牌机动车的所有人或者管理人承担连带责任。

第十五条 有下列情形之一导致第三人人身损害,当事人请求保险公司在交强险责任限额范围内予以赔偿,人民法院应予支持:

(一)驾驶人未取得驾驶资格或者未取得相应驾驶资格的;

(二)醉酒、服用国家管制的精神药品或者麻醉药品后驾驶机动车发生交通事故的;

(三)驾驶人故意制造交通事故的。

保险公司在赔偿范围内向侵权人主张追偿权的,人民法院应予支持。追偿权的诉讼时效期间自保险公司实际赔偿之日起计算。

《机动车交通事故责任强制保险条例》

第二十二条 有下列情形之一的,保险公司在机动车交通事故责任强制保险责任限额范围内垫付抢救费用,并有权向致害人追偿:

(一)驾驶人未取得驾驶资格或者醉酒的;

(二)被保险机动车被盗抢期间肇事的;

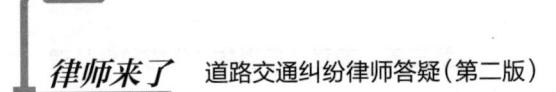

(三)被保险人故意制造道路交通事故的。

有前款所列情形之一,发生道路交通事故的,造成受害人的财产损失,保险公司不承担赔偿责任。

69. 在驾校学车过程中,不小心出了交通事故的,应该由谁承担责任?

法律咨询

沈某在驾校学车,在学习科目三开车上路的时候,沈某因为紧张,错把油门当刹车,将车开出测试道路,把路侧的车某撞伤。事故导致车某腰椎骨折。请问,受害人车某的损失应该由谁承担呢?

律师答疑

根据《最高人民法院关于审理道路交通事故损害赔偿案件适用法律若干问题的解释》第5条的规定,接受机动车驾驶培训的人员,在培训活动中驾驶机动车发生交通事故造成损害,属于该机动车一方责任的,由驾驶培训单位即驾校承担赔偿责任,而非由学员承担责任。当然,驾校承担的是交强险限额范围外的部分。

拓展延伸

对比而言,考试过程中发生交通事故,应由学员、考官双方根据过错程度按比例承担按份责任,过错的衡量标准为学员操作行为、考试路况、考官安全监管情况等。

> **法律依据**
>
> 《最高人民法院关于审理道路交通事故损害赔偿案件适用法律若干问题的解释》
> 　　第五条　接受机动车驾驶培训的人员,在培训活动中驾驶机动车发生交通事故造成损害,属于该机动车一方责任,当事人请求驾驶培训单位承担赔偿责任的,人民法院应予支持。

70. 驾驶人醉酒驾驶造成交通事故导致他人损害的,保险公司还需要对此进行赔偿吗?

法律咨询

　　邢某有一辆丰田汽车,依法投了交强险和商业险。某日,在朋友聚会大量饮酒之后,邢某驾驶汽车回家途中将行人王某撞伤,造成王某全身多处骨折。公安机关交通管理部门经检查发现邢某血液酒精含量为213mg/100mL,是醉酒驾驶。交警认定事故的全部责任应由邢某负担。邢某被采取强制措施。后王某要求邢某和交强险保险公司对其身体遭受的损伤进行赔偿,保险公司以邢某醉驾为由拒绝。请问,保险公司的理由成立吗?

律师答疑

　　本案中,对于王某的人身伤害和损失,承保交强险的保险公司应该在限额内进行赔偿。

根据《最高人民法院关于审理道路交通事故损害赔偿案件适用法律若干问题的解释》第15条的规定，如果驾驶人未取得相应驾驶资格而发生交通事故，或者醉酒、服用国家管制的精神药品、麻醉药品后发生交通事故，或者故意制造交通事故，从而导致第三人人身损害的，虽然其自身存在违法驾车等严重过错，但是只要当事人请求保险公司在交强险责任限额范围内予以赔偿，保险公司就应当赔付。此处的"当事人"，包括交强险保障范围内的第三人和被保险人。需要注意的是，如果只导致财产损害，则只能由侵权人赔偿损害，保险公司不承担责任。

另外，保险公司在实际赔偿之后，可以在赔偿范围内向侵权人追偿。

法律依据

> **《最高人民法院关于审理道路交通事故损害赔偿案件适用法律若干问题的解释》**
>
> 第十五条　有下列情形之一导致第三人人身损害，当事人请求保险公司在交强险责任限额范围内予以赔偿，人民法院应予支持：
>
> （一）驾驶人未取得驾驶资格或者未取得相应驾驶资格的；
>
> （二）醉酒、服用国家管制的精神药品或者麻醉药品后驾驶机动车发生交通事故的；
>
> （三）驾驶人故意制造交通事故的。

第三章 道路交通事故的损害赔偿处理

> 保险公司在赔偿范围内向侵权人主张追偿权的,人民法院应予支持。追偿权的诉讼时效期间自保险公司实际赔偿之日起计算。

71. 转让得来的车发生交通事故,车辆一直未办理交强险变更手续的,能继续用交强险赔偿吗?

法律咨询

章某刚拿驾照不久,特别想买辆属于自己的小汽车,但是身上的存款不够买辆新车,于是托人在二手车市场购得一辆七成新的二手车。由于各种原因,章某一直没有去办理交强险变更手续,后发生车祸。请问,章某可以继续用交强险赔偿吗?

律师答疑

根据《最高人民法院关于审理道路交通事故损害赔偿案件适用法律若干问题的解释》第 20 条第 1 款的规定,如果机动车的所有权在交强险合同有效期内发生变动,在该机动车发生交通事故后,即使当事人未办理交强险合同变更手续,保险公司依然要在交强险限额范围内承担责任。因此,本案章某可以继续用交强险赔偿。

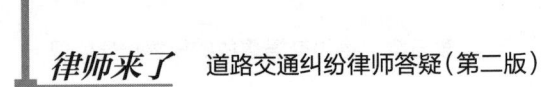

法律依据

《最高人民法院关于审理道路交通事故损害赔偿案件适用法律若干问题的解释》

第二十条第一款 机动车所有权在交强险合同有效期内发生变动，保险公司在交通事故发生后，以该机动车未办理交强险合同变更手续为由主张免除赔偿责任的，人民法院不予支持。

72. 交强险人身伤亡保险金请求权可以转让或者设定担保吗？

法律咨询

刘某因交通事故被撞伤，交强险保险公司依法应赔偿其人身伤亡保险金约20万元，商业险赔付金额为17万元。但在保险公司尚未支付之时，苏某就找上门要求刘某偿还之前所欠的35万元借款。请问，刘某可以把该交强险人身伤亡保险金20万元的请求权转让给苏某或者以此为之前的借款设定担保吗？

律师答疑

根据《最高人民法院关于审理道路交通事故损害赔偿案件适用法律若干问题的解释》第21条的规定，刘某无论是作为被保险人享有交强险人身伤亡保险金请求权，还是作为受害人享有交强险人身伤亡保险金请求权，都不能将该请求权转让，也不得以该请求权设定担保。即使刘某已与他人签订合同将其转让或者设定担

第三章 道路交通事故的损害赔偿处理

保,也是无效的。这是为了避免受害人及死亡受害人的近亲属遭遇欺诈、胁迫、乘人之危的情况。

● 法律依据

《最高人民法院关于审理道路交通事故损害赔偿案件适用法律若干问题的解释》

第二十一条 当事人主张交强险人身伤亡保险金请求权转让或者设定担保的行为无效的,人民法院应予支持。

73. 借名买车的,机动车发生交通事故应由谁来承担责任?

● 法律咨询

马某因没有北京市小客车的购置资格,无法以自己的名义买车。为了用车方便,马某就与李某协商,购买李某的购置指标,8万元使用30年。在车辆购置后,其实际使用人是马某。后马某在一次驾驶途中发生交通事故并逃逸,公安机关交通管理部门经查发现车辆的登记人是李某。请问,此种情况下,交通事故的责任应由谁来承担?

● 律师答疑

由于有些地方对购买车辆有限制,或者因为购车人的私人原因,会出现一些以他人名义购车的现象。在发生交通事故后,可能

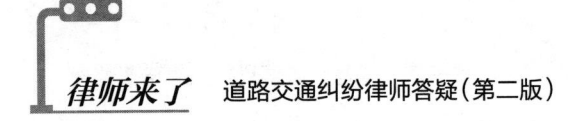

出现真正的车主逃逸的情况,此时,交警只能通过车辆登记查询车主,找到的也可能只是名义车主。如果真正的车主一直逃逸,同时名义车主很难证明自己只是提供买车的指标而不使用车,那么即使名义车主并非真正开车肇事之人,也不得不承担赔偿责任。但如果名义车主可以提供真正的车主的具体联系方式并找到真正的车主,那么就应当由真正的车主承担赔偿责任。因为车辆由真正的车主实际控制,且运行利益也是由真正的车主享有的。因此,本案交通事故的责任应由马某承担。

拓展延伸

因小客车指标买卖、转让的行为扰乱了指标调控管理的公共秩序,损害了社会公共利益,所以通常会被认定为无效。

74. 分期付款的车辆发生事故的,保留所有权的出卖人应否担责?

法律咨询

庞某按照分期付款的方式买了一辆比亚迪牌小汽车,分期付款期限为2年。在还清所有款项之前,车辆的行驶证和车辆管理所登记的车主都是汽车销售公司,2年后车辆变更到庞某名下。后庞某在驾车回家的途中发生交通事故,致一行人受伤。请问,汽车销售公司是否需要对这次事故承担赔偿责任?

第三章　道路交通事故的损害赔偿处理

律师答疑

本案中，汽车销售公司不需要对这次事故承担赔偿责任，应由庞某承担事故的赔偿责任。

分期付款在现代社会已经成为一种消费潮流，尤其是对于刚开始工作的年轻人来说，分期付款购车购房能够给自己的生活带来很大的便利。在车辆买卖中，一般是买卖双方通过协商约定，购买人支付一部分价款之后，先占有使用车辆，并按照约定在一定期限内分期支付车辆价款。在车辆价款还清之前，车辆的所有权仍然属于出卖人。购买人完全付清车辆价款之后，出卖人就将车辆所有权转移给购买人。对于分期付款所购车辆造成交通事故导致的赔偿问题，《最高人民法院关于购买人使用分期付款购买的车辆从事运输因交通事故造成他人财产损失保留车辆所有权的出卖方不应承担民事责任的批复》给出了明确的答案："采取分期付款方式购车，出卖方在购买方付清全部车款前保留车辆所有权的，购买方以自己名义与他人订立货物运输合同并使用该车运输时，因交通事故造成他人财产损失的，出卖方不承担民事责任。"

而从理论上来分析，出卖人保留车辆的所有权是为了保证购买人按期付款，一旦购买人不按照约定期限支付约定的数额，按照《民法典》第634条第1款的规定，分期付款的买受人未支付到期价款的数额达到全部价款的1/5，经催告后在合理期限内仍未支付到期价款的，出卖人可以请求买受人支付全部价款或者解除合同。如果解除合同，出卖人有权收回车辆。因此，在所有权保留期间，车辆的实际支配人和运行利益享有者都是购买人。在购买人实际支配下的车辆发生交通事故时，责任主体应是购买人，而不是保留所有权的出卖人。

法律依据

《最高人民法院关于购买人使用分期付款购买的车辆从事运输因交通事故造成他人财产损失保留车辆所有权的出卖方不应承担民事责任的批复》

……

采取分期付款方式购车,出卖方在购买方付清全部车款前保留车辆所有权的,购买方以自己名义与他人订立货物运输合同并使用该车运输时,因交通事故造成他人财产损失的,出卖方不承担民事责任。

《中华人民共和国民法典》

第六百三十四条 分期付款的买受人未支付到期价款的数额达到全部价款的五分之一,经催告后在合理期限内仍未支付到期价款的,出卖人可以请求买受人支付全部价款或者解除合同。

出卖人解除合同的,可以向买受人请求支付该标的物的使用费。

75. 连环购车但未办理过户手续的,发生事故由谁赔偿?

法律咨询

周某把自己新买的车卖给了唐某,唐某不久又转手卖给了齐某。后齐某在某次驾驶时发生事故,公安机关交通管理部门认定齐某对事故负全责。经查,齐某的车在车辆管理所登记的所有人

第三章　道路交通事故的损害赔偿处理

是周某，现在受害人要求周某和齐某对事故承担连带责任。请问，连环购车但未办理过户手续的，发生事故由谁来赔偿呢？

📝 律师答疑

本案交通事故赔偿责任应由齐某承担。

机动车所有权发生转移的，应当办理相应的登记。如果车辆在办理过户手续期间发生交通事故或者车辆买方付款后没有办理过户，买卖双方的责任要根据不同情况来确定。

首先，如果买卖车辆的双方已签订车辆转让合同，但车辆仍未交付，则诉讼主体及承担责任的主体仍应为卖方，买方尚未取得车辆所有权，不承担事故责任。

其次，如果车辆已实际交付，原车主失去了对车辆的实际控制，那么虽然车辆的所有权尚未通过登记而公示转移，但买受人已实际控制车辆，并享有车辆的运营利益，故原车主对在此期间发生的交通事故不承担责任，应当由实际支配车辆或者取得运行利益的车辆实际买受人承担赔偿责任。《最高人民法院关于审理道路交通事故损害赔偿案件适用法律若干问题的解释》第 2 条规定，被多次转让但是未办理登记的机动车发生交通事故造成损害，属于该机动车一方责任，当事人请求由最后一次转让并交付的受让人承担赔偿责任的，人民法院应予支持。由此可见，如果未过户车辆的控制权已经不在卖方手中，卖方无须对车辆发生的交通事故承担赔偿责任，但如果其恶意不办理过户手续，应当承担由此产生的行政处罚。

最后，值得注意的是，对于出卖车辆后没有办理过户手续的出卖方，需要承担证明车辆已经出卖和交付的举证责任。如果只是

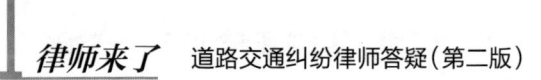

口头交易,没有任何收据,那么在买方肇事逃逸后,出卖方很难证明自己已经出卖交付车辆,就不得不承担交通事故赔偿责任。但如果出卖方手中持有买卖合同,就有可能不需要承担交通事故赔偿责任。所以,进行车辆交易时,卖方一定要注意妥善办理机动车的过户手续。

> **法律依据**
>
> 《最高人民法院关于审理道路交通事故损害赔偿案件适用法律若干问题的解释》
> 　　第二条　被多次转让但是未办理登记的机动车发生交通事故造成损害,属于该机动车一方责任,当事人请求由最后一次转让并交付的受让人承担赔偿责任的,人民法院应予支持。

76. 高速路上的障碍物引发车祸的,公路管理部门是否担责?

> **法律咨询**

　　黄某夜间在高速公路上正常行驶,突然发现道路中央有一堆散落的建筑用砖。黄某紧急制动,但因车速过快,躲闪不及,黄某的车辆轧在砖堆上失控冲向了防护栏造成车辆毁损、人员受伤。后黄某报警,公安机关交通管理部门认定此次事故为单方事故。请问,黄某能否要求公路管理部门承担责任?

第三章　道路交通事故的损害赔偿处理

律师答疑

本案高速公路未及时清理维修，管理部门存在一定的过错。因此，对于黄某的损失，应该由高速公路的管理部门承担相应的过错责任。

随着我国高速公路里程的增加，在高速公路上类似案例频繁发生。交通事故发生后损害赔偿纠纷最主要的问题是收费公路与通行车辆的法律关系问题。也就是说，二者究竟是属于行政管理关系还是民事合同关系？

因实践中我国高速公路管理体制比较复杂，高速公路管理部门中，有的是国家交通行政机关，有的是交通行政机关委托管理单位或者是下属全民所有制事业法人，还有的属于全民所有制企业单位。因高速公路管理部门享有路政管理、行政处罚等权力，所以通常将其收费行为称为行政管理行为。行政管理行为属于不平等的行政主体与相对人的关系，也不存在事故赔偿问题。但随着体制改革，国家交通行政机关由收费管理变为行业行政管理。原国家计划委员会早在1997年10月31日的《关于公路、桥梁、隧道收取车辆通行费有关问题的复函》(已失效)中指出，车辆通行费属于经营性收费，不是行政事业性收费。所以高速公路收费行为应定性为民事行为。

既然高速公路收费行为是民事行为，就应由合同法来调整，所以高速公路管理部门因收取过路费而与通行车辆间形成了有偿使用公路的合同关系。高速公路管理部门应当保障所有交费车辆能够安全、畅通地使用该高速公路，否则即视为违约。《公路法》第43条规定了高速公路管理部门履行保障公路完好、安全、畅通的职责和义务。在高速公路上通行的车辆在正常行驶中发生事故而产生的路障，本应由高速公路管理部门及时发现并清除，但高速公路管理部门却因疏于巡查而未能发现并清除该路障，未能履行其应尽职责与合同义务。根据《最高人民法院关于审理道路交通事故损害赔偿案件适用法律若干问题的解释》第 7 条的规定，因道路管理维护缺陷导致机动车发生交通事故造成损害，当事人请求道路管理者承担相应赔偿责任的，人民法院应予支持。但道路管理者能够证明已经依照法律、法规、规章的规定，或者按照国家标准、行业标准、地方标准的要求尽到安全防护、警示等管理维护义务的除外。依法不得进入高速公路的车辆、行人，进入高速公路发生交通事故造成自身损害，当事人请求高速公路管理者承担赔偿责任的，适用《民法典》第 1243 条的规定。因此，高速公路上障碍物引发的车祸，高速公路管理部门除已经尽到安全防护、警示等管理维护义务的，应承担过错责任。

法律依据

> **《中华人民共和国公路法》**
>
> 第四十三条 各级地方人民政府应当采取措施，加强对公路的保护。
>
> 县级以上地方人民政府交通主管部门应当认真履行职责，依法做好公路保护工作，并努力采用科学的管理方法和先进的技术手段，提高公路管理水平，逐步完善公路服务设施，保障公路的完好、安全和畅通。
>
> **《最高人民法院关于审理道路交通事故损害赔偿案件适用法律若干问题的解释》**
>
> 第七条 因道路管理维护缺陷导致机动车发生交通事故

第三章　道路交通事故的损害赔偿处理

造成损害,当事人请求道路管理者承担相应赔偿责任的,人民法院应予支持。但道路管理者能够证明已经依照法律、法规、规章的规定,或者按照国家标准、行业标准、地方标准的要求尽到安全防护、警示等管理维护义务的除外。

依法不得进入高速公路的车辆、行人,进入高速公路发生交通事故造成自身损害,当事人请求高速公路管理者承担赔偿责任的,适用民法典第一千二百四十三条的规定。

《中华人民共和国民法典》

第一千二百四十三条　未经许可进入高度危险活动区域或者高度危险物存放区域受到损害,管理人能够证明已经采取足够安全措施并尽到充分警示义务的,可以减轻或者不承担责任。

77. 拼装车、已达到报废标准的机动车或者依法禁止行驶的其他机动车发生交通事故的,应由谁承担赔偿责任?

法律咨询

赵某在经营一家汽车修理厂。因赵某酷爱改装,其购买了几辆报废汽车,自行改装成一辆汽车。某日,赵某在驾驶该辆改装车行驶的过程中,因刹车失灵发生交通事故,将在路上行走的江某撞伤。公安机关交通管理部门认定赵某对事故负全责。请问,已经达到报废标准的机动车发生交通事故,应由谁承担赔偿责任?

律师来了　道路交通纠纷律师答疑(第二版)

律师答疑

我国实行机动车强制报废制度，达到报废标准的机动车不得上道路行驶，应当在公安机关交通管理部门的监督下解体。违法驾驶拼装的机动车或者已达到报废标准的机动车上道路行驶的，公安机关交通管理部门应当予以收缴，强制报废，并对上道路行驶的机动车驾驶人处以罚款、吊销机动车驾驶证。因此，拼装车、已达到报废标准的机动车或者依法禁止行驶的其他机动车都是禁止交易的。如若当事人实施了上述车辆的交易行为，说明其主观上具有过错，应受到法律的制裁。综上所述，本案应该由赵某与相关交易人承担连带赔偿责任。

拓展延伸

连带责任区别于按份责任，是指各责任人不分份额、顺序地对外承担责任。连带责任以约定或法定方式形成。

拼装车是指私自拼凑零部件进行组装而成的机动车。根据《道路交通安全法》第16条的规定，拼装机动车系违法行为。然而，在保证不改变机动车主体结构及安全的前提下对汽车进行改装是合法的，不过具体改装必须依据《机动车查验工作规程》的相关规定。

法律依据

《最高人民法院关于审理道路交通事故损害赔偿案件适用法律若干问题的解释》

第四条　拼装车、已达到报废标准的机动车或者依法禁止行驶的其他机动车被多次转让，并发生交通事故造成损害，

第三章 道路交通事故的损害赔偿处理

当事人请求由所有的转让人和受让人承担连带责任的,人民法院应予支持。

《中华人民共和国道路交通安全法》

第十六条 任何单位或者个人不得有下列行为:

(一)拼装机动车或者擅自改变机动车已登记的结构、构造或者特征;

(二)改变机动车型号、发动机号、车架号或者车辆识别代号;

(三)伪造、变造或者使用伪造、变造的机动车登记证书、号牌、行驶证、检验合格标志、保险标志;

(四)使用其他机动车的登记证书、号牌、行驶证、检验合格标志、保险标志。

78. 试乘人在试乘过程中发生交通事故造成自己损害的,应由谁承担赔偿责任?

法律咨询

冯某新近取得驾照,为了上班方便想买一辆大众车代步。某日,冯某到4S店进行试乘车辆时,4S店工作人员为躲避路上横穿马路的电动自行车而紧急制动,导致冯某颈部挥鞭样损伤及面部挫伤。请问,冯某的损失应由谁来赔偿?

律师答疑

本案冯某的损失应由4S店承担。

试乘者作为机动车潜在的购买者,与机动车供应商签订机动车买卖合同之前进行试乘是必要的过程,购买者可以通过试乘选择自己满意的车款与车型。机动车销售方应该履行保证购买人人身安全的先契约义务,同时,试乘人在驾驶车辆上路时也应尽到注意义务。由于试乘人已经取得了驾驶证,所以法律推定在其无过错的情况下由提供试乘服务者承担责任。根据《最高人民法院关于审理道路交通事故损害赔偿案件适用法律若干问题的解释》第6条的规定,机动车试乘过程中发生交通事故造成试乘人损害,当事人请求提供试乘服务者承担赔偿责任的,人民法院应予支持。试乘人有过错的,应当减轻提供试乘服务者的赔偿责任。

法律依据

> 《最高人民法院关于审理道路交通事故损害赔偿案件适用法律若干问题的解释》
>
> 第六条 机动车试乘过程中发生交通事故造成试乘人损害,当事人请求提供试乘服务者承担赔偿责任的,人民法院应予支持。试乘人有过错的,应当减轻提供试乘服务者的赔偿责任。

79. 代驾司机造成交通事故的,应由谁来赔偿?

法律咨询

周某和朋友在酒吧聚会。为了安全起见,周某在喝完酒后,在某一代驾公司找了一位代驾司机林某驾驶自己的汽车回家。由于对路况和汽车类型不熟悉,林某在急转弯时操作失误,撞上了路边的护栏,车上人员均受伤。请问,代驾司机造成交通事故的,应由谁来赔偿?

律师答疑

本案代驾司机林某造成的人员和财产损失应当由代驾公司承担。

代驾因具体类型不同,产生的法律责任不同。第一种是客户通过正规平台、渠道找代驾公司购买代驾服务;第二种是服务场所提供的代驾服务;第三种是客户私下找代驾司机提供服务,双方为雇佣关系;第四种是亲戚、朋友等无偿提供代驾。第一种情况下,客户与代驾公司之间是合同关系,代驾司机与代驾公司之间是职务关系。代驾司机造成的人员和财产损失由代驾公司承担。代驾公司可以向有故意或者重大过失的代驾司机追偿。该种情形受《民法典》第1191条调整。第二种情况下,服务场所提供的服务中包含代驾服务。服务场所指派的代驾司机造成的人员财产损失应该由该服务场所负责赔偿。第三种情况下,客户与代驾司机是劳务关系。代驾司机造成的人员和财产损失由客户负责赔偿。客户可以向有故意或者重大过失的代驾司机追偿。该种情形受《民法典》第1192条调整。第四种情况下,客户与代驾司机是无偿帮工法律关系。代驾司机造成的人员和财产损失由客户负责赔偿,客户可以向有故意或者重大过失的代驾司机追偿。该种情形受《最高人民法院关于审理人身损害赔偿案件适用法律若干问题的解释》第4条调整。

法律依据

《中华人民共和国民法典》

第一千一百九十一条 用人单位的工作人员因执行工作任务造成他人损害的,由用人单位承担侵权责任。用人单位承担侵权责任后,可以向有故意或者重大过失的工作人员追偿。

劳务派遣期间,被派遣的工作人员因执行工作任务造成他人损害的,由接受劳务派遣的用工单位承担侵权责任;劳务派遣单位有过错的,承担相应的责任。

第一千一百九十二条 个人之间形成劳务关系,提供劳务一方因劳务造成他人损害的,由接受劳务一方承担侵权责任。接受劳务一方承担侵权责任后,可以向有故意或者重大过失的提供劳务一方追偿。提供劳务一方因劳务受到损害的,根据双方各自的过错承担相应的责任。

提供劳务期间,因第三人的行为造成提供劳务一方损害的,提供劳务一方有权请求第三人承担侵权责任,也有权请求接受劳务一方给予补偿。接受劳务一方补偿后,可以向第三人追偿。

《最高人民法院关于审理人身损害赔偿案件适用法律若干问题的解释》

第四条 无偿提供劳务的帮工人,在从事帮工活动中致人损害的,被帮工人应当承担赔偿责任。被帮工人承担赔偿责任后向有故意或者重大过失的帮工人追偿的,人民法院应予支持。被帮工人明确拒绝帮工的,不承担赔偿责任。

80. 学校包车组织学生到郊区爬山，途中发生交通事故致使学生受伤的，学校应当承担法律责任吗？

法律咨询

适逢儿童节，幽幽所在小学统一组织三年级学生到郊区爬山。学校租了一辆大巴车搭乘老师和同学。因早晨高速路段有团雾，大巴车在行驶途中与前方的货车碰撞，包括幽幽在内的多名同学受伤。公安机关交通管理部门认定对方车辆对事故负全责。幽幽的父母咨询，对此次事故，学校应当承担责任吗？

律师答疑

本案学校未尽到管理职责的，需要承担补充责任，交通事故当中有过错的当事人应当承担责任。依据《学生伤害事故处理办法》第11条的规定，学校安排学生参加活动，因提供场地、设备、交通工具、食品及其他消费与服务的经营者，或者学校以外的活动组织者的过错造成的学生伤害事故，有过错的当事人应当依法承担相应的责任。同时，依据《民法典》第1201条的规定，无民事行为能力人或者限制民事行为能力人受到幼儿园、学校或者其他教育机构以外的第三人人身损害的，由第三人承担侵权责任；幼儿园、学校或者其他教育机构未尽到管理职责的，承担相应的补充责任。

法律依据

《学生伤害事故处理办法》
第十一条 学校安排学生参加活动，因提供场地、设备、交通工具、食品及其他消费与服务的经营者,或者学校以外的活动组织者的过错造成的学生伤害事故,有过错的当事人应当依法承担相应的责任。

《中华人民共和国民法典》

第一千二百零一条 无民事行为能力人或者限制民事行为能力人在幼儿园、学校或者其他教育机构学习、生活期间,受到幼儿园、学校或者其他教育机构以外的第三人人身损害的,由第三人承担侵权责任;幼儿园、学校或者其他教育机构未尽到管理职责的,承担相应的补充责任。幼儿园、学校或者其他教育机构承担补充责任后,可以向第三人追偿。

Chapter 4

第四章

道路交通事故的损害赔偿项目

第一节　道路交通事故损害赔偿的一般知识

81. 机动车发生交通事故造成人身伤亡、财产损失的，赔偿项目有哪些？

法律咨询

冯某是一名外来进京务工人员，应聘到一家货运公司担任长途货车司机。由于多日连续开车疲惫不堪，在开车过程中打盹，将一行人撞倒在地，致其当场死亡。经交通管理部门鉴定，冯某负全责。死者家属与冯某及货运公司在赔偿问题上没有达成统一意见。请问，本次交通事故造成人身伤亡、财产损失的，赔偿项目有哪些？

律师答疑

机动车发生交通事故造成损害，属于该机动车一方责任的，先由承保机动车强制保险的保险人在强制保险责任限额范围内予以赔偿；不足部分，由承保机动车商业保险的保险人按照保险合同的约定予以赔偿；仍然不足或者没有投保机动车商业保险的，由侵权人赔偿。

机动车发生交通事故造成的损害包括人身伤亡和财产损失。其中"人身伤亡"，是指机动车发生交通事故侵害被侵权人的生命权、身体权、健康权等人身权益所造成的损害，包括医疗费、护理费、交通费、营养费、住院伙食补助费等为治疗和康复支出的合理

第四章　道路交通事故的损害赔偿项目

费用,以及因误工减少的收入。造成残疾的,还应当赔偿辅助器具费和残疾赔偿金;造成死亡的,还应当赔偿丧葬费和死亡赔偿金。造成他人严重精神损害的,被侵权人可以请求精神损害赔偿。"财产损失",是指因机动车发生交通事故侵害被侵权人的财产权益所造成的损失。

法律依据

《中华人民共和国民法典》

第一千一百七十九条　侵害他人造成人身损害的,应当赔偿医疗费、护理费、交通费、营养费、住院伙食补助费等为治疗和康复支出的合理费用,以及因误工减少的收入。造成残疾的,还应当赔偿辅助器具费和残疾赔偿金;造成死亡的,还应当赔偿丧葬费和死亡赔偿金。

第一千一百八十三条　侵害自然人人身权益造成严重精神损害的,被侵权人有权请求精神损害赔偿。

第一千二百一十三条　机动车发生交通事故造成损害,属于该机动车一方责任的,先由承保机动车强制保险的保险人在强制保险责任限额范围内予以赔偿;不足部分,由承保机动车商业保险的保险人按照保险合同的约定予以赔偿;仍然不足或者没有投保机动车商业保险的,由侵权人赔偿。

《最高人民法院关于审理道路交通事故损害赔偿案件适用法律若干问题的解释》

第十一条　道路交通安全法第七十六条规定的"人身伤亡",是指机动车发生交通事故侵害被侵权人的生命权、身体权、健康权等人身权益所造成的损害,包括民法典第一千一百七十九条和第一千一百八十三条规定的各项损害。

道路交通安全法第七十六条规定的"财产损失",是指因机动车发生交通事故侵害被侵权人的财产权益所造成的损失。

82. 交警不定责,损害如何赔?

法律咨询

王某是一名货车司机。某日,王某在有方向指示信号灯控制的十字路口与一骑行当事人相撞,王某受伤。但是由于无监控、无证人,交警仅根据信号灯信息,无法判断是谁闯了红灯,所以公安机关交通管理部门对此事故未作责任认定。王某认为自己是守法守规驾驶,但是交警不定责。请问,此时损害应该怎么赔偿呢?

律师答疑

所谓交通事故无法认定,是指公安机关交通管理部门根据现有的证据,不能证明事故的任何一方对于事故的发生存在过错,因此,无法对事故作出究竟由谁承担事故责任的判断。这是由现代交通工具引发交通事故的突发性、复杂性决定的。根据《道路交通事故处理程序规定》第60条的规定,公安机关交通管理部门应当根据当事人的行为对发生道路交通事故所起的作用以及过错的严重程度,确定当事人的责任。该规定第67条规定,道路交通事故基本事实无法查清、成因无法判定的,公安机关交通管理部门应当出具道路交通事故证明,载明道路交通事故发生的时间、地点、

第四章 道路交通事故的损害赔偿项目

当事人情况及调查得到的事实,分别送达当事人,并告知申请复核、调解和提起民事诉讼的权利、期限。

事故责任不认定不等于损害赔偿不能进行,因为交通事故责任不等于交通事故损害赔偿责任。交通事故认定书仅仅是处理交通事故的证据,不是交通事故损害赔偿的必备证据。根据《道路交通安全法》第76条的规定,机动车发生交通事故造成人身伤亡、财产损失的,由保险公司在机动车第三者责任强制保险责任限额范围内予以赔偿。不足的部分,按照下列规定承担赔偿责任:(1)机动车之间发生交通事故的,由有过错的一方承担赔偿责任;双方都有过错的,按照各自过错的比例分担责任。(2)机动车与非机动车驾驶人、行人之间发生交通事故,非机动车驾驶人、行人没有过错的,由机动车一方承担赔偿责任;有证据证明非机动车驾驶人、行人有过错的,根据过错程度适当减轻机动车一方的赔偿责任;机动车一方没有过错的,承担不超过10%的赔偿责任。交通事故的损失是由非机动车驾驶人、行人故意碰撞机动车造成的,机动车一方不承担赔偿责任。因此,根据上述规定,在发生交通事故后,没有交警或者交警拒不作出交通事故责任认定的,只要当事人能提出充分的证据证明事故发生的基本事实、成因,就可以确认双方的责任。

法律依据

《道路交通事故处理程序规定》

第六十条 公安机关交通管理部门应当根据当事人的行为对发生道路交通事故所起的作用以及过错的严重程度,确定当事人的责任。

(一)因一方当事人的过错导致道路交通事故的,承担全

175

部责任;

(二)因两方或者两方以上当事人的过错发生道路交通事故的,根据其行为对事故发生的作用以及过错的严重程度,分别承担主要责任、同等责任和次要责任;

(三)各方均无导致道路交通事故的过错,属于交通意外事故的,各方均无责任。

一方当事人故意造成道路交通事故的,他方无责任。

第二节　道路交通事故中的财产损害赔偿

83. 交通事故中的财产损失如何赔偿?

法律咨询

舒某是一名医院护理人员。某日,舒某骑电动自行车下班回家的路上,被对面骑自行车的周某撞倒在地。事故导致舒某骑的电动自行车车座、车把手、刹车和后轮均变形断裂,佩戴的眼镜破碎,衣服破损。公安机关交通管理部门认定周某逆行,应对此次事故负全责。事后,舒某自行维修电动自行车,花费258元;眼镜购置价2000元。请问,舒某可以让对方赔偿自己毁损的电动自行车、眼镜和衣物的损失吗?

第四章　道路交通事故的损害赔偿项目

律师答疑

本案中，舒某的损失应该由周某赔付，赔付金额以相应财产购置发票或维修费发票为准。

从财产损害赔偿的项目来看，受害人能够要求的赔偿分为直接财产损失赔偿和间接财产损失赔偿。

首先，所谓直接财产损失赔偿，是指因交通事故而导致的车辆、物品及其设施损坏，应当修复而不能修复，以及牲畜因伤失去使用价值或者死亡的，交通事故责任人应当对上述直接的财产损失进行赔偿。关于直接财产损失赔偿金额的计算，在交通事故中，对于能够恢复原状的，应当恢复原状；对于不能恢复原状的，应当赔偿，赔偿数额应当以所受的直接实际损失为限，具体分为以下两种情况：(1)部分损失可以修复的，应当赔偿修复费用；(2)对已经无法修复的车辆、物品，应赔偿其重置费用，牲畜因伤失去使用价值或死亡的，应当折价赔偿。

其次，所谓间接财产损失赔偿，是指因交通事故而损失的可期待利益，它不是受害者现有的财产的减少或毁损，而是如果不发生交通事故当事人就必然获得的利益。对于间接损失，由于不是现有财产的减损，因此一般根据通常情况下可能获得的利益大小来确定其可能受到的损失，同时，还要参考其他因素来确定具体的赔偿金额。如果属于责任人不可预见的损失，则一般不予赔偿。

综上，《最高人民法院关于审理道路交通事故损害赔偿案件适用法律若干问题的解释》第12条规定了四种由侵权人承担赔偿责任的财产损失。这四种财产损失类型为：维修被损坏车辆所支出的费用、车辆所载物品的损失、车辆施救费用；因车辆灭失或者无法修复，为购买交通事故发生时与被损坏车辆价值相当的车辆重置费用；依法从事货物运输、旅客运输等经营性活动的车辆，因无法从事相应经营活动所产生的合理停运损失；非经营性车辆因无法继续使用，所产生的通常替代性交通工具的合理费用。

法律依据

《最高人民法院关于审理道路交通事故损害赔偿案件适用法律若干问题的解释》

第十二条　因道路交通事故造成下列财产损失，当事人请求侵权人赔偿的，人民法院应予支持：

（一）维修被损坏车辆所支出的费用、车辆所载物品的损失、车辆施救费用；

（二）因车辆灭失或者无法修复，为购买交通事故发生时与被损坏车辆价值相当的车辆重置费用；

（三）依法从事货物运输、旅客运输等经营性活动的车辆，因无法从事相应经营活动所产生的合理停运损失；

（四）非经营性车辆因无法继续使用，所产生的通常替代性交通工具的合理费用。

84. 交通事故导致营运车辆受损的，对维修期间的停运损失可以要求赔偿吗？

法律咨询

任某是一名出租车司机。某日，任某在驾驶过程中与一辆企业用车相撞，造成两车严重受损，出租车无法继续行驶。公安机

第四章　道路交通事故的损害赔偿项目

关交通管理部门认定企业用车违法变道,应对此次事故负全责。后任某的车被送到指定的维修店去维修。任某提出出租车维修期间无法运营造成收入损失。请问,任某对此笔损失可以要求赔偿吗?

律师答疑

对于合理的停运损失,任某可以要求赔偿。

停运损失,是指交通事故中被损车辆属于货物运输或旅客运输性质,在被损车辆修复期间,由于其停止营运而造成的经济损失。停运损失属于间接损失,间接损失是指已经预见或者能够预见的可得利益。一般包括如下几个条件:一是当事人已经预见或者能够预见到的利益;二是必须为可以期待、必然能够得到的利益;三是必须为直接因违法行为所丧失的利益。在正常情况下,车辆从事运输所得的利益是必然的、确定的,具有客观必然性,交通事故则是偶然发生的、不确定的,不能因偶然发生的事故而否定其必然可得利益。《最高人民法院关于审理道路交通事故损害赔偿案件适用法律若干问题的解释》第 12 条第 3 项明确规定,依法从事货物运输、旅客运输等经营性活动的车辆,因无法从事相应经营活动所产生的合理停运损失,由侵权人进行赔偿。

停运损失按照日停运损失与合理的停运天数进行计算。车辆的日停运损失通常根据车辆正常经营情况下平均营运净收入来计算。停运损失期间必须在合理、必要的维修期间内。营运净收入需结合合法有效的运输凭证、收入流水等证据进行证明。如无相关证据,可参照道路运输行业在岗职工年平均工资标准进行计算。

法律依据

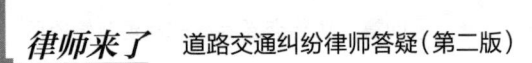

《最高人民法院关于审理道路交通事故损害赔偿案件适用法律若干问题的解释》

第十二条 因道路交通事故造成下列财产损失，当事人请求侵权人赔偿的，人民法院应予支持：

……

（三）依法从事货物运输、旅客运输等经营性活动的车辆，因无法从事相应经营活动所产生的合理停运损失；

……

85. 发生交通事故后，受害人能否要求侵权人赔偿车辆贬值损失？

法律咨询

张某最近新买了一辆奔驰E级轿车，花费约50万元。某日，张某驾驶奔驰轿车在道路上正常行驶时，被林某驾驶的汽车碰撞，奔驰车安全气囊弹开。公安机关交通管理部门认定林某对事故负全责。经评估，该奔驰E级轿车的价值为35万元，因事故导致了15万元的贬值。张某除了要求林某赔偿车辆的维修费外，还要求其赔偿车辆贬值的损失。请问，张某的请求是合理的吗？

律师答疑

关于是否赔偿车辆的贬值损失的问题，目前法院原则上对此

第四章 道路交通事故的损害赔偿项目

不予支持,但是在少数特殊、极端情形下,可以考虑予以适当赔偿。经过诉讼实践,我们认为少数特殊、极端情形如受损车辆系新车,购置时间6个月以内;受损车辆价值较高,经过修理后车辆贬值较为明显;等等。

　参见最高人民法院对该问题的答复:从理论上讲,损害赔偿的基本原则是填平损失,因此,只要有损失就应获得赔偿,但司法解释最终没有对机动车"贬值损失"的赔偿作出规定。主要原因在于,任何一部法律法规以及司法解释的出台,均要考虑当时的社会经济发展情况综合予以判断,目前我们尚不具备完全支持贬值损失的客观条件:

(1)虽然理论上不少观点认为贬值损失具有可赔偿性,但仍存有较多争议,比如因维修导致零部件以旧换新是否存在溢价,从而产生损益相抵的问题等。

(2)贬值损失的可赔偿性要兼顾一国的道路交通实际状况。赔偿贬值损失会加重道路交通参与人的负担,不利于社会经济发展。

(3)我国目前鉴定市场尚不规范,鉴定机构在逐利目的的驱动下,对贬值损失的确定具有较大的任意性。由于贬值损失数额确定的不科学,可能导致案件实质上的不公正,加重侵权人的负担。

(4)从客观上讲,贬值损失几乎在每辆发生事故的机动车上都会存在,规定贬值损失可能导致本不会成诉的交通事故案件大量涌入法院,不利于减少纠纷。

综合以上考虑,目前,我国法院对贬值损失的赔偿持谨慎态度,倾向于原则上不予支持。当然,在少数特殊、极端情形下,也可以考虑予以适当赔偿,但必须慎重考量,严格把握。

第三节　道路交通事故中的精神损害赔偿

86. 交通事故造成人身、财产损害的，能请求精神损害赔偿吗？

法律咨询

国庆放假期间，王某与家人去云南自驾游，在某高速公路行驶时与韩某驾驶的大型货车相撞，王某的妻子面部受伤严重，手上佩戴的玉镯破碎。公安机关交通管理部门认定韩某对此事故承担全部责任。经治疗，王某妻子面部遗留大面积的瘢痕，且其玉镯为结婚陪嫁物品。在与韩某协商赔偿的过程中，王某要求韩某对其妻子进行精神损害赔偿，韩某拒绝。请问，王某的请求是合理的吗？

律师答疑

本案中，王某妻子面部遗留大面积瘢痕，故可以请求精神损害赔偿。同时，其佩戴的玉镯系陪嫁物品，具有一定的人格象征意义，因此也可以主张相应的精神损害赔偿。

精神损害是指生理上、心理上的无形损害。《最高人民法院关于确定民事侵权精神损害赔偿责任若干问题的解释》《民法典》第1183条均对精神损害赔偿问题作出了规定，即侵害他人人身权益，造成他人严重精神损害的，被侵权人可以请求精神损害赔偿。同时因故意或者重大过失侵害自然人具有人身意义的特定物造成

第四章　道路交通事故的损害赔偿项目

严重精神损害的,被侵权人也有权请求精神损害赔偿。

精神损害赔偿数额的判断应综合以下问题:(1)侵权行为所造成的后果。因侵权致人精神损害,但未造成严重后果,受害人请求赔偿精神损害的,人民法院一般不予支持,只是根据情形判令侵权人停止侵害、恢复名誉、消除影响、赔礼道歉。(2)侵权人的过错程度。一般情况下,侵权人是否承担精神损害赔偿,应根据其在事故中承担何种责任而定。交通事故责任一般分为全部责任、主要责任、同等责任、次要责任和无责任。受害人或近亲属请求精神损害赔偿的,应以侵权人在事故中负无责任为限。负主要责任、同等责任、次要责任的精神损害赔偿数额按相应比例分担。(3)受诉法院所在地的平均生活水平。受诉法院是否有认定精神损害赔偿的最高限额,如果有,应当参照这一限额提出具体的索赔数额。(4)侵权行为的目的、方式、场合等具体情节。

被侵权人或者其近亲属请求承保交强险的保险公司优先赔偿精神损害的,人民法院应予支持。

拓展延伸

交通事故造成当事人一方具有人格象征意义的物品,如相片、手镯、项链等受损的,可以主张精神损害赔偿。

法律依据

《最高人民法院关于确定民事侵权精神损害赔偿责任若干问题的解释》

第一条　因人身权益或者具有人身意义的特定物受到侵害,自然人或者其近亲属向人民法院提起诉讼请求精神损害

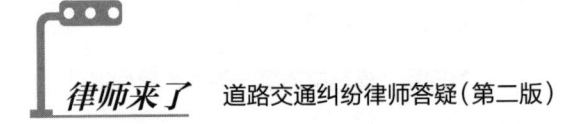

赔偿的,人民法院应当依法予以受理。

第五条 精神损害的赔偿数额根据以下因素确定:

(一)侵权人的过错程度,但是法律另有规定的除外;

(二)侵权行为的目的、方式、场合等具体情节;

(三)侵权行为所造成的后果;

(四)侵权人的获利情况;

(五)侵权人承担责任的经济能力;

(六)受理诉讼法院所在地的平均生活水平。

《中华人民共和国民法典》

第一千一百八十三条 侵害自然人人身权益造成严重精神损害的,被侵权人有权请求精神损害赔偿。

因故意或者重大过失侵害自然人具有人身意义的特定物造成严重精神损害的,被侵权人有权请求精神损害赔偿。

87. 发生交通事故后,谁可以提出精神损害赔偿? 应在什么时间提出精神损害赔偿?

法律咨询

两车相撞,车上的人员赵某受伤严重,因抢救无效死亡。赵某留有父母和妻儿。事故经交警处理,认定对方车辆负全责。请问,本案中谁可以提出精神损害赔偿?应在什么时候提出呢?

律师答疑

因他人侵权行为而遭受损害的受害人可以提出精神损害赔

偿。但是如果自然人因侵权行为致死，或者自然人死亡后其人格或者遗体遭受侵害，死者的配偶、父母和子女可以作为原告向人民法院起诉请求赔偿精神损害；如果没有配偶、父母和子女，其他近亲属也可以作为原告向人民法院提起精神损害赔偿请求。

在交通事故索赔中，当事人可以在向法院提起人身侵权赔偿之诉的同时提出精神损害赔偿的诉讼请求，也可以单独起诉请求赔偿精神损害。

法律依据

《最高人民法院关于确定民事侵权精神损害赔偿责任若干问题的解释》

第一条　因人身权益或者具有人身意义的特定物受到侵害，自然人或者其近亲属向人民法院提起诉讼请求精神损害赔偿的，人民法院应当依法予以受理。

第四节　交通事故中的人身损害赔偿

88. 医疗费如何计算？

法律咨询

2018年7月15日18时50分，张某驾驶小型汽车由西向东行驶至北京市大兴区博兴八路与兴亦路交汇处时，与沿兴亦路由南向北行驶至上述路口直行的骑行的刘某发生碰撞,造成车辆损坏、刘某受伤的交通事故。2018年7月16日,大兴区公安局交警大队作出事故认定,张某负事故的主要责任,刘某负事故的次要责任。经调查,张某驾驶的小型汽车在某保险北京分公司处投保了交强险和商业三者险。张某以刘某救治过程中,产生大量自费药以及采用进口医疗器械,系过度治疗为由拒绝协商。请问,如何对刘某的医疗费用进行计算呢?

律师答疑

本案中,刘某的医疗费应为治疗因事故导致伤害所产生的必需的、合理的费用。张某及保险公司对刘某的医疗费合理性有异议的,可以申请对医疗费合理性进行鉴定。

所谓医疗费,是指发生交通事故后,由于受害人在遭受人身损害后进行抢救;接受医学上的检查、治疗与康复所必须支出的费用。根据《机动车交通事故责任强制保险条例》第41条第3项的规定,抢救费用,是指机动车发生道路交通事故导致人员受伤时,医疗机构参照国务院卫生主管部门组织制定的有关临床诊疗指南,对生命体征不平稳和虽然生命体征平稳但如果不采取处理措施会产生生命危险,或者导致残疾、器官功能障碍,或者导致病程明显延长的受伤人员,采取必要的处理措施所发生的医疗费用。医疗费根据医疗机构出具的医药费、住院费等收款凭证,结合病历和诊断证明等相关证据确定。

医疗费包括以下项目:(1)挂号费。包括医院门诊挂号费、专家门诊挂号费等。挂号费的次数、科别应当与为治疗伤害所就诊的次数、科别一致。(2)急诊抢救费、检查费等。根据伤情的需要

第四章　道路交通事故的损害赔偿项目

进行的急诊抢救、检查等费用应予赔偿。(3)医药费。根据伤情的需要进行的检查、治疗等费用。检查不限于针对伤情的直接检查，也应包括为了治疗伤害进行的必要排查。(4)留观、住院费。受害人根据医疗机构的要求留观、住院治疗的费用应予赔偿。但医院发出出院通知单后，受害人无正当理由故意延长住院时间而发生的费用不予赔偿。(5)对创伤引发的并发症和后遗症进行处理所需要的合理费用应予以赔偿。(6)后续治疗费。医疗费的赔偿数额按照一审法庭辩论终结前实际发生的数额确定。器官功能恢复训练所必要的康复费、适当的整容费以及其他后续治疗费，赔偿权利人可以待实际发生后另行起诉。但根据医疗证明或者鉴定结论确定必然发生的费用，可以与已经发生的医疗费一并予以赔偿。整容系对伤者后续治疗的行为，在性质上应属于医疗费。相对于拆除钢钉、钢板等二次手术、康复费而言，整容费的赔付对医疗机构的资质和必要性的要求更为严格。

受害人在选择医院时，应当根据受损害的状况和治疗需要就近选择依法成立的、具有相应治疗能力的医院等医疗机构进行治疗。根据"谁主张，谁举证"的原则，受害人需要对自己提出的医疗费的赔偿数额的计算依据举证。因此，受害人需要提交以下证据：(1)抢救费用单据；(2)医院的住院费收据、住院费用明细单、医疗费收据、医疗处方单；(3)医院治疗诊断证明书、病历、转院治疗证明、法医鉴定书；(4)医疗终结后，需要继续治疗的费用，应当有医疗机构的继续治疗意见或法医鉴定意见；(5)自购药费单据和发票，应当附医疗机构的处方单。

医疗费的计算公式如下：

医疗费赔偿金额＝急诊抢救费＋挂号费＋医药费＋住院费＋其他。

法律依据

《机动车交通事故责任强制保险条例》

第四十一条 本条例下列用语的含义：

……

（三）抢救费用，是指机动车发生道路交通事故导致人员受伤时，医疗机构参照国务院卫生主管部门组织制定的有关临床诊疗指南，对生命体征不平稳和虽然生命体征平稳但如果不采取处理措施会产生生命危险，或者导致残疾、器官功能障碍，或者导致病程明显延长的受伤人员，采取必要的处理措施所发生的医疗费用。

《最高人民法院关于审理人身损害赔偿案件适用法律若干问题的解释》

第六条 医疗费根据医疗机构出具的医药费、住院费等收款凭证，结合病历和诊断证明等相关证据确定。赔偿义务人对治疗的必要性和合理性有异议的，应当承担相应的举证责任。

医疗费的赔偿数额，按照一审法庭辩论终结前实际发生的数额确定。器官功能恢复训练所必要的康复费、适当的整容费以及其他后续治疗费，赔偿权利人可以待实际发生后另行起诉。但根据医疗证明或者鉴定结论确定必然发生的费用，可以与已经发生的医疗费一并予以赔偿。

89. 误工费如何计算？

法律咨询

黄某是一名外地来京人员，无正式工作，靠每天在三家卖衣服

第四章　道路交通事故的损害赔偿项目

的商铺做小时工挣钱养家。某天，黄某在回家途中遭遇交通事故，对方对此负全责。事后，黄某因膝盖受伤入院，无法继续打工，遂回老家疗养。后来，有朋友告诉黄某，其是因交通事故入院的可以要求对方赔偿误工费。请问，黄某可以要求对方给付多少误工费呢？误工费怎么计算呢？

律师答疑

本案黄某可以依据其有效的收入凭证，计算其病休期间减少的收入。

误工费是指交通事故发生后，事故中遭受人身损害的受害人因无法从事正常工作或劳动，而失去或减少的工作、劳动收入。误工费的赔偿金额需要考虑误工时间和收入状况。误工时间分为两种情况：(1) 误工时间应当根据受害人自接受治疗到康复所需的时间确定，其标准以相应医疗机构出具的证明为依据；(2) 受害人因伤致残的，误工时间计算至定残日的前一天。

当事人有固定收入的，误工费按照实际减少的收入计算。实际减少的收入必须是实际丧失的收入，包括工资、奖金、津贴等，但一般不包括企业经营者作为受害者时所丧失的经营损失和特殊工种的补助费。当事人无固定收入的，按照其最近3年的平均收入计算；当事人不能举证证明其最近3年平均收入状况的，可以参照当地相同或最相近行业上一年度职工的平均工资计算。

要求给付误工费需提供以下证据：(1) 医疗机构出具的休假证明或关于误工期的司法鉴定意见书。(2) 当事人有固定收入的，需提供固定收入的证明、误工人员的完税证明，并由单位出具因为交通事故误工收入减少的证明、误工人员的工资单、单位的主体信息证明及双方存在劳动关系的证明文件等。(3)当事人无固定收入的,需提供其最近3年的收入证明或从事何种行业的证明。(4)受害人工资超过个人所得税起征点时,需提供个人所得税的纳税证明。

误工费的计算公式:

(1)有固定收入的人员的误工费赔偿金额＝收入的实际减少金额;

(2)无固定收入,但能够举证证明其最近3年的平均收入状况的人员的误工费赔偿金额＝最近3年收入总和÷3年÷12个月×误工时间;

(3)无固定收入,且不能举证证明其最近3年平均收入状况的人员的误工费赔偿金额＝受诉法院所在地相同或者相近行业上一年度职工的平均工资×误工时间。

拓展延伸

误工时间可以计算至定残日前一天。此处的"定残"应理解为合法、有效的伤残鉴定。

法律依据

《最高人民法院关于审理人身损害赔偿案件适用法律若干问题的解释》

第七条　误工费根据受害人的误工时间和收入状况确定。

误工时间根据受害人接受治疗的医疗机构出具的证明确定。受害人因伤致残持续误工的,误工时间可以计算至定残日前一天。

第四章 道路交通事故的损害赔偿项目

> 受害人有固定收入的,误工费按照实际减少的收入计算。受害人无固定收入的,按照其最近三年的平均收入计算;受害人不能举证证明其最近三年的平均收入状况的,可以参照受诉法院所在地相同或者相近行业上一年度职工的平均工资计算。

90. 护理费如何计算?

法律咨询

程某是某钢铁厂的员工。某日,程某骑着电动车在道路上正常行驶时,被后面的车辆撞伤入院。公安机关交通管理部门认定肇事车主对事故承担全部责任。程某的大腿受伤严重,无法行走,需要人看护,而程某的家人都在老家。好在肇事车主主动提出帮程某请护工,护理费用由他出。请问,本案护理费如何计算呢?

律师答疑

护理费是指受害人因遭受相当程度的人身损害,其行动能力和自理能力有了一定程度的降低。为了帮助其进行正常的生活,在医疗诊治和休养康复期间,根据医院的意见或司法鉴定,委派专人对其进行护理,照料其生活而所需支出的费用。

护理费要根据护理人员的收入状况和护理人数、护理期限确定。护理人员有收入的,参照误工费的规定计算;护理人员没有收入或者雇用护工的,参照当地护工从事同等级别护理的劳务报酬标准计算。护理人员原则上只能有一个,如果需要多人进行照顾,医院或者鉴定机构应当明确指出受害人需要多人照顾。对于受害

191

人擅自增加护理人员而产生的费用，法院不予支持。护理期限应计算至受害人恢复生活自理能力时止。当事人出院后生活不能完全自理，仍需继续护理的，必须由该医疗机构出具医嘱证明或诊断书确定护理时间和护理人数。受害人超过3个月仍需护理的，应申请鉴定机构对受害人是否需要护理进行确定。受害人因残疾不能恢复生活自理能力的，可以根据其年龄、健康状况等因素确定合理的护理期限，但最长不超过20年。受害人定残后的护理，应当根据其护理依赖程度并结合配制残疾辅助器具的情况确定护理级别。

护理费的证据：

（1）医疗机构出具的护理证明或关于护理时间、护理依赖程度及护理人数的司法鉴定；

（2）护理人员的收入减少证明或者当地护工从事同等级别护理的劳务报酬标准；

（3）聘请护理人员的证明及护理费的证明。

护理费的计算公式：

（1）护理人员有收入的护理费赔偿金额＝收入的实际减少金额；

（2）护理人员没有收入或者雇佣护工的护理费赔偿金额＝当地护工从事同等级别护理的劳务报酬标准×护理天数×护理人数。

法律依据

《最高人民法院关于审理人身损害赔偿案件适用法律若干问题的解释》

第八条 护理费根据护理人员的收入状况和护理人数、护理期限确定。

> 护理人员有收入的,参照误工费的规定计算;护理人员没有收入或者雇佣护工的,参照当地护工从事同等级别护理的劳务报酬标准计算。护理人员原则上为一人,但医疗机构或者鉴定机构有明确意见的,可以参照确定护理人员人数。
>
> 护理期限应计算至受害人恢复生活自理能力时止。受害人因残疾不能恢复生活自理能力的,可以根据其年龄、健康状况等因素确定合理的护理期限,但最长不超过二十年。
>
> 受害人定残后的护理,应当根据其护理依赖程度并结合配制残疾辅助器具的情况确定护理级别。

91. 交通费如何计算?

法律咨询

万某爱人刁某在某日回家途中遭遇车祸,刁某当场死亡。交管部门认定肇事车辆负全部责任,刁某无责。得到刁某死亡的消息后,远在山东老家的刁某家人来京为其办理后事。在协商赔偿时,万某要求肇事司机赔偿刁某家人的交通费。请问,万某提出的该请求合法吗?

律师答疑

本案的交通费请求合法,但具体金额需要万某及刁某家人提供有效的凭证。

交通费,是指事故受害人和必要的陪护人员因就医、配制残疾辅助器具或处理事故等活动实际发生的乘坐汽车、火车、飞机等的费用。

交通费的赔偿范围包括：(1)受害人在发生交通事故后到医院治疗期间从交通事故发生地到医院之间的救护车费等交通费；如果没有住院治疗，则为受害人治疗期间在住处和医院之间往返的交通费用。同时，还包括必要的陪护人员的交通费用。(2)受害人治疗期间因转院发生的交通费用。(3)受害人伤残鉴定时从住处往返伤残鉴定机构的交通费用，包括鉴定过程中必要的陪护人员的交通费用。

值得注意的是，事故受害人在主张交通费的时候，必须说明用途并出具交通费的正式票据。正式票据，不应仅仅理解为正式的税务发票，汽车票、火车票等都可以作为正式票据。对于这些受害人提供的票据，法院还会审查这些票据与就医的时间、地点、人数是否相吻合；如果不吻合，则不能计入赔偿数额。

法律依据

《最高人民法院关于审理人身损害赔偿案件适用法律若干问题的解释》

第九条 交通费根据受害人及其必要的陪护人员因就医或者转院治疗实际发生的费用计算。交通费应当以正式票据为凭；有关凭据应当与就医地点、时间、人数、次数相符合。

92. 住宿费与伙食费如何计算？

法律咨询

2022年中秋假期，张某与好友结伴去北京游玩，但在途中遭

第四章 道路交通事故的损害赔偿项目

遇车祸，张某受伤严重入院。张某的哥哥、姐姐等四人听闻这个消息立马赶到医院照顾张某。后张某要求肇事司机赔偿其和哥哥、姐姐等四人在他住院期间的住宿费和伙食费，但被拒绝。请问，受害人住院期间的住宿费和伙食费如何计算呢？

律师答疑

住宿费，是指交通事故伤残者确有必要到外地就医、配制残疾辅助器具，以及事故处理人员处理事故等所需的住宿费。在计算住宿费的范围时，应注意以下几点：(1)受害人因到外地就医就诊等待检查结果、等待床位等客观原因不能住院，受害人本人及其陪护人员实际发生的住宿费，其合理部分应予赔偿。(2)受害人需要转院治疗的，往返途中受害人及陪护人员的住宿费应予赔偿。(3)住宿天数应当结合在外地治疗的情况或者处理事故的情况来计算，受害人不能以在外地就医，或者家属以处理事故为由长期在外地居住。(4)受害人还应提出确有必要到外地治疗的证据，如当地没有足够的治疗条件或者当地治疗水平不能满足要求。

伙食费包括受害人的住院伙食补助费和受害人及其陪护人员在外地就医花费的伙食费。其中，住院伙食补助费是指交通事故中的受害人在遭受人身损害后，在住院期间支出的合理的伙食费用。在计算伙食费的范围时，应注意以下几点：(1)住院伙食补助费补助的是住院的受害人。对于陪护人员来说，因为在赔偿金额中已经计算了其护理费，所以陪护人员的伙食费应当包含在护理费中，不能重复要求赔偿。(2)住院伙食补助费参照当地国家机关一般工作人员出差伙食补助标准予以确定。(3)受害人确有必要到外地治疗的，因客观原因不能住院，受害人本人及其陪护人员实际发生的伙食费,其合理部分应予赔偿。就标准来说可以按照住院伙食补助标准计算。

伙食费的计算公式：

（1）住院伙食补助费＝当地国家机关一般工作人员出差伙食补助标准×住院天数；

（2）陪护人员的伙食费＝每天合理的伙食费×就医天数。

> **法律依据**
>
> 《最高人民法院关于审理人身损害赔偿案件适用法律若干问题的解释》
>
> 第十条　住院伙食补助费可以参照当地国家机关一般工作人员的出差伙食补助标准予以确定。
>
> 受害人确有必要到外地治疗,因客观原因不能住院,受害人本人及其陪护人员实际发生的住宿费和伙食费,其合理部分应予赔偿。

93. 营养费如何计算？

> **法律咨询**

2021年9月15日15时28分,张某驾驶小型客车由南向东转至北京市海淀区西三环辅路莲花桥下时,与由东向南骑行的曹某相撞,造成曹某受伤、电动车损坏。此事故经北京市公安局公安交通管理局海淀交通支队某大队处理,认定张某负事故次要责任。曹某因腰椎骨折入院手术,入院期间听说营养费是可以要求对方

第四章 道路交通事故的损害赔偿项目

赔偿的。请问,本案的营养费如何计算呢?

律师答疑

营养费是指受害人因交通事故受伤而确需补充营养食品,由医疗机构或鉴定机构根据受害人伤情提出意见,作为辅助治疗手段支出的费用。营养费应以医疗机构的意见作为参考。营养费认定的根据是受害人伤情及伤残的具体情况。下面是一些常见的需要补充营养的情况:(1)外伤或手术时出血较多者(一般为400毫升以上);(2)年老体弱且受伤较重者;(3)消化系统功能障碍者,如胃肠部分或全部切除、肝脏破裂或部分切除、胰腺破裂或者部分或全部切除等;(4)其他原因致消化吸收功能障碍者;(5)不能正常进食,需要鼻饲者,如休克、植物人、昏迷;(6)较大面积烧伤者。

营养费的计算公式:

(1)营养费赔偿金额 = 根据受害人伤残情况参照医疗机构的意见;

(2)营养费赔偿金额 = 营养期 × 交通事故发生地营养费的标准。

法律依据

《最高人民法院关于审理人身损害赔偿案件适用法律若干问题的解释》

第十一条 营养费根据受害人伤残情况参照医疗机构的意见确定。

94. 残疾赔偿金如何计算？

法律咨询

2021年5月21日8时，王某驾小型客车由南向北行驶至北京市通州区玉桥中路妇幼医院门前时，与由东向西步行的董某相撞，造成董某受伤。此事故经北京市公安局公安交通管理局通州交通支队某大队处理，认定王某负事故全部责任，董某无责任。事发后，董某至潞河医院治疗，伤情经诊断为右锁骨骨折，医院建议手术治疗，其住院7天后出院。董某57周岁，经北京市博大司法鉴定所鉴定，董某的右锁骨骨折构成十级伤残，伤残赔偿指数10%。请问，这种情况下残疾赔偿金如何计算呢？

律师答疑

董某的残疾赔偿金按照受诉法院地（北京市）上一年度的城镇居民人均可支配收入、伤残赔偿指数计算20年。

残疾赔偿金，是指受害人受伤后，虽经合理治疗仍遗留了顽固性或永久性的功能障碍，导致其不能胜任正常的工作和劳动而给予的赔偿费。

在计算残疾赔偿金的范围时，应注意以下几点：(1)残疾赔偿金的赔偿依据是受害人丧失劳动能力的程度或者伤残等级。伤残等级需要经过专门的鉴定机构进行鉴定才能得知。如果伤残等级较轻但对受害人的职业造成妨害，严重影响受害人劳动就业，可以适当提高残疾赔偿金的数额。如果受害人虽因伤致残但实际收入没有减少，可以对残疾赔偿金作相应的调整，在一定幅度内减少残疾赔偿金的数额。(2)残疾赔偿金的赔偿标准一般按照上一年度

第四章 道路交通事故的损害赔偿项目

城镇居民人均可支配收入标准计算。如果交通事故受害人举证证明其住所地或经常居住地的城镇居民人均可支配收入高于受诉法院所在地标准,残疾赔偿金可以按照其住所地或经常居住地的相关标准计算。(3)残疾赔偿金按照法定年限给付后,如果受害人的存活时间超过确定的残疾赔偿金的给付年限,赔偿权利人可以向人民法院起诉要求继续给付残疾赔偿金。赔偿权利人确实没有劳动能力和生活来源的,人民法院应当判令赔偿义务人继续给付该费用5~10年。(4)残疾赔偿金与误工费都是旨在对受害人收入减少的进行赔偿。以定残之日为时间点,定残前,受害人可以依据其收入减少情况主张误工费;定残后,受害人只能依据其丧失劳动能力程度或伤残等级主张残疾赔偿金。(5)残疾赔偿金支付方式分为一次性支付和定期金支付两种。

残疾赔偿金的计算公式:

残疾赔偿金=受诉法院所在地上一年度城镇居民人均可支配收入×伤残赔偿指数×赔偿年限。

具体如下:

(1)60周岁以下人员的残疾赔偿金=受诉法院所在地上一年度城镇居民人均可支配收入×伤残赔偿指数×20年;

(2)60~75周岁人员的残疾赔偿金=受诉法院所在地上一年度城镇居民人均可支配收入×伤残赔偿指数×[20-(实际年龄-60)];

(3)75周岁以上人员的残疾赔偿金=受诉法院所在地上一年度城镇居民人均可支配收入×伤残赔偿指数×5年。

以上计算公式中的伤残赔偿指数,根据伤残等级确定:伤情鉴定为一级伤残的,按全额赔偿,即100%;二至十级伤残的,则以10%的比例依次递减。也就是说,伤残等级具体对应的伤残赔偿指数为：一级为 100%；二级为 90%；三级为 80%；四级为 70%；五级为 60%；六级为 50%；七级为 40%；八级为 30%；九级为 20%；十级为 10%。

多等级伤残者的伤残赔偿指数参照《人体损伤致残程度分级》的方法计算。根据该国家标准，对多等级伤残者的伤残赔偿指数计算规定如下：

伤残赔偿指数 = 几个伤残等级中最高的伤残赔偿指数 + 伤残赔偿附加指数 1+ 伤残赔偿附加指数 2+…+ 伤残赔偿附加指数 n。

在上述公式中，"几个伤残等级中最高的伤残赔偿指数"是指在几个伤残等级中最高等级的伤残赔偿指数。例如，两个十级、一个九级，则其中最高等级为九级，九级的伤残赔偿指数为 20%；又如，一个五级、一个七级和一个九级，则其中最高等级为五级，五级的伤残赔偿指数为 60%。

"伤残赔偿附加指数"是指在有多个伤残等级时，由于只计算最高等级的伤残赔偿指数，其他的伤残等级不再计算相应的伤残赔偿指数，而是每增加一处伤残按另外的赔偿比例计算，该赔偿比例是附加计算的，因此被称为伤残赔偿附加指数。伤残赔偿附加指数用百分比表示，取值范围为：0~10%，也就是说，伤残赔偿附加指数必须小于 10%。存在一级伤残时，其他等级均被吸收，不再计算伤残赔偿附加指数。目前对伤残赔偿附加指数如何取值，各地做法不一。

拓展延伸

残疾赔偿金的计算与交通事故前受害人是否具有劳动能力

第四章 道路交通事故的损害赔偿项目

并无必然联系,如无劳动能力人因交通事故受伤构成伤残,残疾赔偿金部分仍应赔偿。伤者原本存在的伤残,交通事故再次导致同部位伤残等级加重的,伤残评定时应扣除原有的伤残等级影响。

残疾赔偿金计算年限届满后受害人仍然存活的,仍可以要求侵权人赔偿。

法律依据

《最高人民法院关于审理人身损害赔偿案件适用法律若干问题的解释》

第十二条 残疾赔偿金根据受害人丧失劳动能力程度或者伤残等级,按照受诉法院所在地上一年度城镇居民人均可支配收入标准,自定残之日起按二十年计算。但六十周岁以上的,年龄每增加一岁减少一年;七十五周岁以上的,按五年计算。

受害人因伤致残但实际收入没有减少,或者伤残等级较轻但造成职业妨害严重影响其劳动就业的,可以对残疾赔偿金作相应调整。

第十九条 超过确定的护理期限、辅助器具费给付年限或者残疾赔偿金给付年限,赔偿权利人向人民法院起诉请求继续给付护理费、辅助器具费或者残疾赔偿金的,人民法院应予受理。赔偿权利人确需继续护理、配制辅助器具,或者没有劳动能力和生活来源的,人民法院应当判令赔偿义务人继续给付相关费用五至十年。

第二十条 赔偿义务人请求以定期金方式给付残疾赔

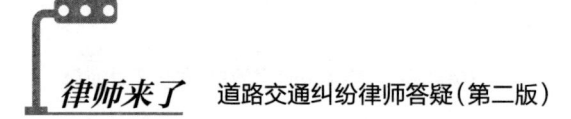

> 偿金、辅助器具费的，应当提供相应的担保。人民法院可以根据赔偿义务人的给付能力和提供担保的情况，确定以定期金方式给付相关费用。但是，一审法庭辩论终结前已经发生的费用、死亡赔偿金以及精神损害抚慰金，应当一次性给付。

95. 残疾辅助器具费如何计算？

法律咨询

张某因交通事故导致双腿瘫痪，需要借助假肢生活。张某听说残疾辅助器具费由对方承担，就要求安装国外进口假肢，但遭到拒绝。请问，张某的要求合理吗？残疾辅助器具费如何计算呢？

律师答疑

张某的残疾辅助器具费要求不合理，该费用的计算可以参照医院的诊断或鉴定机构的鉴定意见确定。

残疾辅助器具费，是指在交通事故中，因伤致残的受害人为弥补其遭受创伤的肢体器官功能，辅助其实现生活自理或从事生产劳动而购买、配置的生活辅助器具所花的费用。

在计算残疾辅助器具费时，应注意以下几点：(1)残疾辅助器具费的赔偿应当根据伤情需要，即必须是根据医生诊断确实属于残疾，需要残疾辅助器具才能正常生活和工作。(2)残疾辅助器具的配置标准是"普通"，即残疾辅助器具具有稳定性和安全性，能够对受害人的器官功能起到辅助作用即可。受害人不能因为由加

第四章 道路交通事故的损害赔偿项目

害人承担赔偿责任便购买豪华型的器具，否则，多花费的钱会被法院认定为扩大的损失而不予支持。如果伤情确实有特殊需要，那么受害人可以参照残疾辅助器具配置机构的意见来确定相应的合理费用标准。(3)残疾辅助器具费用的继续赔偿。这种情况出现在受害人的康复期限超过医疗机构认定的康复期限时，受害人可以主张加害人继续支付5～10年的残疾辅助器具费用。

要求残疾辅助器具费需要以下证据：购置残疾辅助器具的发票、医疗机构对伤者需要残疾辅助器具出具的证明、国产普及型器具的价格标准证明、配置机构对残疾辅助器具的更换周期和期限的证明或残疾辅助器具更换周期和费用的鉴定意见书。残疾辅助器具费的赔偿方式有两种：一种是一次性赔偿，另一种是定期金赔偿。

残疾辅助器具费的计算公式：

残疾辅助器具费＝更换周期内的普通适用器具的合理费用。

📖 法律依据

> **《最高人民法院关于审理人身损害赔偿案件适用法律若干问题的解释》**
>
> 第十三条　残疾辅助器具费按照普通适用器具的合理费用标准计算。伤情有特殊需要的，可以参照辅助器具配制机构的意见确定相应的合理费用标准。
>
> 辅助器具的更换周期和赔偿期限参照配制机构的意见确定。
>
> 第十九条　超过确定的护理期限、辅助器具费给付年限或者残疾赔偿金给付年限，赔偿权利人向人民法院起诉请求

继续给付护理费、辅助器具费或者残疾赔偿金的,人民法院应予受理。赔偿权利人确需继续护理、配制辅助器具,或者没有劳动能力和生活来源的,人民法院应当判令赔偿义务人继续给付相关费用五至十年。

第二十条 赔偿义务人请求以定期金方式给付残疾赔偿金、辅助器具费的,应当提供相应的担保。人民法院可以根据赔偿义务人的给付能力和提供担保的情况,确定以定期金方式给付相关费用。但是,一审法庭辩论终结前已经发生的费用、死亡赔偿金以及精神损害抚慰金,应当一次性给付。

96. 被扶养人生活费如何计算?

法律咨询

周某在回家途中遭遇车祸受伤严重,公安机关交通管理部门认定肇事司机负全责,后周某被认定为四级伤残。周某要求肇事司机赔偿其儿子(15周岁)的生活费,对方同意,但对给付其儿子多少生活费用的问题一直无法协商一致。请问,本案的被扶养人的生活费如何计算呢?

律师答疑

本案中,周某的儿子的被扶养人生活费应该按受诉法院所在地上一年度城镇居民人均消费支出,以伤残赔偿指数 70% 计算 3 年后扣除周某妻子应承担的部分。

被扶养人生活费,是指受害人在交通事故中死亡或因伤残丧

第四章 道路交通事故的损害赔偿项目

失劳动能力,造成受害人生前或丧失劳动能力以前受其扶养的人无生活来源,影响了现实生活,交通事故责任人按照一定的标准给予受其扶养的无生活来源的人的赔偿。被扶养人包括未满18周岁的未成年人(其中已满16周岁,以自己的劳动收入为主要生活来源的除外)以及丧失劳动能力又没有其他生活来源的成年人。

在认定被扶养人生活费的范围时,应注意以下几点:(1)被扶养人的范围主要包括:父母、子女;夫、妻;有扶养能力的祖父母、外祖父母对于父母已经死亡或者父母无力抚养的未成年的孙子女、外孙子女;有扶养能力的孙子女、外孙子女对于子女已经死亡或者子女无力赡养的祖父母、外祖父母;有扶养能力的兄、姐对于父母已经死亡或者父母无力抚养的未成年弟、妹。(2)在认定被扶养人时,对虽然无劳动能力,但有生活来源的人,不应赔偿被扶养人生活费。对于在受害人死亡或丧失劳动能力前不需要其实际扶养,而在受害人受害后丧失了生活来源或在受害人受害后出生的子女,也应支付必要的生活费。(3)如果受害人扶养的被扶养人不只有受害人这一个扶养人,受害人往往只需要负担被扶养人一部分生活费。(4)被扶养人生活费不单独列为赔偿项目,计入残疾赔偿金、死亡赔偿金统一赔付。

要求被扶养人生活费需要如下证据:被扶养人户籍证明和身份证明、被扶养人与受害人的身份关系证明、被扶养人子女人数证明;被扶养人的年龄,男性在18周岁以上、60周岁以下,女性在18周岁以上、55周岁以下的,赔偿权利人应提供无劳动能力鉴定意见、残疾证明或县级以上人民医院出具的证明,同时应提供村民委员会或居民委员会证明其无其他生活来源的书面证明。

被扶养人生活费按照受诉法院所在地上一年度城镇居民人均消费支出标准计算。如果交通事故赔偿权利人举证证明其住所地或经常居住地的城镇居民人均消费支出高于受诉法院所在地标准的，被扶养人生活费可以按照其住所地或者经常居住地的相关标准计算。

被扶养人为未成年人的，计算至18周岁；被扶养人无劳动能力又无其他生活来源的，计算20年。但60周岁以上的，年龄每增加1岁减少1年；75周岁以上的，按5年计算。具体计算公式如下：

（1）不满18周岁的被扶养人的被扶养人生活费＝受诉法院所在地上一年度城镇居民人均消费支出×(18－被扶养人的实际年龄)÷被扶养人的人数×伤残赔偿指数（受害人死亡的，不需要乘以伤残赔偿指数）；

（2）18～60周岁的丧失劳动能力又无其他生活来源被扶养人的被扶养人生活费＝受诉法院所在地上一年度城镇居民人均消费支出×20年÷被扶养人的人数×伤残赔偿指数（受害人死亡的，不需要乘以伤残赔偿指数）；

（3）60～75周岁的丧失劳动能力又无其他生活来源被扶养人的被扶养人生活费＝受诉法院所在地上一年度城镇居民人均消费支出×[20－(被扶养人实际年龄－60)]÷被扶养人的人数×伤残赔偿指数（受害人死亡的，不需要乘以伤残赔偿指数）；

（4）75周岁以上的丧失劳动能力又无其他生活来源被扶养人的被扶养人生活费＝受诉法院所在地上一年度城镇居民人均消费支出×5年÷被扶养人的人数×伤残赔偿指数（受害人死亡的，不需要乘以伤残赔偿指数）。

第四章　道路交通事故的损害赔偿项目

> **法律依据**
>
> 《最高人民法院关于审理人身损害赔偿案件适用法律若干问题的解释》
>
> 第十六条　被扶养人生活费计入残疾赔偿金或者死亡赔偿金。
>
> 第十七条　被扶养人生活费根据扶养人丧失劳动能力程度，按照受诉法院所在地上一年度城镇居民人均消费支出标准计算。被扶养人为未成年人的，计算至十八周岁；被扶养人无劳动能力又无其他生活来源的，计算二十年。但六十周岁以上的，年龄每增加一岁减少一年；七十五周岁以上的，按五年计算。
>
> 被扶养人是指受害人依法应当承担扶养义务的未成年人或者丧失劳动能力又无其他生活来源的成年近亲属。被扶养人还有其他扶养人的，赔偿义务人只赔偿受害人依法应当负担的部分。被扶养人有数人的，年赔偿总额累计不超过上一年度城镇居民人均消费支出额。

97. 丧葬费如何计算？

法律咨询

郭某在散步的时候被林某的私家车撞倒身亡，郭某的几个子女为了让父亲风光入葬，购置墓地花费8万元，举办豪华的丧葬仪式花费3万元。郭某入葬后，其子女要求肇事司机赔偿他们为了筹办葬礼花去的所有费用，对方却以费用过高为由拒绝。请问，丧葬费如何计算呢?

📝 律师答疑

本案购置墓地和举办葬礼的费用不能均列入丧葬费,丧葬费应按受诉法院所在地上一年度月平均工资计算6个月。

丧葬费,是指交通事故致人死亡的,死者的法定继承人或者承担丧葬义务的人为办理丧葬事宜支出的费用。

丧葬费的范围包括:为安葬死者支出的必要费用,包括运尸费、火化费、购买普通骨灰盒费、一期骨灰存放费、雇请抬丧人员所支付的劳务费、必要的交通费等。

丧葬费的赔偿标准按照受诉法院所在地上一年度职工月平均工资标准,以6个月总额计算。丧葬费的计算公式如下:

丧葬费 = 受诉法院所在地上一年度月平均工资 × 6个月。

值得注意的是,该计算公式是法定的标准,即使办理死者丧葬事宜所花费的费用超过受诉法院所在地上一年度职工月平均工资标准的6个月总额,加害人也无须支付超出部分,而是由死者家属自行承担。

📖 法律依据

《最高人民法院关于审理人身损害赔偿案件适用法律若干问题的解释》

第十四条　丧葬费按照受诉法院所在地上一年度职工月平均工资标准,以六个月总额计算。

98. 死亡赔偿金如何计算？

法律咨询

赵某的母亲在晨练结束回家的途中被一辆小汽车撞伤入院，不久就去世了，经交管部门查明，交管部门认定小汽车对事故的发生承担全部的责任。后赵某与肇事司机对母亲的死亡赔偿金的数额有不同看法。请问，死亡赔偿金如何计算呢？

律师答疑

死亡赔偿金，是指交通事故致人死亡的，事故的相关负责人按照一定的标准给予死者家属一定数额的赔偿。死亡赔偿金的计算按照受诉法院所在地上一年度城镇居民人均可支配收入标准，按20年计算。但60周岁以上的，年龄每增加1岁减少1年；75周岁以上的，按5年计算。如果交通事故赔偿权利人举证证明其住所地或经常居住地的城镇居民人均可支配收入高于受诉法院所在地标准的，死亡赔偿金可以按照其住所地或者经常居住地的相关标准计算。死亡赔偿金有一次性支付和定期金支付两种方式。

具体计算公式如下：

（1）60周岁以下人员的死亡赔偿金＝上一年度城镇居民人均可支配收入×20年；

（2）60～75周岁人员的死亡赔偿金＝上一年度城镇居民人均可支配收入×[20-(实际年龄-60)]；

（3）75周岁以上人员的死亡赔偿金＝上一年度城镇居民人均可支配收入×5年。

法律依据

> 《最高人民法院关于审理人身损害赔偿案件适用法律若干问题的解释》
>
> 第十五条 死亡赔偿金按照受诉法院所在地上一年度城镇居民人均可支配收入标准,按二十年计算。但六十周岁以上的,年龄每增加一岁减少一年;七十五周岁以上的,按五年计算。
>
> 第十八条 赔偿权利人举证证明其住所地或者经常居住地城镇居民人均可支配收入高于受诉法院所在地标准的,残疾赔偿金或者死亡赔偿金可以按照其住所地或者经常居住地的相关标准计算。
>
> 被扶养人生活费的相关计算标准,依照前款原则确定。
>
> 第二十条 赔偿义务人请求以定期金方式给付残疾赔偿金、辅助器具费的,应当提供相应的担保。人民法院可以根据赔偿义务人的给付能力和提供担保的情况,确定以定期金方式给付相关费用。但是,一审法庭辩论终结前已经发生的费用、死亡赔偿金以及精神损害抚慰金,应当一次性给付。

99. 意外保险已报销医疗费的,受害人是否还可以向侵权人索赔?

法律咨询

孙某在某次正常驾驶时被后车追尾受伤,入院接受治疗,花去

第四章 道路交通事故的损害赔偿项目

了大量的医疗费用。因孙某投保了意外保险，事后其向保险公司进行了报销。后孙某向肇事司机请求赔偿，但对方却以孙某已获得保险公司赔付为由拒绝赔偿。请问，该理由成立吗？

律师答疑

保险系受害人对于自身权益的保障，无论是从保险目的还是从法律关系的角度来看，保险合同和民事侵权行为均有明显不同，二者不能混为一谈。对于受害人提起的损害赔偿请求，侵权人应按照过错责任原则承担受害人的医疗费损失。受害人获得保险赔付不应成为减轻侵权人的责任的理由，故孙某的请求合法。

拓展延伸

受害人获得社会保险（医疗保险）赔付的，侵权人仍应按照其责任进行赔偿。同时，侵权人先行赔偿的，受害人可以向保险机构申请报销理赔。

法律依据

《中华人民共和国保险法》

第四十六条 被保险人因第三者的行为而发生死亡、伤残或者疾病等保险事故的，保险人向被保险人或者受益人给付保险金后，不享有向第三者追偿的权利，但被保险人或者受益人仍有权向第三者请求赔偿。

100. 死亡赔偿金能否作为遗产分割？

法律咨询

沈某在京务工，因某次交通事故死亡，获得肇事者赔偿的死亡赔偿金140万元。领取赔偿金后，沈某的妻子、母亲、三个孩子及兄弟姐妹均要求将这笔钱作为沈某的遗产分割。沈某的妻子认为其应该先分得一半后，再进行分割。沈某的母亲认为其年龄较大，需要多分割。众人无法就上述钱款分割达成协议，遂诉至法院。请问，交通事故死亡赔偿金能否作为遗产分割呢？

律师答疑

交通事故死亡赔偿金不能作为遗产分割。

首先，关于死亡赔偿金的性质，在我国立法上发生过几次重大变化。第一次是在《民法通则》(已失效)第119条中，根本没有这一赔偿项目；第二次是《道路交通事故处理办法》(已失效)，规定了死亡补偿费赔偿，其性质基本上是精神损害抚慰金；第三次是《消费者权益保护法》和《国家赔偿法》，规定了死亡赔偿金和残疾赔偿金，其性质没有明确，但一般认为是精神损害赔偿；第四次是《最高人民法院关于确定民事侵权精神损害赔偿责任若干问题的解释》，明确规定死亡赔偿金和残疾赔偿金的性质是精神损害抚慰金；第五次是《最高人民法院关于审理人身损害赔偿案件适用法律若干问题的解释》，规定死亡赔偿金和残疾赔偿金是人身损害赔偿，是物质性损失的赔偿，是对死者近亲属造成的"损失利益"的赔偿。现在死亡赔偿金的性质应当认定是物质性损失的赔偿。

其次，按照《民法典》第1122条第1款的规定，"遗产是自然

第四章 道路交通事故的损害赔偿项目

人死亡时遗留的个人合法财产"。"死亡时遗留",意味着"遗产"应当是死者生前已经取得或者约定取得的财产,包括财产权利。而死亡赔偿金是以受害人因侵权案件而死亡作为前提,从时间顺序来看,不符合法定遗产的时间含义。从赔偿请求权的角度分析,受害人一旦死亡,其民事权利能力即行终止,不再享有民事权利、承担民事义务,当然也不能以主体资格行使损害赔偿请求权。死亡赔偿金的内涵是对受害人近亲属未来收入损失的赔偿,其赔偿请求权人为受害人的近亲属,是具有人身专属性质的法定赔偿金。因此,死亡赔偿金不是遗产,不能作为遗产被继承,死亡受害人的债权人也不能主张受害人近亲属在获赔死亡赔偿金的范围内清偿受害人生前所欠债务。

分割死亡赔偿金的主体为与死者共同生活的家庭成员范围内的近亲属。分配原则上需综合按照与受害人共同生活的紧密程度及生活现状、生活来源和经济依赖程度等因素,参照《民法典》继承编分配原则处理。

法律依据

《中华人民共和国民法典》

第一千一百二十二条 遗产是自然人死亡时遗留的个人合法财产。

依照法律规定或者根据其性质不得继承的遗产,不得继承。

Chapter 5

第五章

道路交通事故的保险理赔

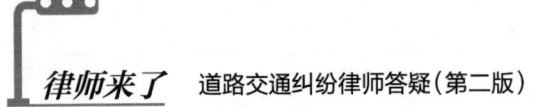

101. 肇事车辆驾驶人逃逸或者无法查明肇事司机，事故责任难以划分的，交强险保险公司能否拒赔？

法律咨询

王某驾车下班途中与一辆相向而行的满载渣土车相撞，渣土车车牌污损无法辨认。事发后，肇事的渣土车逃逸。事故造成王某严重颅脑损伤，昏迷不醒。事故发生后，肇事渣土车的驾驶员逃逸且无法查明身份，公安机关交通管理部门根据现场情况与监控录像也无法划分事故责任。请问，在此种情况下，交强险保险公司能否拒赔？

律师答疑

机动车驾驶人发生交通事故后逃逸的，由保险人在该机动车强制保险责任限额范围内予以赔偿。

交强险的立法目的就是及时对受害第三人进行赔偿，以保障其合法权益。根据《民法典》第1216条的规定，机动车驾驶人发生交通事故后逃逸，该机动车参加强制保险的，由保险人在机动车强制保险责任限额范围内予以赔偿；机动车不明、该机动车未参加强制保险或者抢救费用超过机动车强制保险责任限额，需要支付被侵权人人身伤亡的抢救、丧葬等费用的，由道路交通事故社会救助基金垫付。道路交通事故社会救助基金垫付后，其管理机构有权向交通事故责任人追偿。同时，根据《机动车交通事故责任强制保险条例》第21条第1款的规定，被保险机动车发生道路交通事故造成本车人员、被保险人以外的受害人人身伤亡、财产损失的，由保险公司依法在机动车交通事故责任强制保险责任限额范围内予以赔偿。从上述规定可以看出，肇事车辆逃逸后，保险公司并不能以此为由拒绝承担责任，其仍应在责任限额内承担责任。

法律依据

《中华人民共和国民法典》

第一千二百一十六条 机动车驾驶人发生交通事故后逃逸，该机动车参加强制保险的，由保险人在机动车强制保险责任限额范围内予以赔偿；机动车不明、该机动车未参加强制保险或者抢救费用超过机动车强制保险责任限额，需要支付被侵权人人身伤亡的抢救、丧葬等费用的，由道路交通事故社会救助基金垫付。道路交通事故社会救助基金垫付后，其管理机构有权向交通事故责任人追偿。

102. 车辆买卖未通知保险公司的，发生事故保险公司能否拒赔？

法律咨询

因打算到西藏旅游出行，刘某欲购置一台二手车。刘某在二手车市场对比后，看中了一台2018年款的丰田越野车。该车车况良好，而且原车交强险未到期。中间商告诉刘某，车辆购置后直接过户即可，交强险不必过户；如果出现事故，交强险一样赔付。刘某对此有些质疑。请问，如果刘某驾驶该车发生交通事故承保交强险的保险公司能否以车辆买卖未通知保险公司为由拒赔？

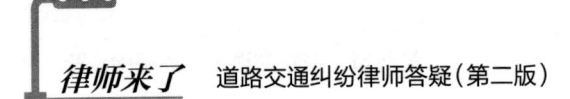

律师答疑

本案承保交强险的保险公司不能以该丰田越野车未办理交强险合同变更手续为由拒赔。

根据我国《保险法》第49条第1款的规定,保险标的转让的,保险标的的受让人承继被保险人的权利和义务。

从法理上讲,如果车辆买卖未依法登记,并不影响买卖合同的成立和生效。因此,转让保险车辆未办理保险变更的这种履行瑕疵并不影响保险合同的效力和继续履行。车辆受让人已经成为车的合法所有人,理应享有保险车辆及附随的保险单所约定的赔偿权利。况且机动车辆保险合同不同于一般的财产保险合同,其中第三者责任险属于强制性保险,其基本特征是保险责任自动产生,即不用投保人和保险人约定,保险责任依法而自动产生、中止或终结;强制保险的保险人不能随意解除合同和拒绝承担赔偿责任。保险车辆转让后,不管保险人是否同意,也不管保险车辆转让给谁,保险人都必须继续承保。根据《最高人民法院关于审理道路交通事故损害赔偿案件适用法律若干问题的解释》第20条第1款的规定,机动车所有权在交强险合同有效期内发生变动,保险公司在交通事故发生后,以该机动车未办理交强险合同变更手续为由主张免除赔偿责任的,人民法院不予支持。

另外,保险合同条款在内容上属于格式条款。根据《民法典》第496条第1款的规定,格式条款是当事人为了重复使用而预先拟定,并在订立合同时未与对方协商的条款。按照此定义,保险合同是典型的标准合同,其主要表现在保险合同的条款完全由保险人一方事先制定,保险人在统一化、规范化、标准化的保险单中列明保险合同的主要条款,投保人只能表示接受或者承认与否,不能

第五章 道路交通事故的保险理赔

修改、变更合同的条款。而机动车辆保险合同中的商业第三者责任保险又属于强制性保险,投保人只能表示全部接受和同意。

法律依据

《中华人民共和国民法典》

第四百九十六条 格式条款是当事人为了重复使用而预先拟定,并在订立合同时未与对方协商的条款。

采用格式条款订立合同的,提供格式条款的一方应当遵循公平原则确定当事人之间的权利和义务,并采取合理的方式提示对方注意免除或者减轻其责任等与对方有重大利害关系的条款,按照对方的要求,对该条款予以说明。提供格式条款的一方未履行提示或者说明义务,致使对方没有注意或者理解与其有重大利害关系的条款的,对方可以主张该条款不成为合同的内容。

《最高人民法院关于审理道路交通事故损害赔偿案件适用法律若干问题的解释》

第二十条第一款 机动车所有权在交强险合同有效期内发生变动,保险公司在交通事故发生后,以该机动车未办理交强险合同变更手续为由主张免除赔偿责任的,人民法院不予支持。

《中华人民共和国保险法》

第四十九条 保险标的转让的,保险标的的受让人承继被保险人的权利和义务。

保险标的转让的,被保险人或者受让人应当及时通知保险人,但货物运输保险合同和另有约定的合同除外。

……

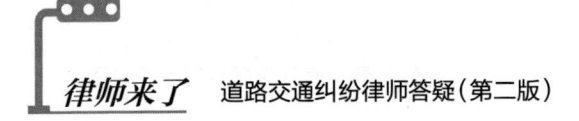

103. 在保险期内发生改装、使用性质改变的机动车发生交通事故的,保险公司是否应当理赔?

法律咨询

高某是一名机车爱好者,平时喜欢组装、改装哈雷摩托车。某日,高某驾驶经自己改装过的哈雷摩托车在山间公路上行驶时发生了侧滑的交通事故,公安机关交通管理部门认定高某负全责。高某为修理摩托车花去了3万元。请问,此时保险公司应当理赔吗?

律师答疑

根据《最高人民法院关于审理道路交通事故损害赔偿案件适用法律若干问题的解释》第20条第2款、第3款的规定,该哈雷摩托车在交强险合同有效期内改装后危险程度增加;因此,在驾驶该摩托车发生交通事故后,高某可以请求保险公司在交强险责任限额范围内予以赔偿,但应按照重新核定后的保险费标准补足当期保险费。但发生同样的情形且未及时通知承保商业保险的保险公司的,根据《保险法》第52条的规定,承保商业保险的保险公司不予赔偿。

法律依据

《最高人民法院关于审理道路交通事故损害赔偿案件适用法律若干问题的解释》

第二十条 机动车所有权在交强险合同有效期内发生变动,保险公司在交通事故发生后,以该机动车未办理交强险合同变更手续为由主张免除赔偿责任的,人民法院不予支持。

机动车在交强险合同有效期内发生改装、使用性质改变等导致危险程度增加的情形,发生交通事故后,当事人请求保险公司在责任限额范围内予以赔偿的,人民法院应予支持。

前款情形下,保险公司另行起诉请求投保义务人按照重新核定后的保险费标准补足当期保险费的,人民法院应予支持。

《中华人民共和国保险法》

第五十二条 在合同有效期内,保险标的的危险程度显著增加的,被保险人应当按照合同约定及时通知保险人,保险人可以按照合同约定增加保险费或者解除合同。保险人解除合同的,应当将已收取的保险费,按照合同约定扣除自保险责任开始之日起至合同解除之日止应收的部分后,退还投保人。

被保险人未履行前款规定的通知义务的,因保险标的的危险程度显著增加而发生的保险事故,保险人不承担赔偿保险金的责任。

104. 车辆的牌照是临时的,保险公司能拒赔吗?

法律咨询

2020年中秋假期,王某在老家买了辆新车,并按照规定给车投保了交强险,准备先使用汽车临时通行牌照上路,再回他工作的地方上正式牌照,但是王某在返程途中发生了交通事故。后王某拿着相关凭证要求保险公司理赔,保险公司以王某的车的牌照是临时的为由拒绝。请问,保险公司的理由正确吗?

律师答疑

机动车悬挂临时通行牌照发生交通事故的,保险公司应依法进行理赔。

保险公司提供的保险合同中往往有一项免责事由:"发生保险事故时保险车辆没有公安交通管理部门核发的行驶证和号牌。"但是临时通行牌照也是国家法律允许的上路行驶的牌照。根据《道路交通安全法》第8条的规定,国家对机动车实行登记制度。机动车经公安机关交通管理部门登记后,方可上道路行驶。尚未登记的机动车,需要临时上道路行驶的,应当取得临时通行牌证。可见,投保人使用的临时通行牌照在取得正式牌照前就是上路行驶的证明,投保人并未违反这项免责条款。况且,如果保险公司的本意是要将使用临时通行牌照列为免责事由,应当与投保人在签订保险合同时作出特别约定,"只有当投保人取得正式牌照后,保险合同才生效"。

法律依据

《中华人民共和国道路安全交通法》

第八条 国家对机动车实行登记制度。机动车经公安机关交通管理部门登记后,方可上道路行驶。尚未登记的机动车,需要临时上道路行驶的,应当取得临时通行牌证。

105. 投保人未缴足保险费，车辆发生交通事故的，怎么理赔？

法律咨询

高某经营一家运输公司，公司名下有车辆几十台。因疫情导致运输生意不景气，公司经济无法支持。保险续保时，高某在保险公司将保险单填妥之后，称钱未带够，于是在缴纳了部分保险费后将保险单带走。后经保险公司多次催促，高某仍无力补缴保险费。保险费欠缴期间，为了不影响收入，高某名下的车辆仍正常上路行驶。不久后，其中一辆车在行驶途中翻车。请问，此时怎么理赔？

律师答疑

首先，保险合同成立并不以投保人是否缴纳了保险费为前提。我国《保险法》第13条第1款规定："投保人提出保险要求，经保险人同意承保，保险合同成立。保险人应当及时向投保人签发保险单或者其他保险凭证。"所以，是否缴纳保险费不是保险合同成立的必要条件。

其次，保险合同成立不等于保险责任的开始。保险合同成立并不代表发生保险责任事故就一定能得到赔偿，要看此时保险单是否具有效力。保单效力是指被保险人需要严格地遵守和履行保险单的各项权利义务，它是保险公司在所签订的保险单项下承担赔偿责任的先决条件。

最后，缴纳保险费是投保人的义务。被保险人支付保险费的方式有两种：(1)在合同没有特别约定时，支付保险费义务的履行，必须在合同成立时进行，其数额为全额。如果在合同成立时不立即支付保险费或只是部分支付保险费,则构成对《保险法》第14条关于支付保险费义务规定的违反。(2)在合同有特别约定时,其支付保险费的方式依据该约定履行。保险合同成立后,保险当事人、关系人依据保险合同,既享有一定的权利,又负有一定的义务,负有义务的人若不履行该项义务,将承担相应的法律后果。各险种条款中也通常在被保险人义务中写明被保险人或其代表应根据保险单和批单的规定缴纳保险费。

综上,本案中保险公司是否承担保险责任,应首先依保险合同约定的时间进行判断。如未约定承担保险责任时间限制的,保险公司应自保险合同生效时承担保险责任。当事人在财产保险合同中约定以投保人支付保险费作为合同生效条件,但对该生效条件是否为金额支付保险费约定不明,高某作为投保人支付了部分保险费的,保险合同可认为已生效。保险公司因此应承担保险责任。

法律依据

《中华人民共和国保险法》

第十三条 投保人提出保险要求,经保险人同意承保,保险合同成立。保险人应当及时向投保人签发保险单或者其他保险凭证。

保险单或者其他保险凭证应当载明当事人双方约定的合同内容。当事人也可以约定采用其他书面形式载明合同内容。

依法成立的保险合同,自成立时生效。投保人和保险人可以对合同的效力约定附条件或者附期限。

第十四条 保险合同成立后,投保人按照约定交付保险费,保险人按照约定的时间开始承担保险责任。

106. 被保险人没有及时报案的，如何理赔？

法律咨询

郑某为自己的车辆投保了车辆损失险和商业三者险。某日，郑某在路上与对向行驶的车辆相撞，致两车受损，公安机关交通管理部门认定郑某负全责。事故发生后，郑某并未报案，而是打电话给保险公司咨询，得到的答案是没有及时报案不赔付。请问，保险公司的说法对吗？

律师答疑

根据《保险法》第21条的规定，投保人、被保险人或者受益人知道保险事故发生后，应当及时通知保险人。故意或者因重大过失未及时通知，致使保险事故的性质、原因、损失程度等难以确定的，保险人对无法确定的部分，不承担赔偿或者给付保险金的责任，但保险人通过其他途径已经及时知道或者应当及时知道保险事故发生的除外。

因此，对被保险人郑某没有及时报案的理赔问题，只要被保险人郑某不是"故意"或因"重大过失"未及时通知，保险公司都应当理赔。即使有故意或重大过失，保险公司也只是对不确定的部分免责。而且，保险公司通过除被保险人报案的其他途径知道该事故发生的，也应当承担赔偿责任。

法律依据

《中华人民共和国保险法》
第二十一条　投保人、被保险人或者受益人知道保险事

> 故发生后,应当及时通知保险人。故意或者因重大过失未及时通知,致使保险事故的性质、原因、损失程度等难以确定的,保险人对无法确定的部分,不承担赔偿或者给付保险金的责任,但保险人通过其他途径已经及时知道或者应当及时知道保险事故发生的除外。

107. 醉酒驾车发生事故造成他人财产损失的,交强险赔不赔?

法律咨询

朴某是一家半导体公司的业务经理。一次与客户应酬大量饮酒后,仍坚持自驾将其他客户送至家中。不料驾驶途中,因酒力发作,朴某闯红灯后与正常行驶的公交车相撞,导致公交车前部严重损毁。事发后,经酒精检测,朴某的酒精含量为275mg/100mL。公安机关交通管理部门认定朴某为醉酒驾驶,应对事故负全责。对于公交车的损失,朴某自称刚毕业无力赔付,请求交强险保险公司理赔,保险公司以朴某醉酒驾车为由拒绝。请问,保险公司的做法对吗?

律师答疑

本案的交强险承保公司可依法拒绝赔付朴某醉酒驾驶造成的公交车的损失。

驾驶人醉酒驾车发生的交通事故,保险公司仅在交强险的赔偿限额范围内对第三人的人身损害进行赔偿且保险公司拥有追偿权,但对第三人的财产损失不承担赔偿责任。这样规定的立法目的在于切实有效地保护第三人的人身权益。

法律依据

《机动车交通事故责任强制保险条例》

第二十二条 有下列情形之一的,保险公司在机动车交通事故责任强制保险责任限额范围内垫付抢救费用,并有权向致害人追偿:

(一)驾驶人未取得驾驶资格或者醉酒的;

(二)被保险机动车被盗抢期间肇事的;

(三)被保险人故意制造道路交通事故的。

有前款所列情形之一,发生道路交通事故的,造成受害人的财产损失,保险公司不承担赔偿责任。

《最高人民法院关于审理道路交通事故损害赔偿案件适用法律若干问题的解释》

第十五条 有下列情形之一导致第三人人身损害,当事人请求保险公司在交强险责任限额范围内予以赔偿,人民法院应予支持:

(一)驾驶人未取得驾驶资格或者未取得相应驾驶资格的;

(二)醉酒、服用国家管制的精神药品或者麻醉药品后驾驶机动车发生交通事故的;

(三)驾驶人故意制造交通事故的。

保险公司在赔偿范围内向侵权人主张追偿权的,人民法院应予支持。追偿权的诉讼时效期间自保险公司实际赔偿之日起计算。

108. 驾驶人记分已达12分，公安机关交通管理部门未扣留驾驶证，发生事故后保险公司能否拒赔？

法律咨询

张某驾驶的车辆在保险公司购买了交强险和商业三者险。某日，张某在某十字路口与另一车辆发生碰撞，公安机关交通管理部门认定张某应负全责。后张某要求保险公司理赔，保险公司审查时发现张某驾驶证记分已达12分，据此拒绝赔偿。请问，保险公司的理由成立吗？

律师答疑

根据《道路交通安全法》第24条的规定，我国对驾驶员的违法驾车行为，实行累积记分制度。根据《道路交通安全法实施条例》第23条的规定，累积记分制度的记分周期是12个月。对在一个记分周期内达到12分的，由公安机关交通管理部门扣留其机动车驾驶证，该驾驶人应按规定参加道路交通安全法律、法规的学习并接受考试。考试合格的，记分予以清除，发还机动车驾驶证；考试不合格的，继续参加学习和考试。

法律并没有规定，被扣满12分的驾驶人要自动把驾驶证交给公安机关交通管理部门。既然公安机关交通管理部门没有扣留驾驶证，驾驶人就是有驾驶资格的。而保险合同中往往仅把"没有驾驶证或没有有效合格的驾驶证"作为保险公司的免责事由，所以本案中公安机关交通管理部门因工作失误没有扣留驾驶证，不能成为保险公司拒赔的理由。

第五章 道路交通事故的保险理赔

法律依据

《中华人民共和国道路交通安全法实施条例》

第二十三条 公安机关交通管理部门对机动车驾驶人的道路交通安全违法行为除给予行政处罚外,实行道路交通安全违法行为累积记分(以下简称记分)制度,记分周期为12个月。对在一个记分周期内记分达到12分的,由公安机关交通管理部门扣留其机动车驾驶证,该机动车驾驶人应当按照规定参加道路交通安全法律、法规的学习并接受考试。考试合格的,记分予以清除,发还机动车驾驶证;考试不合格的,继续参加学习和考试。

应当给予记分的道路交通安全违法行为及其分值,由国务院公安部门根据道路交通安全违法行为的危害程度规定。

公安机关交通管理部门应当提供记分查询方式供机动车驾驶人查询。

Chapter 6

第六章

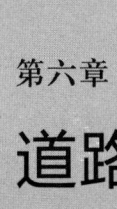

道路交通事故处罚

第一节　道路交通事故行政处罚

109. 饮酒后驾驶机动车的，应如何处罚？

法律咨询

公司年会上，赵某与同事共进晚餐。因气氛热烈，同事劝赵某可以喝一些红酒，红酒的酒精度数低，少喝一些没事。赵某信以为真，便和同事喝了一杯。临走时，赵某觉得自己并没有任何酒后症状，于是决定开车回家。回家途中，恰遇交警查酒驾。交警将赵某拦住，检测到赵某血液酒精含量为35mg/100mL，为酒后驾车。请问，饮酒后驾驶机动车的，应如何处罚？

律师答疑

2011年修改《道路交通安全法》时，加大了对酒后驾驶机动车的处罚力度。《道路交通安全法》第91条区别饮酒后驾驶机动车的不同情况，依据可能造成的不同危害后果，规定了不同的处罚。该条第1款明确规定对饮酒后驾驶机动车的行为，处暂扣6个月机动车驾驶证，并处1000元以上2000元以下罚款；对因饮酒后驾驶机动车被处罚，再次饮酒后驾驶机动车的，处10日以下拘留，并处1000元以上2000元以下罚款，同时吊销机动车驾驶证。

第六章 道路交通事故处罚

拓展延伸

2011年7月1日起实施的国家标准GB 19522—2010《车辆驾驶人员血液、呼气酒精含量阈值与检验》将饮酒后驾车的车辆驾驶人员的血液酒精含量确定为每100ml血液中酒精含量大于等于20mg不满80mg。达到上述标准的,即为酒后驾驶机动车。

法律依据

《中华人民共和国道路交通安全法》

第九十一条第一款 饮酒后驾驶机动车的,处暂扣六个月机动车驾驶证,并处一千元以上二千元以下罚款。因饮酒后驾驶机动车被处罚,再次饮酒后驾驶机动车的,处十日以下拘留,并处一千元以上二千元以下罚款,吊销机动车驾驶证。

110. 醉酒驾驶机动车的,应如何处罚？

法律咨询

恰逢王某婚宴,老同学蒋某喝了很多酒。蒋某自认为酒量不错,为了逞能,他执意要开车带其他同学继续唱歌。蒋某刚刚驾车上路,就遇到交警的检查。经检测,其血液酒精含量为135mg/100mL。交警认定蒋某构成醉酒驾车。请问,对于醉酒驾驶机动车的,应如何处罚？

233

律师答疑

《道路交通安全法》第91条区别饮酒后驾驶机动车的不同情况，依据可能造成的不同危害后果，规定了不同的处罚。其中，该条第2款对醉酒后驾驶机动车的情形作出了规定：对醉酒后驾驶机动车的行为人，由公安机关交通管理部门约束其至酒醒，吊销机动车驾驶证，依法追究刑事责任；5年内不得重新取得机动车驾驶证。其中，约束至酒醒是为了保障行为人和公众安全而采取的一种行政强制措施，而不是一种行政处罚。

同时，由于机动车是一种高速运输工具，具有一定的安全风险，而醉酒的机动车驾驶人无法正常控制自己的行为，会使高速运转的机动车处于失控状态，给社会和公众安全带来严重的威胁。为保障公众的生命安全，同时保护醉酒的机动车驾驶人自身的生命安全，2011年修改《道路交通安全法》时，对醉酒驾车行为规定了更为严厉的处罚。同年，《刑法修正案（八）》增设了危险驾驶罪，自此对在道路上醉酒驾驶机动车的不再予以拘留的处罚，应依法以危险驾驶罪追究刑事责任。

拓展延伸

由于人体本身存在个体差异，对饮用多少酒为醉酒，每个人的感受是不同的。为统一执法、科学执法，2011年7月1日起实施的国家标准GB 19522—2010《车辆驾驶人员血液、呼气酒精含量阈值与检验》将醉酒后驾车的车辆驾驶人员的血液酒精含量确定为每100ml血液中酒精含量大于等于80mg。达到上述标准的，即为醉酒驾驶机动车。

第六章　道路交通事故处罚

法律依据

《中华人民共和国道路交通安全法》

第九十一条第二款　醉酒驾驶机动车的,由公安机关交通管理部门约束至酒醒,吊销机动车驾驶证,依法追究刑事责任;五年内不得重新取得机动车驾驶证。

《中华人民共和国刑法》

第一百三十三条之一　在道路上驾驶机动车,有下列情形之一的,处拘役,并处罚金:

(一)追逐竞驶,情节恶劣的;

(二)醉酒驾驶机动车的;

(三)从事校车业务或者旅客运输,严重超过额定乘员载客,或者严重超过规定时速行驶的;

(四)违反危险化学品安全管理规定运输危险化学品,危及公共安全的。

机动车所有人、管理人对前款第三项、第四项行为负有直接责任的,依照前款的规定处罚。

有前两款行为,同时构成其他犯罪的,依照处罚较重的规定定罪处罚。

111. 饮酒后驾驶营运机动车的,应如何处罚?

法律咨询

钱某是一名货车司机。不久前,王某雇用钱某为自己送一批货。钱某在送货期间口渴难耐,遂饮用了一小瓶调制酒。交警认定他构成饮酒后驾车。请问,饮酒后驾驶营运机动车的,应如何处罚?

律师答疑

由于营运机动车一旦发生交通事故,往往会造成群死群伤或者公共财产严重损失的严重后果。因此,2011年修改《道路交通安全法》时,对饮酒后驾驶营运机动车的行为规定了更重的处罚。《道路交通安全法》第91条第3款对饮酒后驾驶营运机动车作了处罚规定。饮酒后驾驶营运机动车的,处15日拘留,并处5000元罚款,吊销机动车驾驶证,5年内不得重新取得机动车驾驶证。

拓展延伸

2011年7月1日起实施的国家标准GB 19522—2010《车辆驾驶人员血液、呼气酒精含量阈值与检验》将饮酒后驾车的车辆驾驶人员的血液酒精含量确定为每100ml血液中酒精含量大于等于20mg不满80mg。

营运机动车是指从事以营利为目的的道路运输经营活动的机动车,即其通过与经营活动有关的运输产生和获得经济利益。营运机动车包括各类大、中、小型从事客运或者货运的机动车。

法律依据

《中华人民共和国道路交通安全法》

第九十一条第三款 饮酒后驾驶营运机动车的,处十五日拘留,并处五千元罚款,吊销机动车驾驶证,五年内不得重新取得机动车驾驶证。

112. 醉酒驾驶营运机动车的，应如何处罚？

法律咨询

一日，出租车司机陈某收车在家，看球赛时喝了一些白酒。其间叫车系统推送打车信息显示：乘客离自家很近，而且其想要前往飞机场。陈某怀着侥幸心理，认为时间很晚不会有警察查酒驾。为了赚钱，陈某硬着头皮接了单。途中他被交警查出喝了酒，属于醉酒驾驶营运机动车。请问，醉酒驾驶营运机动车的，应如何处罚？

律师答疑

2011年修改《道路交通安全法》时，对醉酒驾驶营运机动车作了更为严厉的处罚。该法第91条第4款规定，醉酒后驾驶营运机动车的，由公安机关交通管理部门约束至酒醒，吊销机动车驾驶证，依法追究刑事责任；10年内不得重新取得机动车驾驶证，重新取得机动车驾驶证后，不得驾驶营运机动车。约束至酒醒是为了保障行为人和公众安全而采取的一种行政强制措施，而不是一种行政处罚。不得驾驶营运机动车是一种限制从事某种职业资格的处罚规定。

拓展延伸

2011年7月1日起实施的国家标准GB 19522—2010《车辆驾驶人员血液、呼气酒精含量阈值与检验》将醉酒后驾车的车辆驾驶人员的血液酒精浓度确定为每100ml酒精含量大于等于

80mg。

营运机动车是指从事以营利为目的的道路运输经营活动的机动车,即其通过与经营活动有关的运输产生和获得经济利益。营运机动车包括各类大、中、小型从事客运或者货运的机动车。

法律依据

《中华人民共和国道路交通安全法》

第九十一条第四款 醉酒驾驶营运机动车的,由公安机关交通管理部门约束至酒醒,吊销机动车驾驶证,依法追究刑事责任;十年内不得重新取得机动车驾驶证,重新取得机动车驾驶证后,不得驾驶营运机动车。

《中华人民共和国刑法》

第一百三十三条之一 在道路上驾驶机动车,有下列情形之一的,处拘役,并处罚金:

(一)追逐竞驶,情节恶劣的;

(二)醉酒驾驶机动车的;

(三)从事校车业务或者旅客运输,严重超过额定乘员载客,或者严重超过规定时速行驶的;

(四)违反危险化学品安全管理规定运输危险化学品,危及公共安全的。

机动车所有人、管理人对前款第三项、第四项行为负有直接责任的,依照前款的规定处罚。

有前两款行为,同时构成其他犯罪的,依照处罚较重的规定定罪处罚。

第六章 道路交通事故处罚

113. 酒后驾驶机动车发生重大交通事故构成犯罪的，如何处罚？

法律咨询

半个月前，孙某有一个酒局。酒后，他便驾驶自己的轿车回家。回家途中，孙某由于反应速度过慢，不慎将一位过马路的老太太撞成重伤后不治身亡。请问，酒后驾驶机动车发生重大交通事故的，应当如何处罚？

律师答疑

《道路交通安全法》第101条第1款规定，违反道路交通安全法律、法规的规定，发生重大交通事故，构成犯罪的，依法追究刑事责任，并由公安机关交通管理部门吊销机动车驾驶证。《道路交通安全法》第91条第5款针对酒后驾驶机动车本身所具有的严重社会危害性，增加了"终生不得重新取得机动车驾驶证"的规定，以有效制止这类违法现象，更好地保障人民群众的生命财产安全。《道路交通安全法》第91条第5款规定，饮酒后或者醉酒驾驶机动车发生重大交通事故，构成犯罪的，依法追究刑事责任，并由公安机关交通管理部门吊销机动车驾驶证，终生不得重新取得机动车驾驶证。

拓展延伸

2011年7月1日起实施的国家标准GB 19522—2010《车辆驾驶人员血液、呼气酒精含量阈值与检验》将饮酒后驾车的车辆驾驶人员的血液酒精含量确定为每100ml酒精含量大于等于20mg不满80mg，将醉酒后驾车的车辆驾驶人员的血液酒精含量确定为每100ml酒精含量大于等于80mg。

法律依据

《中华人民共和国道路交通安全法》

第九十一条第五款 饮酒后或者醉酒驾驶机动车发生重大交通事故,构成犯罪的,依法追究刑事责任,并由公安机关交通管理部门吊销机动车驾驶证,终生不得重新取得机动车驾驶证。

第一百零一条 违反道路交通安全法律、法规的规定,发生重大交通事故,构成犯罪的,依法追究刑事责任,并由公安机关交通管理部门吊销机动车驾驶证。

造成交通事故后逃逸的,由公安机关交通管理部门吊销机动车驾驶证,且终生不得重新取得机动车驾驶证。

114. 驾驶客运车辆超载的,应如何处罚?

法律咨询

吴某是一位客车司机,承包了一运营线路。春节前夕客流量增大,吴某为了盈利超员运营。他的客车在下高速路口时被交警拦下,交警认定他的客车已经构成超员。请问,驾驶客运车辆超员的,应当如何处罚?

律师答疑

对机动车超载的,《道路交通安全法》第92条根据机动车的

第六章　道路交通事故处罚

不同用途（公路客运车辆、货运机动车）分四款作了处罚规定。其中，第 1 款对公路客运车辆载客超过额定乘员和超范围运载的违法行为作了处罚规定。

首先，该条列明了以下两类应予处罚的具体行为：(1)公路客运车辆载客超过额定乘员但未超过 20% 的；(2)公路客运车辆载客超过额定乘员 20% 或违反规定载货的。

其次，对于上述两类违法行为，分别处 200 元以上 500 元以下罚款和 500 元以上 2000 元以下罚款，同时，由公安机关交通管理部门扣留机动车至违法状态消除。"扣留机动车至违法状态消除"，是法律赋予公安机关对机动车超载和违规载货这两类对道路交通安全有较大危害行为的一种特殊强制措施，即为了使上述违法行为的违法性得到根本纠正，只有当其行为符合法律、法规所规定的标准后，才能允许其继续行驶。

2015 年 8 月 29 日第十二届全国人民代表大会常务委员会第十六次会议通过的《刑法修正案（九）》第 8 条对《刑法》第 133 条之一作了修改，将从事校车业务或者旅客运输，严重超过额定乘员载客的行为规定按危险驾驶罪追究刑事责任。

拓展延伸

上述"超过额定乘员"的规定并不区别乘车人员的身高、体重、年龄，而只是针对"数量"作出了限定。但是，公路载客汽车在载客人数已满的情况下，按照规定免票的儿童不得超过核定载客人数的 10%。

《道路交通安全违法行为记分管理办法》关于校车、公路客运汽车、旅游客运汽车、7 座以上载客汽车及其他载客汽车相应扣分的规定如下：

241

第八条　机动车驾驶人有下列交通违法行为之一，一次记12分：

……

（四）驾驶校车、公路客运汽车、旅游客运汽车载人超过核定人数百分之二十以上，或者驾驶其他载客汽车载人超过核定人数百分之百以上的；

……

第九条　机动车驾驶人有下列交通违法行为之一，一次记9分：

（一）驾驶7座以上载客汽车载人超过核定人数百分之五十以上未达到百分之百的；

……

第十条　机动车驾驶人有下列交通违法行为之一，一次记6分：

（一）驾驶校车、公路客运汽车、旅游客运汽车载人超过核定人数未达到百分之二十，或者驾驶7座以上载客汽车载人超过核定人数百分之二十以上未达到百分之五十，或者驾驶其他载客汽车载人超过核定人数百分之五十以上未达到百分之百的；

……

第十一条　机动车驾驶人有下列交通违法行为之一，一次记3分：

（一）驾驶校车、公路客运汽车、旅游客运汽车、7座以上载客汽车以外的其他载客汽车载人超过核定人数百分之二十以上未达到百分之五十的；

……

法律依据

《中华人民共和国道路交通安全法》

第九十二条　公路客运车辆载客超过额定乘员的，处

第六章 道路交通事故处罚

二百元以上五百元以下罚款;超过额定乘员百分之二十或者违反规定载货的,处五百元以上二千元以下罚款。

货运机动车超过核定载质量的,处二百元以上五百元以下罚款;超过核定载质量百分之三十或者违反规定载客的,处五百元以上二千元以下罚款。

有前两款行为的,由公安机关交通管理部门扣留机动车至违法状态消除。

运输单位的车辆有本条第一款、第二款规定的情形,经处罚不改的,对直接负责的主管人员处二千元以上五千元以下罚款。

《中华人民共和国刑法》

第一百三十三条之一 在道路上驾驶机动车,有下列情形之一的,处拘役,并处罚金:

(一)追逐竞驶,情节恶劣的;

(二)醉酒驾驶机动车的;

(三)从事校车业务或者旅客运输,严重超过额定乘员载客,或者严重超过规定时速行驶的;

……

115. 驾驶货运车辆超载的,应如何处罚?

法律咨询

某日,货车司机李某从 A 地超载运输一批钢筋到 B 地。当货车经过一高架桥时,由于整车重量严重超过高架桥的承载力,导致高架桥坍塌并造成桥下驶过的小客车损坏。经检测,交警认定其构成超载。请问,驾驶货运车辆超载的,应当如何处罚?

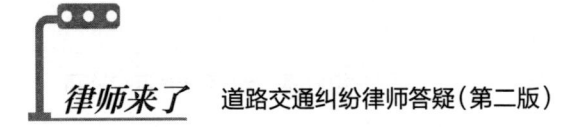

律师答疑

对机动车超载的,《道路交通安全法》第 92 条根据机动车的不同用途(公路客运车辆、货运机动车)分 4 款作了规定。其中,第 2 款对货运机动车超过核定载质量和超范围运载的违法行为作了处罚规定。

首先,该条规定了两类应予处罚的具体行为:(1)货运机动车超过核定载质量但未超过 30% 的。关于机动车载质量问题,《道路交通安全法》第 48 条明确规定,机动车载物应当符合核定的载质量,严禁超载。(2)货运机动车超过核定载质量 30% 或者违反规定载客的。货运机动车违反规定载客与公路客运车辆违反规定载货一样,都是法律、法规所禁止的。

《道路交通安全法》第 50 条规定,禁止货运机动车载客。"载客",不仅指货运机动车用于经营性活动时运载的,才是载客,而且指除货运机动车根据规定核定的附载作业人员之外的,都属于载客行为。

其次,对货运机动车超过核定载质量和超范围运载的两类违法行为,第 92 条第 2 款规定处 200 元以上 500 元以下罚款和 500 元以上 2000 元以下罚款,同时,由公安机关交通管理部门扣留机动车至违法状态消除。"扣留机动车至违法状态消除",是法律赋予公安机关对机动车超载和超范围运载这两类对道路交通安全有较大危害行为的一种特殊的行政强制措施,即为了使上述违法行为的违法性得到根本纠正,只有当其行为符合法律、法规所规定的标准后,才能允许其继续行驶。

拓展延伸

《道路交通安全违法行为记分管理办法》关于相应扣分的规定

第六章　道路交通事故处罚

如下：

第十条　机动车驾驶人有下列交通违法行为之一，一次记6分：

……

（四）驾驶载货汽车载物超过最大允许总质量百分之五十以上的；

……

第十一条　机动车驾驶人有下列交通违法行为之一，一次记3分：

……

（九）驾驶载货汽车载物超过最大允许总质量百分之三十以上未达到百分之五十的，或者违反规定载客的；

……

第十二条　机动车驾驶人有下列交通违法行为之一，一次记1分：

……

（六）驾驶载货汽车载物超过最大允许总质量未达到百分之三十的；

……

法律依据

《中华人民共和国道路交通安全法》

第九十二条　公路客运车辆载客超过额定乘员的，处二百元以上五百元以下罚款；超过额定乘员百分之二十或者违反规定载货的，处五百元以上二千元以下罚款。

货运机动车超过核定载质量的，处二百元以上五百元以下罚款；超过核定载质量百分之三十或者违反规定载客的，处五百元以上二千元以下罚款。

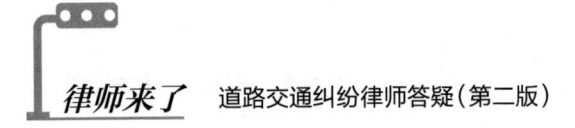

> 有前两款行为的,由公安机关交通管理部门扣留机动车至违法状态消除。
>
> 运输单位的车辆有本条第一款、第二款规定的情形,经处罚不改的,对直接负责的主管人员处二千元以上五千元以下罚款。

116. 对超载车辆运输单位的负责人,应如何处罚?

法律咨询

周某是甲化工厂的一名专职货车司机,专门负责运输生产所需的化工原料。不久前,他按照工厂的要求驾车运送一批原料时,被查出超载。请问,对超载车辆运输单位的负责人,应当如何处罚?

律师答疑

为了更有效地制止严重超载现象,更好地保护人民群众的生命和财产安全,杜绝此类现象的蔓延,《道路交通安全法》第92条第4款对超载车辆所属的运输单位的负责人规定了处罚。实践中造成超载的原因有很多,其中运输单位的负责人员盲目追求经济利益,强行或者变相要求车辆驾驶人员违反国家有关规定超载是一个重要的原因。因此,《道路交通安全法》第92条第4款规定,运输单位有第92条第1款、第2款规定的超载行为,经处罚后,其运输单位的车辆驾驶人员仍有上述违法行为的,应对运输单位直接负责的主管人员处2000元以上5000元以下罚款。

第六章 道路交通事故处罚

法律依据

《中华人民共和国道路交通安全法》

第九十二条 公路客运车辆载客超过额定乘员的,处二百元以上五百元以下罚款;超过额定乘员百分之二十或者违反规定载货的,处五百元以上二千元以下罚款。

货运机动车超过核定载质量的,处二百元以上五百元以下罚款;超过核定载质量百分之三十或者违反规定载客的,处五百元以上二千元以下罚款。

有前两款行为的,由公安机关交通管理部门扣留机动车至违法状态消除。

运输单位的车辆有本条第一款、第二款规定的情形,经处罚不改的,对直接负责的主管人员处二千元以上五千元以下罚款。

117. 机动车违反规定停放的,应如何处理?

法律咨询

不久前,冯某刚刚拿到驾照。为了提高开车技能,他决定驾车环游市区。其间,他想停车去超市买瓶矿泉水,便把车停放在某公交站牌前方。交警拦下他,称他的停车行为违反了相关法律的规定。请问,机动车违反规定停放的,应当如何处理?

律师答疑

首先,对违反道路交通安全法律、法规规定停放、临时停放机动车的违法行为,可以指出违法行为,予以口头警告,令其立即驶离。根据《道路交通安全法》第 93 条第 1 款的规定,一般情况下,公安机关交通管理部门指出行为人的违法行为,并予以口头警告,令其立即驶离即可。也就是说,对服从管理迅速驶离的行为人,不再予以罚款等处罚。这是处理违规停车行为总的处罚原则。

《道路交通安全法》第 56 条规定,机动车应当在规定的地点停放。在道路上临时停车的,不得妨碍其他车辆和行人的通行。这与第 93 条第 1 款设立的目的一样。第 93 条第 1 款设立的目的就是保障道路交通的畅通,提高道路通行效率。临时违规停车没有给道路交通的畅通带来严重的后果,而且违法行为人已认识到错误,并改正了自己的违法行为。因此,对这种行为规定的处罚仅限于口头警告,同时要求其立即驶离。对于机动车驾驶人而言,应当严格按照规定,立即纠正其违法行为,以维护交通秩序。

其次,《道路交通安全法》第 93 条第 2 款明确规定,机动车驾驶人不在现场或者虽在现场但拒绝立即驶离,妨碍其他车辆、行人通行的,处 20 元以上 200 元以下罚款,并可以将违章停放的机动车拖移至不妨碍交通的地点或者公安机关交通管理部门指定的地点停放。上述违法行为不仅妨碍了道路交通工作的管理,同时也影响了道路交通畅通与安全,因而对此规定了比第 1 款更重的处罚。该款规定的处罚,必须同时具备两个条件:(1)行为人的行为具有违法性,即其停放机动车违反了道路交通安全法律、法规关于机动车停放、临时停车的规定。(2)要有一定的后果,即其违法行为必须达到了妨碍其他车辆、行人通行的程度。违法行为人若没有同时具备该款规定的处罚条件,则公安机关交通管理部门对违法行为人就不能依据此规定予以罚款,也不能实施拖车行为。同

第六章 道路交通事故处罚

时,该条还明确规定公安机关交通管理部门在拖车时,不得向当事人收费,并负有告知当事人其被拖车辆停放地点的义务。

> **法律依据**
>
> 《中华人民共和国道路交通安全法》
>
> **第五十六条** 机动车应当在规定地点停放。禁止在人行道上停放机动车;但是,依照本法第三十三条规定施划的停车泊位除外。
>
> 在道路上临时停车的,不得妨碍其他车辆和行人通行。
>
> **第九十三条** 对违反道路交通安全法律、法规关于机动车停放、临时停车规定的,可以指出违法行为,并予以口头警告,令其立即驶离。
>
> 机动车驾驶人不在现场或者虽在现场但拒绝立即驶离,妨碍其他车辆、行人通行的,处二十元以上二百元以下罚款,并可以将该机动车拖移至不妨碍交通的地点或者公安机关交通管理部门指定的地点停放。公安机关交通管理部门拖车不得向当事人收取费用,并应当及时告知当事人停放地点。
>
> ……

118. 因采取不正确的方法拖车造成机动车损坏的,应如何处理?

法律咨询

不久前,陈某的轿车在行驶过程中突然抛锚,他只好把车停放

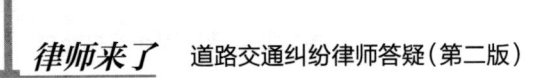

在马路上。当他打电话寻求朋友的帮助时,交警就把他的轿车拖走了。后来,他发现自己的轿车因此受到了损坏。请问,因采取不正确的方法拖车造成机动车损坏的,应当如何处理?

律师答疑

对因采取不正确的方法拖车造成机动车损坏的,公安机关交通管理部门应按规定给予补偿。

《道路交通安全法》第93条第3款主要是针对实践中个别执法者野蛮执法,造成当事人的机动车损坏的情况。采取不正确的方法是指执法者在依法实施拖车行为时,采取了不合理的方式,造成了当事人车辆不应有的损坏的情况。机动车的损坏必须与不正确的拖车行为具有直接的因果关系。对于上述损坏结果,公安机关交通管理部门依法对于机动车的损坏承担的是补偿责任。

拓展延伸

补偿责任区别于赔偿责任。补偿责任是无过错形态下依公平原则进行的金钱给付,赔偿责任涉及侵权、违约过错,赔偿方式以金钱赔偿为主,以恢复原状、返还财产以及精神损害赔偿为辅。

法律依据

《中华人民共和国道路交通安全法》

第九十三条第三款 因采取不正确的方法拖车造成机动车损坏的,应当依法承担补偿责任。

119. 上道路行驶的机动车未按规定携带驾驶证的，应如何处理？

法律咨询

某日，卫某的女儿前往考场参加某资格考试，但忘了带身份证。卫某便急忙开车赶赴考场为女儿送身份证件。途中，交警拦下卫某，发现卫某未随身携带机动车驾驶证。请问，上道路行驶的机动车未按规定携带驾驶证的，应如何处理？

律师答疑

上道路行驶的机动车未按规定携带有关牌证的，给予警告或者20元以上200元以下罚款。公安机关交通管理部门应当扣留机动车，通知当事人提供相应的牌证、标志或者补办相应手续，并可以依照《道路交通安全法》第90条的规定予以处罚。当事人提供相应的牌证、标志或者补办相应手续的，应当及时退还机动车。

首先，《道路交通安全法》第11条第1款明确规定，驾驶机动车上道路行驶，应当悬挂机动车号牌，放置检验合格标志、保险标志，并随车携带机动车行驶证。第19条第4款规定，驾驶机动车时，驾驶人应当随身携带机动车驾驶证。

其次，为了保证这些管理措施的有效执行，消除可能存在的安全隐患，《道路交通安全法》第95条第1款对机动车驾驶人违反这些规定的行为作了规定：(1) 上道路行驶的机动车未悬挂机动车号牌，未放置检验合格标志、保险标志的行为；(2) 上道路行驶的机动车未随车携带行驶证、驾驶证的行为。

再次，《道路交通安全法》对上述行为规定了三种处罚、处置手段：一是扣留机动车，并通知当事人提供相应的牌证、标志或者补办相应的手续；二是可以依照第 90 条的规定，给予警告或者 20 元以上 200 元以下罚款；三是扣车至证件补齐。上道路行驶的机动车未悬挂机动车号牌，未放置检验合格标志、保险标志，或者未随车携带行驶证、驾驶证的行为，会使道路交通安全管理部门无法准确掌握车辆和机动车驾驶人的真实情况。为杜绝可能存在的安全隐患，《道路交通安全法》赋予了公安机关交通管理部门扣留机动车的权利，其目的就是要保障道路交通的安全。

最后，为防止执法人员滥用扣车的权力，《道路交通安全法》第 95 条第 1 款规定，公安机关交通管理部门在扣留机动车时，必须要通知当事人提供相应的牌证、标志或者补办相应的手续。在当事人提供相应的牌证、标志或者补办相应手续后，车辆和驾驶人的真实情况已十分清楚，扣留机动车的缘由已消失，因而在这种情况下，公安机关交通管理部门应当及时退还机动车。

法律依据

《中华人民共和国道路交通安全法》

第十一条 驾驶机动车上道路行驶，应当悬挂机动车号牌，放置检验合格标志、保险标志，并随车携带机动车行驶证。

机动车号牌应当按照规定悬挂并保持清晰、完整，不得故意遮挡、污损。

任何单位和个人不得收缴、扣留机动车号牌。

第十九条第四款 驾驶人应当按照驾驶证载明的准驾车型驾驶机动车；驾驶机动车时，应当随身携带机动车驾驶证。

第九十条 机动车驾驶人违反道路交通安全法律、法规

第六章 道路交通事故处罚

关于道路通行规定的，处警告或者二十元以上二百元以下罚款。本法另有规定的，依照规定处罚。

第九十五条 上道路行驶的机动车未悬挂机动车号牌，未放置检验合格标志、保险标志，或者未随车携带行驶证、驾驶证的，公安机关交通管理部门应当扣留机动车，通知当事人提供相应的牌证、标志或者补办相应手续，并可以依照本法第九十条的规定予以处罚。当事人提供相应的牌证、标志或者补办相应手续的，应当及时退还机动车。

故意遮挡、污损或者不按规定安装机动车号牌的，依照本法第九十条的规定予以处罚。

120. 对于故意遮挡、污损或者不按规定安装机动车号牌的行为，应如何处罚？

法律咨询

蒋某驾驶家用小轿车去上班。因当日该小轿车的车牌号限行，故蒋某故意将一张光盘放于车牌上，对车牌尾号进行遮挡。同时，蒋某驾驶该车驶入早高峰禁行路段，被执勤交警现场查获。请问，针对故意遮挡、污损或者不按规定安装机动车号牌的行为，应当如何处罚？

律师答疑

首先，在实践中故意遮挡、污损或者不按规定安装机动车号牌的行为在一些地区有一定的普遍性。比如，在有些地区用于结

253

婚的车队中，机动车号牌往往被人用一些祝福的词语故意挡住等。这些行为严重地破坏了机动车的管理秩序，对这些行为应依照《道路交通安全法》第90条的规定予以处罚，即处警告或者20元以上200元以下罚款。应当注意的是，这里处罚的只能是故意行为，由于过失造成遮挡、污损机动车号牌的行为，不能适用这一规定。判断此处的故意和过失，应综合所有因素进行。例如，冰雪天气、泥泞路况等客观环境造成的机动车号牌污损可视为过失或意外。但前述的影响结束后，机动车驾驶人应及时检查，清晰显示车号牌。

其次，《道路交通安全违法行为记分管理办法》第9条第4项、第11条第10项分别规定了对驾驶未悬挂机动车号牌或者故意遮挡、污损机动车号牌的机动车上道路行驶，以及驾驶不按规定安装机动车号牌的机动车上道路行驶的记分处罚，即对未悬挂机动车号牌或故意遮挡、污损机动车号牌上道路行驶的，一次记9分，对驾驶不按规定安装机动车号牌的机动车上道路行驶的，一次记3分。此处需要注意两个法条中"未悬挂机动车号牌"与"不按规定安装机动车号牌"的处罚区别。

法律依据

《中华人民共和国道路交通安全法》

第九十条 机动车驾驶人违反道路交通安全法律、法规关于道路通行规定的，处警告或者二十元以上二百元以下罚款。本法另有规定的，依照规定处罚。

第九十五条第二款 故意遮挡、污损或者不按规定安装机动车号牌的，依照本法第九十条的规定予以处罚。

《道路交通安全违法行为记分管理办法》

第九条 机动车驾驶人有下列交通违法行为之一,一次记9分:

……

(四)驾驶未悬挂机动车号牌或者故意遮挡、污损机动车号牌的机动车上道路行驶的;

……

第十一条 机动车驾驶人有下列交通违法行为之一,一次记3分:

……

(十)驾驶不按规定安装机动车号牌的机动车上道路行驶的;

……

121. 伪造、变造或者使用伪造、变造的机动车登记证书、号牌、行驶证、驾驶证的,应如何处罚?

法律咨询

沈某为自己的轿车不受限行限号的管控,在某网站购买了一个车牌贴,将原有的"6"改为"9"。后沈某多次驾车闯红灯,驶入禁行路段,被举报。警方经过对重点路段的蹲守,将沈某驾驶的伪造号牌的车辆查获。请问,伪造、变造或者使用伪造、变造的机动车登记证书、号牌、行驶证、驾驶证的,应当如何处罚?

律师来了 道路交通纠纷律师答疑(第二版)

律师答疑

首先,我国对机动车实行登记制度。机动车登记后上道路行驶,应当悬挂机动车号牌,放置检验合格标志、保险标志,并随车携带机动车行驶证。机动车登记证书、号牌、行驶证、机动车驾驶证等。

其次,伪造、变造或者使用伪造、变造的机动车登记证书、号牌、行驶证、驾驶证等弄虚作假行为,严重威胁其他交通参与者的人身、财产安全。对此,《道路交通安全法》第96条第1款规定,伪造、变造或者使用伪造、变造的机动车登记证书、号牌、行驶证、驾驶证的,由公安机关交通管理部门予以收缴,扣留该机动车,处15日以下拘留,并处2000元以上5000元以下罚款;构成犯罪的,依法追究刑事责任。

再次,关于被扣留机动车的处理,《道路交通安全法实施条例》第107条规定,依照《道路交通安全法》第92条、第95条、第96条、第98条的规定被扣留的机动车,驾驶人或者所有人、管理人30日内没有提供被扣留机动车的合法证明,没有补办相应手续,或者不前来接受处理,经公安机关交通管理部门通知并且经公告3个月仍不前来接受处理的,由公安机关交通管理部门将该机动车送交有资格的拍卖机构拍卖,所得价款上缴国库;非法拼装的机动车予以拆除;达到报废标准的机动车予以报废;机动车涉及其他违法犯罪行为的,移交有关部门处理。

最后,根据《道路交通安全违法行为记分管理办法》第8条第3项的规定,使用伪造、变造的机动车号牌、行驶证、驾驶证、校车标牌或者使用其他机动车号牌、行驶证的,一次记12分。

第六章　道路交通事故处罚

法律依据

《中华人民共和国道路交通安全法》

第九十六条第一款　伪造、变造或者使用伪造、变造的机动车登记证书、号牌、行驶证、驾驶证的，由公安机关交通管理部门予以收缴，扣留该机动车，处十五日以下拘留，并处二千元以上五千元以下罚款；构成犯罪的，依法追究刑事责任。

《中华人民共和国道路交通安全法实施条例》

第一百零七条　依照道路交通安全法第九十二条、第九十五条、第九十六条、第九十八条的规定被扣留的机动车，驾驶人或者所有人、管理人30日内没有提供被扣留机动车的合法证明，没有补办相应手续，或者不前来接受处理，经公安机关交通管理部门通知并且经公告3个月仍不前来接受处理的，由公安机关交通管理部门将该机动车送交有资格的拍卖机构拍卖，所得价款上缴国库；非法拼装的机动车予以拆除；达到报废标准的机动车予以报废；机动车涉及其他违法犯罪行为的，移交有关部门处理。

《道路交通安全违法行为记分管理办法》

第八条　机动车驾驶人有下列交通违法行为之一，一次记12分：

……

（三）使用伪造、变造的机动车号牌、行驶证、驾驶证、校车标牌或者使用其他机动车号牌、行驶证的；

……

122. 伪造、变造或者使用伪造、变造的检验合格标志、保险标志的，应如何处罚？

法律咨询

韩某 2020 年成功申领了车辆检验合格标志。2021 年，为了避免麻烦，他打算伪造一个检验合格标志。请问，伪造、变造或者使用伪造、变造的检验合格标志、保险标志的，应如何处罚？

律师答疑

伪造、变造或者使用伪造、变造的检验合格标志、保险标志的，由公安机关交通管理部门予以收缴，扣留该机动车，处 10 日以下拘留，并处 1000 元以上 3000 元以下罚款；构成犯罪的，依法追究刑事责任。驾驶未按规定定期进行安全技术检验的公路客运汽车、旅游客运汽车、危险物品运输车辆上道路行驶的，一次记 3 分。驾驶未按规定定期进行安全技术检验的公路客运汽车、旅游客运汽车、危险物品运输车辆以外的机动车上道路行驶的，一次记 1 分。

根据《道路交通安全法》的规定，机动车登记后上道路行驶，应当悬挂机动车号牌，放置检验合格标志、保险标志。机动车检验合格标志、保险标志是登记制度和机动车管理中重要的内容，是保障道路交通安全，预防、减少交通事故发生的重要环节。《道路交通安全法》第 16 条第 3 项中规定，任何单位或者个人不得伪造、变造或者使用伪造、变造的机动车登记证书、号牌、行驶证、检验合格标志、保险标志。对此，《道路交通安全法》第 96 条第 2 款进行了规定。

第六章　道路交通事故处罚

关于被扣留机动车的处理,依照《道路交通安全法实施条例》第 107 条的规定处理。

法律依据

《中华人民共和国道路交通安全法》

第十六条　任何单位或者个人不得有下列行为:

(一)拼装机动车或者擅自改变机动车已登记的结构、构造或者特征;

(二)改变机动车型号、发动机号、车架号或者车辆识别代号;

(三)伪造、变造或者使用伪造、变造的机动车登记证书、号牌、行驶证、检验合格标志、保险标志;

(四)使用其他机动车的登记证书、号牌、行驶证、检验合格标志、保险标志。

第九十六条第二款　伪造、变造或者使用伪造、变造的检验合格标志、保险标志的,由公安机关交通管理部门予以收缴,扣留该机动车,处十日以下拘留,并处一千元以上三千元以下罚款;构成犯罪的,依法追究刑事责任。

《道路交通安全违法行为记分管理办法》

第十一条　机动车驾驶人有下列交通违法行为之一,一次记 3 分:

……

(十二)驾驶未按规定定期进行安全技术检验的公路客运汽车、旅游客运汽车、危险物品运输车辆上道路行驶的;

……

> **第十二条** 机动车驾驶人有下列交通违法行为之一,一次记1分:
>
> ……
>
> (七)驾驶未按规定定期进行安全技术检验的公路客运汽车、旅游客运汽车、危险物品运输车辆以外的机动车上道路行驶的;
>
> ……

123. 使用其他车辆的行驶证的,应如何处罚?

法律咨询

杨某改装自己的轿车,套用其朋友王某的行驶证。请问,杨某使用其他车辆的行驶证,应如何处罚?

律师答疑

杨某使用其他车辆的行驶证,应由公安机关交通管理部门予以收缴,扣留该机动车,处2000元以上5000元以下罚款,记12分。

首先,《道路交通安全法》第16条第4项规定,任何单位或者个人不得使用其他机动车的登记证书、号牌、行驶证、检验合格标志、保险标志。通过购买、租借等方式使用其他机动车的登记证书、号牌、行驶证、检验合格标志或者保险标志的行为,不仅干扰了国家对机动车的登记管理制度,而且还会损害国家对机动车的安全技术检验和第三者责任强制保险制度。对此,《道路交通安全

第六章 道路交通事故处罚

法》第 96 条第 3 款规定,使用其他车辆的机动车登记证书、号牌、行驶证、检验合格标志、保险标志的,由公安机关交通管理部门予以收缴,扣留该机动车,处 2000 元以上 5000 元以下罚款。

其次,关于被扣留机动车的处理,依照国务院《道路交通安全法实施条例》第 107 条规定。

最后,根据《道路交通安全违法行为记分管理办法》第 8 条第 3 项的规定,使用其他的机动车号牌、行驶证的,一次记 12 分。

法律依据

《中华人民共和国道路交通安全法》

第十六条 任何单位或者个人不得有下列行为:

(一)拼装机动车或者擅自改变机动车已登记的结构、构造或者特征;

(二)改变机动车型号、发动机号、车架号或者车辆识别代号;

(三)伪造、变造或者使用伪造、变造的机动车登记证书、号牌、行驶证、检验合格标志、保险标志;

(四)使用其他机动车的登记证书、号牌、行驶证、检验合格标志、保险标志。

第九十六条第三款 使用其他车辆的机动车登记证书、号牌、行驶证、检验合格标志、保险标志的,由公安机关交通管理部门予以收缴,扣留该机动车,处二千元以上五千元以下罚款。

《道路交通安全违法行为记分管理办法》

第八条 机动车驾驶人有下列交通违法行为之一,一次记 12 分:

> （三）使用伪造、变造的机动车号牌、行驶证、驾驶证、校车标牌或者使用其他机动车号牌、行驶证的；

124. 被依法扣留的机动车，何时可以退还当事人？

法律咨询

朱某买了一辆轿车，由于他暂未取得号牌，便决定借用父亲轿车的号牌。不料，轿车在行驶过程中被交警扣留。请问，对于被依法扣留的机动车，应当何时退还当事人？

律师答疑

对于被依法扣留的机动车，待当事人提供相应的合法证明或者补办相应手续的，应当及时退还机动车。补交证明的期限为30日。超过30日没有补办或者不前来接受处理，经公告3个月仍不前来接受处理的，由公安机关交通管理部门将该机动车送交有资格的拍卖机构拍卖，所得价款上缴国库；非法拼装的机动车予以拆除；达到报废标准的机动车予以报废；机动车涉及其他违法犯罪行为的，移交有关部门处理。

扣留机动车是一种临时处置措施，目的是制止违法，查明机动车真实情况，防止发生交通事故。对于公路客运车辆载客超过额定乘员的，货运机动车超过核定载质量的；未悬挂机动车号牌，未放置检验合格标志、保险标志，或者未随车携带行驶证、驾驶证的；伪造、变造或者使用伪造、变造的机动车登记证书、号牌、行驶证、驾驶证的，伪造、变造或者使用伪造、变造的检验合格标志、保险标志的；未按照国家规定投保机动车第三者责任强制保险的，公安机关交通管理部门均有权扣留该机动车。依据《道路交通安全法》第 96 条第 4 款规定，当事人提供相应的合法证明或者补办相应手续的，应当及时退还机动车。

具体而言，机动车被依法扣留之后，当事人若能提供其机动车所应具备的相应的合法证明，或者按照国家的有关规定对其机动车补办了相应的手续，公安机关交通管理部门就应当将扣留的机动车及时退还给当事人。需要注意的是，根据法律规定，公安机关交通管理部门将扣留的机动车退还给当事人时，规定的不仅是"应当"，而且还要"及时"。

法律依据

《中华人民共和国道路交通安全法实施条例》

第一百零七条 依照道路交通安全法第九十二条、第九十五条、第九十六条、第九十八条的规定被扣留的机动车，驾驶人或者所有人、管理人 30 日内没有提供被扣留机动车的合法证明，没有补办相应手续，或者不前来接受处理，经公安机关交通管理部门通知并且经公告 3 个月仍不前来接受处理的，由公安机关交通管理部门将该机动车送交有资格的拍卖机构拍卖，所得价款上缴国库；非法拼装的机动车予以拆除；达到报废标准的机动车予以报废；机动车涉及其他违法犯罪行为的，移交有关部门处理。

《中华人民共和国道路交通安全法》

第九十二条 公路客运车辆载客超过额定乘员的,处二百元以上五百元以下罚款;超过额定乘员百分之二十或者违反规定载货的,处五百元以上二千元以下罚款。

货运机动车超过核定载质量的,处二百元以上五百元以下罚款;超过核定载质量百分之三十或者违反规定载客的,处五百元以上二千元以下罚款。

有前两款行为的,由公安机关交通管理部门扣留机动车至违法状态消除。

运输单位的车辆有本条第一款、第二款规定的情形,经处罚不改的,对直接负责的主管人员处二千元以上五千元以下罚款。

第九十五条 上道路行驶的机动车未悬挂机动车号牌,未放置检验合格标志、保险标志,或者未随车携带行驶证、驾驶证的,公安机关交通管理部门应当扣留机动车,通知当事人提供相应的牌证、标志或者补办相应手续,并可以依照本法第九十条的规定予以处罚。当事人提供相应的牌证、标志或者补办相应手续的,应当及时退还机动车。

故意遮挡、污损或者不按规定安装机动车号牌的,依照本法第九十条的规定予以处罚。

第九十六条 伪造、变造或者使用伪造、变造的机动车登记证书、号牌、行驶证、驾驶证的,由公安机关交通管理部门予以收缴,扣留该机动车,处十五日以下拘留,并处二千元以上五千元以下罚款;构成犯罪的,依法追究刑事责任。

伪造、变造或者使用伪造、变造的检验合格标志、保险标志的,由公安机关交通管理部门予以收缴,扣留该机动车,处十日以下拘留,并处一千元以上三千元以下罚款;构成犯罪的,依法追究刑事责任。

使用其他车辆的机动车登记证书、号牌、行驶证、检验合格标志、保险标志的,由公安机关交通管理部门予以收缴,扣留该机动车,处二千元以上五千元以下罚款。

当事人提供相应的合法证明或者补办相应手续的,应当及时退还机动车。

第九十八条 机动车所有人、管理人未按照国家规定投保机动车第三者责任强制保险的,由公安机关交通管理部门扣留车辆至依照规定投保后,并处依照规定投保最低责任限额应缴纳的保险费的二倍罚款。

依照前款缴纳的罚款全部纳入道路交通事故社会救助基金。具体办法由国务院规定。

125. 非法安装警报器、标志灯具的,应如何处罚?

法律咨询

秦某发现警车在紧急情况下无须遵守交通规则,可以随意闯红灯。为了效仿"110"警车,他在网上购买了警用灯具及装饰贴,随后将车改装成警车。请问,秦某非法安装警报器、标志灯具的,应当承担何种法律后果?

律师来了 道路交通纠纷律师答疑(第二版)

律师答疑

公安机关交通管理部门应当对秦某非法安装的警报器、标志灯具强制拆除并收缴,同时对其处以200元以上2000元以下的罚款。

警报器、标志灯具是一种特殊的警示标志,是为从事维护国家利益、维护公共利益工作的人员的需要,对其在执行紧急任务时,提供的一种具有一定通行特权的外在显示标志。依法安装警报器、标志灯具的机动车辆在执行紧急任务时,在确保安全的前提下,不受行驶路线、行驶方向、行驶速度和信号灯的限制,且其他车辆和行人应当让行,具有道路通行优先权。《道路交通安全法》有关条文对安装警报器、标志灯具的条件,作了严格的限制,如第15条规定,警车、消防车、救护车、工程救险车应当按照规定喷涂标志图案,安装警报器、标志灯具。其他机动车不得喷涂、安装、使用上述车辆专用的或者与其相类似的标志图案、警报器或者标志灯具。警车、消防车、救护车、工程救险车应当严格按照规定的用途和条件使用。公路监督检查的专用车辆,应当依照《公路法》的规定,设置统一的标志和示警灯。凡是不属于警车、消防车、救护车、工程救险车范围的,不得安装警报器和标志灯具。因此,《道路交通安全法》第97条对非法安装警报器、标志灯具行为应承担的法律后果作了规定。

具体而言,只要是违反法律、法规安装警报器、标志灯具的,就应当予以处罚。法律对此规定了如下处罚措施:强制拆除并收缴非法安装的警报器、标志灯具;并处200元以上2000元以下罚款。

第六章 道路交通事故处罚

法律依据

《中华人民共和国道路交通安全法》

第十五条 警车、消防车、救护车、工程救险车应当按照规定喷涂标志图案,安装警报器、标志灯具。其他机动车不得喷涂、安装、使用上述车辆专用的或者与其相类似的标志图案、警报器或者标志灯具。

警车、消防车、救护车、工程救险车应当严格按照规定的用途和条件使用。

公路监督检查的专用车辆,应当依照公路法的规定,设置统一的标志和示警灯。

第九十七条 非法安装警报器、标志灯具的,由公安机关交通管理部门强制拆除,予以收缴,并处二百元以上二千元以下罚款。

126. 对未取得机动车驾驶证、机动车驾驶证被吊销或者机动车驾驶证被暂扣期间驾驶机动车的,应如何处罚?

法律咨询

何某嫌在某驾校报名参加驾驶证考试麻烦,就通过朋友办了一张驾驶证,后被警察现场查获。请问,对于未取得机动车驾驶证、机动车驾驶证被吊销或者机动车驾驶证被暂扣期间驾驶机动车的,应当如何处罚?

267

律师来了 道路交通纠纷律师答疑(第二版)

律师答疑

对未取得机动车驾驶证、机动车驾驶证被吊销或者机动车驾驶证被暂扣期间驾驶机动车的,公安机关交通管理部门应处200元以上2000元以下罚款,同时可以并处15日以下拘留。

《道路交通安全法》第19条规定,驾驶机动车,应当依法取得机动车驾驶证。未取得机动车驾驶证、机动车驾驶证被吊销或者机动车驾驶证被暂扣期间驾驶机动车,都属于通常所说的"无证驾驶"行为,应当承担相应的法律责任。

首先,未取得机动车驾驶证是指无证驾驶的违法行为人由于本人没有申请、不符合驾驶许可条件、考试不合格等原因,没有取得公安机关交通管理部门发放的机动车驾驶证。实践中,以下两种情形也属于未取得机动车驾驶证:(1)准驾车型不符;(2)境外机动车驾驶证未换发我国的机动车驾驶证。根据《道路交通安全法》第19条第3款的规定,境外的机动车驾驶证不能直接在我国使用,持有境外机动车驾驶证的人,要经公安机关交通管理部门考核合格并发给我国的机动车驾驶证后,才能在我国驾驶机动车。

其次,机动车驾驶证被吊销是指受到公安机关交通管理部门"吊销机动车驾驶证"处罚的情形。机动车驾驶证被吊销后,该证件即告无效,要按照机动车驾驶证管理规定,经过一定期限后,重新申请领取机动车驾驶证。因此,机动车驾驶证被吊销,没有重新取得机动车驾驶证的,原机动车驾驶证持有人实际上与"未取得机动车驾驶证"没有什么不同。

再次,机动车驾驶证被暂扣是指机动车驾驶证受到公安机关交通管理部门"暂扣机动车驾驶证"处罚的情形。暂扣的期间主要有3个月、6个月等,在此期间,该机动车驾驶证持有人不得驾

第六章 道路交通事故处罚

驶机动车。

最后,根据《道路交通安全法》第 99 条的规定,对未取得机动车驾驶证、机动车驾驶证被吊销或者机动车驾驶证被暂扣期间驾驶机动车的,公安机关交通管理部门应处 200 元以上 2000 元以下罚款,同时可以并处 15 日以下拘留。所谓"可以",是指不一定必须并处拘留,处罚机关应当根据违法行为的情节轻重,决定是否并处拘留,以及在 15 日以下的幅度内决定拘留的具体期限。

拓展延伸

应当注意,以下两种情形不适用本条规定:(1)使用伪造、变造的机动车驾驶证的。此种情形虽然实质上属于"未取得机动车驾驶证",但由于《道路交通安全法》第 96 条对该违法行为及其处罚另有专门规定,因此应当适用该条规定处理。(2)机动车驾驶人有机动车驾驶证而未随车携带的。该行为虽然也属于道路交通安全违法行为,但并不构成本条规定的无证驾驶违法行为,不适用本条规定,而应当适用《道路交通安全法》第 95 条的规定。

此外,《道路交通安全违法行为记分管理办法》第 9 条第 5 项规定,驾驶与准驾车型不符的机动车的,一次记 9 分。

法律依据

《中华人民共和国道路交通安全法》

第十九条第一款 驾驶机动车,应当依法取得机动车驾驶证。

第九十五条 上道路行驶的机动车未悬挂机动车号牌,未放置检验合格标志、保险标志,或者未随车携带行驶证、驾驶证的,公安机关交通管理部门应当扣留机动车,通知当事人提供相应的牌证、标志或者补办相应手续,并可以依照本法第九十条的规定予以处罚。……

第九十九条 有下列行为之一的,由公安机关交通管理部门处二百元以上二千元以下罚款:

(一)未取得机动车驾驶证、机动车驾驶证被吊销或者机动车驾驶证被暂扣期间驾驶机动车的;

(二)将机动车交由未取得机动车驾驶证或者机动车驾驶证被吊销、暂扣的人驾驶的;

……

行为人有前款第二项、第四项情形之一的,可以并处吊销机动车驾驶证;有第一项、第三项、第五项至第八项情形之一的,可以并处十五日以下拘留。

127. 将机动车交由未取得机动车驾驶证或者机动车驾驶证被吊销、暂扣的人员驾驶的,应如何处罚?

法律咨询

张某经营一家运输公司,从事货物运输生意。吕某与张某是同乡,因公司缺少司机,张某明知吕某驾驶证被吊销,仍让吕某驾驶货车从事运输。请问,将机动车交给未取得机动车驾驶证或者机动车驾驶证被吊销、暂扣的人员驾驶的,应当承担何种法律后果?

第六章 道路交通事故处罚

律师答疑

《道路交通安全法》第99条规定，将机动车交由未取得机动车驾驶证或者机动车驾驶证被吊销、暂扣的人驾驶的，由公安机关交通管理部门处200元以上2000元以下罚款，同时可以并处吊销机动车驾驶证。

首先，该条中的"交由"包括以出借、出租等多种方式将机动车交给未取得机动车驾驶证或者机动车驾驶证被吊销、暂扣的人驾驶的情形。该行为的主观形态可以是故意，也可以是过失，因为法律要求行为人在将机动车交由他人驾驶时负有核实义务。如果未经查明而将机动车交给未取得机动车驾驶证或者机动车驾驶证被吊销、暂扣的人驾驶，即可构成上述道路交通安全违法行为。

当然，如果机动车驾驶人使用伪造、变造的机动车驾驶证进行欺骗，使行为人产生错误认识，从而将机动车交由未取得机动车驾驶证或者机动车驾驶证被吊销、暂扣的人驾驶，则行为人的行为不构成违法行为。

其次，该条中的"驾驶"是指驾驶机动车上道路行驶。虽然将机动车交由未取得机动车驾驶证或者机动车驾驶证被吊销、暂扣的人，但此人并没有驾驶该机动车上道路行驶，那么机动车所有人、管理人的行为不构成上述违法行为。

最后，将机动车交由未取得机动车驾驶证或者机动车驾驶证被吊销、暂扣的人驾驶的，由公安机关交通管理部门处罚款的同时，可以并处吊销机动车驾驶证。所谓"可以"，是指不一定必须并处吊销机动车驾驶证，处罚机关应当根据违法行为的情节轻重，决定是否并处。

法律依据

> **《中华人民共和国道路交通安全法》**
>
> 第九十九条 有下列行为之一的,由公安机关交通管理部门处二百元以上二千元以下罚款:
>
> (一)未取得机动车驾驶证、机动车驾驶证被吊销或者机动车驾驶证被暂扣期间驾驶机动车的;
>
> (二)将机动车交由未取得机动车驾驶证或者机动车驾驶证被吊销、暂扣的人驾驶的;
>
> ……
>
> 行为人有前款第二项、第四项情形之一的,可以并处吊销机动车驾驶证;有第一项、第三项、第五至第八项情形之一的,可以并处十五日以下拘留。

128. 造成交通事故后逃逸,尚不构成犯罪的,如何处罚?

法律咨询

某日蒋某骑车前往学校接儿子放学,途中被刘某驾驶的小型客车撞倒。因事发路段较为偏僻,为了逃避责任,刘某仓皇逃跑。那么,造成交通事故后逃逸,尚不构成犯罪的,应如何处罚?

律师答疑

根据《道路交通安全法》第 99 条的规定,对造成交通事故后逃逸，尚不构成犯罪的违法行为，处以 200 元以上 2000 元以下罚款，同时可以并处 15 日以下拘留。

根据《道路交通安全法》第 119 条第 5 项的规定，交通事故是指车辆在道路上因过错或者意外造成的人身伤亡或者财产损失的事件。

逃逸是指行为人在造成交通事故后逃离事故现场、逃避法律追究的行为。行为人之所以逃逸，主要是行为人通常有主观过错，对造成的交通事故负有一定责任。不过，无论行为人出于何种原因在交通事故后逃逸，只要有逃逸行为，即可构成严重的道路交通安全违法行为。

所谓"尚不构成犯罪"是指不构成我国《刑法》分则规定的犯罪，这里主要是指不构成《刑法》第 133 条规定的交通肇事罪。根据《刑法》关于交通肇事罪的规定，不构成犯罪的情形主要是：（1）虽造成交通事故，但属于意外事件，行为人并没有违反交通运输管理法规或者没有主观过错的；（2）行为人虽违反交通运输管理法规或者有主观过错，但造成的交通事故不属于重大事故，未致人重伤、死亡或者公私财产没有遭受重大损失的。如果行为人造成交通事故后逃逸的行为构成犯罪，应当依法追究刑事责任，不适用本条的规定。

> 拓展延伸

《道路交通安全违法行为记分管理办法》第 8 条第 2 项规定，造成致人轻伤以上或者死亡的交通事故后逃逸，尚不构成犯罪的，一次记 12 分。第 10 条第 10 项规定，造成致人轻微伤或者财产损失的交通事故后逃逸，尚不构成犯罪的，一次记 6 分。

法律依据

《中华人民共和国道路交通安全法》

第九十九条 有下列行为之一的,由公安机关交通管理部门处二百元以上二千元以下罚款:

……

(三)造成交通事故后逃逸,尚不构成犯罪的;

……

行为人有前款第二项、第四项情形之一的,可以并处吊销机动车驾驶证;有第一项、第三项、第五项至第八项情形之一的,可以并处十五日以下拘留。

第一百一十九条第五项 "交通事故",是指车辆在道路上因过错或者意外造成的人身伤亡或者财产损失的事件。

《中华人民共和国刑法》

第一百三十三条 违反交通运输管理法规,因而发生重大事故,致人重伤、死亡或者使公私财产遭受重大损失的,处三年以下有期徒刑或者拘役;交通运输肇事后逃逸或者有其他特别恶劣情节的,处三年以上七年以下有期徒刑;因逃逸致人死亡的,处七年以上有期徒刑。

《道路交通安全违法行为记分管理办法》

第八条 机动车驾驶人有下列交通违法行为之一,一次记12分:

……

(二)造成致人轻伤以上或者死亡的交通事故后逃逸,尚不构成犯罪的;

……

> **第十条** 机动车驾驶人有下列交通违法行为之一，一次记 6 分：
>
> ……
>
> （十）造成致人轻微伤或者财产损失的交通事故后逃逸，尚不构成犯罪的；
>
> ……

129. 对强迫机动车驾驶人违反道路交通安全法律、法规和机动车安全驾驶要求驾驶机动车，造成交通事故，尚不构成犯罪的，应如何处罚？

法律咨询

邱某和黄某是同事关系。几天前，邱某邀请黄某搭乘自己的轿车上下班。但是，在邱某开车的过程中，黄某曾多次强迫邱某闯红灯，最后导致邱某把路人甲撞成轻微伤。请问，对强迫机动车驾驶人违反道路交通安全法律、法规和机动车安全驾驶要求驾驶机动车，造成交通事故，尚不构成犯罪的，应如何处罚？

律师答疑

《道路交通安全法》第 99 条规定，强迫机动车驾驶人违反道路交通安全法律、法规和机动车安全驾驶要求驾驶机动车，造成交通事故，尚不构成犯罪的，由公安机关交通管理部门处 200 元以上 2000 元以下罚款，同时可以并处 15 日以下拘留。

该违法行为的主体包括机动车所有人、管理人、乘车人等，如机动车驾驶人的雇主、上级领导、乘客、托运人等。强迫是指行为人以暴力或者以暴力相威胁以及其他强迫手段,强制机动车驾驶人违反道路交通安全法律、法规和机动车安全驾驶要求驾驶机动车。机动车驾驶人违反道路交通安全法律、法规和机动车安全驾驶要求驾驶机动车的违法行为的表现形式多种多样,如超载行驶、超限行驶、超速行驶、酒后开车、不按规则避让等。造成交通事故是指车辆造成人身伤亡或者财产损失的事件。

应当注意,在该违法行为中,违法行为人的强迫行为、机动车驾驶人的违规驾驶行为、造成交通事故后果三者之间存在直接因果关系。因此,如果行为人实施了"强迫"行为,但机动车驾驶人并没有服从,没有违反道路交通安全法律、法规和机动车安全驾驶要求驾驶机动车,在这种情况下行为人的强迫行为并不构成本条规定的违法行为;或者尽管机动车驾驶人在行为人的强迫下违规驾驶机动车,但并未造成交通事故,也不构成本条规定的交通违法行为。

法律依据

> 《中华人民共和国道路交通安全法》
> 　　**第二十二条第三款**　任何人不得强迫、指使、纵容驾驶人违反道路交通安全法律、法规和机动车安全驾驶要求驾驶机动车。
> 　　**第九十九条**　有下列行为之一的,由公安机关交通管理部门处二百元以上二千元以下罚款:
> 　　……
> 　　(五)强迫机动车驾驶人违反道路交通安全法律、法规和

第六章　道路交通事故处罚

> 机动车安全驾驶要求驾驶机动车,造成交通事故,尚不构成犯罪的;
> ……
> 　　行为人有前款第二项、第四项情形之一的,可以并处吊销机动车驾驶证;有第一项、第三项、第五项至第八项情形之一的,可以并处十五日以下拘留。

130. 违反交通管制的规定强行通行的,应如何处罚?

法律咨询

　　某地欲举办马拉松比赛,故划定一部分交通管制路线。张某当日要到单位加班,突然发现上班途中的某路段正处于交通管制之下,如果绕行会多行驶十余分钟。为了尽早赶到单位,他决定强行通过。请问,对于违反交通管制的规定强行通行的,应如何处罚?

律师答疑

　　《道路交通安全法》第99条规定,违反交通管制的规定强行通行,不听劝阻的,由公安机关交通管理部门处200元以上2000元以下罚款,同时可以并处15日以下拘留。
　　根据上述规定,违反交通管制的规定强行通行,不听劝阻的行为,属于严重的道路交通安全违法行为。"交通管制"是有特定含义的交通管理措施,是指出于抢险救灾、维护社会秩序等紧急情

277

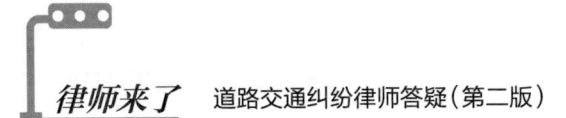

况或者特殊情况的需要，依照法律、法规、规章的规定而对道路交通实行的一种强制性管理措施。"违反交通管制的规定"是指违反法律、法规、规章等关于交通管制问题的规定，如违反《道路交通安全法》第40条、《人民警察法》第15条、《戒严法》第14条、《消防法》第45条第2款第3项等有关法律、法规、规章的规定。如果行为人只是违反一般性的限制通行、禁行等限制性交通措施的规定，不属于违反交通管制的规定。"强行通行"是指明知实行了道路交通管制，不准车辆通行，仍违反规定强行通行。"不听劝阻"是指不服从实行交通管制现场人员的劝告、阻拦。这里规定的"不听劝阻"是违法行为的构成要件，行为人虽然违反交通管制规定通行，但听从劝阻，服从管制现场通行指挥的，则不构成上述道路交通违法行为。

法律依据

《中华人民共和国道路交通安全法》

第四十条 遇有自然灾害、恶劣气象条件或者重大交通事故等严重影响交通安全的情形，采取其他措施难以保证交通安全时，公安机关交通管理部门可以实行交通管制。

第九十九条第一款 有下列行为之一的，由公安机关交通管理部门处二百元以上二千元以下罚款：

……

（六）违反交通管制的规定强行通行，不听劝阻的；

……

《中华人民共和国人民警察法》

第十五条 县级以上人民政府公安机关，为预防和制止严重危害社会治安秩序的行为,可以在一定的区域和时间,限制人员、车辆的通行或者停留,必要时可以实行交通管制。

公安机关的人民警察依照前款规定,可以采取相应的交通管制措施。

《中华人民共和国戒严法》

第十四条 戒严期间,戒严实施机关可以决定在戒严地区采取交通管制措施,限制人员进出交通管制区域,并对进出交通管制区域人员的证件、车辆、物品进行检查。

《中华人民共和国消防法》

第四十五条第二款 火灾现场总指挥根据扑灭火灾的需要,有权决定下列事项:

……

(三)划定警戒区,实行局部交通管制;

……

131. 故意损毁、移动、涂改交通设施,造成危害后果,尚不构成犯罪的,应如何处罚?

法律咨询

王某居住小区的北门对面就是菜市场。政府为了方便居民出行,建了一座人行天桥。但王某等人觉得爬人行天桥麻烦,便故意拆除了小区门口道路中间的隔离设施,王某横穿马路的行为还引起了多人效仿。请问,对故意损毁、移动、涂改交通设施,造成危害后果,尚不构成犯罪的,应如何处罚?

律师答疑

《道路交通安全法》第 99 条规定，故意损毁、移动、涂改交通设施，造成危害后果，尚不构成犯罪的，由公安机关交通管理部门处 200 元以上 2000 元以下罚款，同时可以并处 15 日以下拘留。

根据上述规定，故意损毁、移动、涂改交通设施，造成危害后果，尚不构成犯罪的行为，属于严重的道路交通安全违法行为。这里规定的"交通设施"是指道路主管部门为了道路交通的安全、畅通等而设置的各种设施的总称，主要包括路灯、警示灯、警示标志、交通信号灯、交通标志、交通标线、道路中间的隔离设施、道路两侧的防护设施等。车辆等交通工具不属于这里规定的交通设施。这里规定的"损毁"是指行为人实施的行为使交通设施的物质形态受到损坏或者毁灭，如损坏交通信号灯等；"移动"是指行为人实施的行为使交通设施的物理位置发生变动，如挪动安全防护栏等；"涂改"主要是指对交通标志、交通标线等有文字、符号、图线方面内容的交通设施进行涂画、改动，使原有文字、符号、图线等内容、外形或者颜色、功能发生变化。损毁、移动、涂改交通设施是违法行为的三种行为表现，即这三种以外的其他行为，比如盗窃、哄抢交通设施行为，不属于这里规定的违法行为。这里规定的"故意"是指行为人在实施损毁、移动、涂改交通设施的违法行为时，明知自己的行为会使交通设施受到损毁、移动、涂改，还希望或者放任这种结果发生。如果行为人因过失或紧急避险而造成交通设施的损毁、移动或涂改，不构成这里规定的道路交通违法行为。

所谓"造成危害后果"是指行为人损毁、移动、涂改交通设施的行为，造成道路交通事故、交通堵塞、误导机动车行错道路等实际危害后果。造成危害后果是构成要件，没有造成危害后果的，则不能构成这里规定的违法行为。"尚不构成犯罪"是指损毁、移

第六章　道路交通事故处罚

动、涂改交通设施的行为虽然造成危害后果，但我国《刑法》没有规定为犯罪，或者《刑法》对该行为虽规定为犯罪，但属于情节显著轻微、危害不大而不认为是犯罪的情形。从我国《刑法》分则的规定来看，对故意损毁、移动、涂改交通设施的行为，可能构成的犯罪主要是构成《刑法》第117条规定的破坏交通设施罪和第275条规定的故意毁坏财物罪。因此，"尚不构成犯罪"主要是指尚不构成破坏交通设施罪和故意毁坏财物罪。对于构成犯罪的，应当依法追究刑事责任。

法律依据

《中华人民共和国道路交通安全法》

第九十九条　有下列行为之一的，由公安机关交通管理部门处二百元以上二千元以下罚款：

……

（七）故意损毁、移动、涂改交通设施，造成危害后果，尚不构成犯罪的；

……

行为人有前款第二项、第四项情形之一的，可以并处吊销机动车驾驶证；有第一项、第三项、第五项至第八项情形之一的，可以并处十五日以下拘留。

《中华人民共和国刑法》

第一百一十七条　破坏轨道、桥梁、隧道、公路、机场、航道、灯塔、标志或者进行其他破坏活动，足以使火车、汽车、电车、船只、航空器发生倾覆、毁坏危险，尚未造成严重后果的，处三年以上十年以下有期徒刑。

132. 非法拦截、扣留机动车辆，不听劝阻，造成交通严重阻塞或者较大财产损失的，应如何处罚？

法律咨询

2021年5月3日18时左右，曹某因其居住的小区的物业公司始终不为其解决房屋漏水问题，为了报复，一气之下驾车拦截了小区唯一的出入口。因正值下班高峰，其行为造成了严重的交通阻塞。请问，对于非法拦截、扣留机动车辆，不听劝阻，造成交通严重阻塞或者较大财产损失的行为，应如何处罚？

律师答疑

《道路交通安全法》第99条规定，非法拦截、扣留机动车辆，不听劝阻，造成交通严重阻塞或者较大财产损失的，由公安机关交通管理部门处200元以上2000元以下罚款，同时可以并处15日以下拘留。

依照上述规定，非法拦截、扣留机动车辆，不听劝阻，造成交通严重阻塞或者较大财产损失的，属于道路交通安全严重违法行为。所谓"非法拦截、扣留机动车辆"是指行为人无法定职权而擅自拦截、扣留机动车辆。所谓不听劝阻主要是指不听公安机关交通管理部门等有关执法人员的劝阻。这里规定的不听劝阻是上述违法行为的构成要件，对于行为人虽然实施了非法拦截、扣留机动车辆的行为，但能够听从交通管理部门等有关执法人员劝阻，对自己的行为及时加以改正的，不构成这里规定的违法行为。所谓交通"严重阻塞"是指行为人在道路上非法拦截、扣留机动车辆，导致交通阻塞，使道路在较长时间内不能正常通行。所谓"较大财

第六章 道路交通事故处罚

产损失"主要是指行为人非法拦截、扣留机动车辆的行为使被非法拦截、扣留的车辆不能如期完成预定任务,产生货物腐烂、违约赔偿等较大财产损失的后果。"造成交通严重阻塞和较大财产损失的后果"也是构成这里规定的违法行为的必要条件,行为人虽然实施了非法拦截、扣留机动车的行为,但没有造成交通严重阻塞或者较大财产损失的后果的,不构成上述违法行为。

法律依据

《中华人民共和国道路交通安全法》

第九十九条 有下列行为之一的,由公安机关交通管理部门处二百元以上二千元以下罚款:

……

(八)非法拦截、扣留机动车辆,不听劝阻,造成交通严重阻塞或者较大财产损失的。

行为人有前款第二项、第四项情形之一的,可以并处吊销机动车驾驶证;有第一项、第三项、第五项至第八项情形之一的,可以并处十五日以下拘留。

133. 驾驶拼装的机动车或者已达到报废标准的机动车上道路行驶的,对该机动车应如何处理?

法律咨询

程某开办了一家汽车修理厂。因修车市场被4S店抢占,近期营业收入下降,无法正常维持经营。程某听说,回收报废车进行改

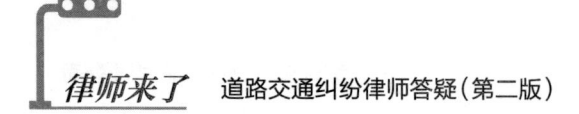

装后再行转让能挣钱,所以程某偷偷从事报废车改装生意后因被群众举报而被警察查处。请问,驾驶拼装的机动车或者已达到报废标准的机动车上道路行驶的,对该机动车应当如何处理?

律师答疑

驾驶拼装的机动车或者已达到报废标准的机动车上道路行驶的,公安机关交通管理部门应当予以收缴,强制报废。

机动车是一种速度比较快,具有一定危险性的运输工具。上道路行驶的机动车安全状况如何,不仅关系到该机动车驾驶者自身以及车上乘客的生命和财产安全,而且也关系到道路上通行的其他车辆和行人等的生命和财产安全。拼装的机动车既没有整车出厂合格证明或进口机动车的进口凭证,也通常达不到机动车国家安全技术标准。已达报废标准的机动车安全技术系数降低,驾驶拼装的机动车或者已达报废标准的机动车上道路行驶,存在严重的安全隐患,属于道路交通安全违法行为。

首先,拼装的机动车是指没有制造、组装机动车许可证的企业或个人,擅自非法拼凑、组装的机动车;已达报废标准的机动车是指按照国家强制报废标准应当报废的机动车。机动车在行驶过程中,安全技术状况会发生变化,达到一定年限或者行驶一定里程后,其安全技术系数会降低,不能保证正常安全行驶,这时就应当报废。因此,《道路交通安全法》第14条规定,国家实行机动车强制报废制度,根据机动车安全技术状况和不同用途,规定不同的报废标准;应当报废的机动车必须及时办理注销登记;达到报废标准的机动车不得上道路行驶。

第六章　道路交通事故处罚

其次,上道路行驶是指在《道路交通安全法》第 119 条第 1 项规定的道路上行驶。根据该条规定,道路是指公路、城市道路和虽在单位管辖范围但允许社会机动车通行的地方,包括广场、公共停车场等用于公众通行的场所。这里规定的"上道路行驶"是构成上述违法行为的要件。如果拼装的机动车或者已达到报废标准的机动车不上道路行驶,比如,行为人只是爱好收集旧汽车等,则不构成这里规定的违法行为。

最后,关于对驾驶拼装的机动车或者已达报废标准的机动车上道路行驶违法行为的处罚,《道路交通安全法》第 100 条第 1 款规定,公安机关交通管理部门应当予以收缴,强制报废。应当予以收缴是指公安机关交通管理部门对上道路行驶的拼装的机动车,一经发现,必须予以收缴。强制报废是指对拼装的机动车,注销机动车登记或者同时进行解体。

法律依据

《中华人民共和国道路交通安全法》

第十四条　国家实行机动车强制报废制度,根据机动车的安全技术状况和不同用途,规定不同的报废标准。

应当报废的机动车必须及时办理注销登记。

达到报废标准的机动车不得上道路行驶。报废的大型客、货车及其他营运车辆应当在公安机关交通管理部门的监督下解体。

第一百条第一款　驾驶拼装的机动车或者已达到报废标准的机动车上道路行驶的,公安机关交通管理部门应当予以收缴,强制报废。

> **第一百一十九条** 本法中下列用语的含义：
> （一）"道路"，是指公路、城市道路和虽在单位管辖范围但允许社会机动车通行的地方，包括广场、公共停车场等用于公众通行的场所。
> ……

134. 对驾驶拼装的机动车或者已达到报废标准的机动车上道路行驶的驾驶人，应如何处罚？

法律咨询

闫某是一名修车师傅，平时也喜欢拼装车辆。历经半年时间，他利用收购的旧车，成功拼装了一辆三轮挎斗摩托车。由于正值旅游旺季，闫某决定与其他朋友一起骑行前往内蒙古草原。不料，被交警查获。请问，驾驶拼装的机动车或者已达到报废标准的机动车上道路行驶的，对于驾驶人应当如何处罚？

律师答疑

《道路交通安全法》第100条第2款规定，对驾驶拼装的机动车或者已达到报废标准的机动车上道路行驶的驾驶人，处200元以上2000元以下罚款，并吊销机动车驾驶证。

《道路交通安全法》第100条第1款规定，驾驶拼装的机动车或者已达到报废标准的机动车上道路行驶的，公安机关交通管理部门应当予以收缴，强制报废。该款规定的是对"物"的处理。而第2款规定的是对"驾驶人"的处罚。对驾驶拼装的机动车或者

第六章 道路交通事故处罚

已达到报废标准的机动车上道路行驶的驾驶人处以罚款的同时，还要并处吊销其机动车驾驶证。如果本条违法行为人属于未取得机动车驾驶证、机动车驾驶证已经被吊销的特殊情况，则虽然在客观上只能对其单处罚款，但由于行为已经构成两个违法行为，因此在对本条违法行为处以罚款的同时，对其无证驾驶机动车的违法行为，应当依照《道路交通安全法》第99条的规定再行处罚。

- 法律依据

> 《中华人民共和国道路交通安全法》
> **第一百条第二款** 对驾驶前款所列机动车上道路行驶的驾驶人，处二百元以上二千元以下罚款，并吊销机动车驾驶证。

135. 对交通肇事构成犯罪的机动车驾驶人，是否应吊销其驾驶证？

- 法律咨询

一周以前，金某在驾车过程中不慎撞到一对年轻夫妇，二人当场死亡。后金某因构成交通肇事罪被人民检察院提起公诉。请问，是否应当对交通肇事构成犯罪的机动车驾驶人金某吊销驾驶证？

- 律师答疑

本案公安机关交通管理部门应该吊销金某的驾驶证。

《道路交通安全法》第 101 条第 1 款规定,违反道路交通安全法律、法规的规定,发生重大交通事故,构成犯罪的,依法追究刑事责任,并由公安机关交通管理部门吊销机动车驾驶证。

违反道路交通安全法律、法规的规定,发生重大交通事故,构成犯罪的,说明当事人已经不适合继续从事驾驶工作,由公安机关交通管理部门吊销机动车驾驶证,有利于减少道路交通安全隐患,保护人民群众的生命财产安全。违反道路交通安全法律、法规的规定是指违反国家法律、行政法规、地方性法规关于车辆、驾驶人、道路通行等有关交通安全问题的规定。违反道路交通安全法律、法规的规定是构成犯罪的要件,如果行为人遵守道路交通安全法律、法规的规定,即使发生重大道路交通事故,也不构成犯罪。发生重大交通事故是指车辆在道路上发生重大人身伤亡或者财产损失的事件。构成犯罪主要是指构成《刑法》规定的交通肇事罪。根据《刑法》第 133 条的规定,交通肇事罪是指违反交通运输管理法规,因而发生了重大事故,致人重伤、死亡或者使公私财产遭受重大损失的行为。

依法追究刑事责任主要也是指依照《刑法》第 133 条规定的刑罚追究刑事责任,对构成交通肇事罪的,处 3 年以下有期徒刑或者拘役;交通运输肇事后逃逸或者有其他特别恶劣情节的,处 3 年以上 7 年以下有期徒刑;因逃逸致人死亡的,处 7 年以上有期徒刑。这里规定的"并由公安机关交通管理部门吊销机动车驾驶证"是指对构成交通肇事犯罪的行为人,在司法机关依法追究其刑事责任的同时,公安机关交通管理部门还应当吊销其机动车驾驶证。

第六章 道路交通事故处罚

法律依据

《中华人民共和国道路交通安全法》

第一百零一条第一款 违反道路交通安全法律、法规的规定，发生重大交通事故，构成犯罪的，依法追究刑事责任，并由公安机关交通管理部门吊销机动车驾驶证。

《中华人民共和国刑法》

第一百三十三条 违反交通运输管理法规，因而发生重大事故，致人重伤、死亡或者使公私财产遭受重大损失的，处三年以下有期徒刑或者拘役；交通运输肇事后逃逸或者有其他特别恶劣情节的，处三年以上七年以下有期徒刑；因逃逸致人死亡的，处七年以上有期徒刑。

136. 对造成交通事故后逃逸，构成犯罪的机动车驾驶人，应如何处罚？

法律咨询

半个月以前，魏某开车时不小心撞死了一名路人。事故发生后，魏某立即逃离了现场。直到现在，他一直躲在外地。请问，对魏某应当如何处罚？

律师答疑

本案中，对于造成交通事故后逃逸构成犯罪的魏某，应该吊销其机动车驾驶证且终生不得重新取得，同时依法追究其刑事责任和民事责任。

首先是行政处罚。依据《道路交通安全法》第 101 条第 2 款的规定,造成交通事故后逃逸的,由公安机关交通管理部门吊销机动车驾驶证,且终生不得重新取得机动车驾驶证。

其次是刑事责任。根据《最高人民法院关于审理交通肇事刑事案件具体应用法律若干问题的解释》第 2 条第 2 款第 6 项的规定,交通肇事致 1 人以上重伤,负事故全部或者主要责任,并具有为逃避法律追究逃离事故现场行为的,以交通肇事罪定罪,处 3 年以下有期徒刑或者拘役。交通运输肇事后逃逸或者有其他特别恶劣情节的,处 3 年以上 7 年以下有期徒刑;因逃逸致人死亡的,处 7 年以上有期徒刑。"因逃逸致人死亡",是指行为人在交通肇事后为逃避法律追究而逃跑,致使被害人因得不到救助而死亡的情形。同时,交通肇事后,单位主管人员、机动车辆所有人、承包人或者乘车人指使肇事人逃逸,致使被害人因得不到救助而死亡的,以交通肇事罪的共犯论处。

最后是民事责任。根据《民法典》第 1216 条的规定,机动车驾驶人发生交通事故后逃逸,该机动车参加强制保险的,由保险人在机动车强制保险责任限额范围内予以赔偿。超过机动车强制保险责任限额的,由侵权人进行赔偿。

法律依据

《中华人民共和国道路交通安全法》

第一百零一条第二款 造成交通事故后逃逸的,由公安机关交通管理部门吊销机动车驾驶证,且终生不得重新取得机动车驾驶证。

第六章　道路交通事故处罚

《中华人民共和国刑法》

第一百三十三条　违反交通运输管理法规，因而发生重大事故，致人重伤、死亡或者使公私财产遭受重大损失的，处三年以下有期徒刑或者拘役；交通运输肇事后逃逸或者有其他特别恶劣情节的，处三年以上七年以下有期徒刑；因逃逸致人死亡的，处七年以上有期徒刑。

《最高人民法院关于审理交通肇事刑事案件具体应用法律若干问题的解释》

第二条　交通肇事具有下列情形之一的，处三年以下有期徒刑或者拘役：

（一）死亡一人或者重伤三人以上，负事故全部或者主要责任的；

（二）死亡三人以上，负事故同等责任的；

（三）造成公共财产或者他人财产直接损失，负事故全部或者主要责任，无能力赔偿数额在三十万元以上的。

交通肇事致一人以上重伤，负事故全部或者主要责任，并具有下列情形之一的，以交通肇事罪定罪处罚：

（一）酒后、吸食毒品后驾驶机动车辆的；

（二）无驾驶资格驾驶机动车辆的；

（三）明知是安全装置不全或者安全机件失灵的机动车辆而驾驶的；

（四）明知是无牌证或者已报废的机动车辆而驾驶的；

（五）严重超载驾驶的；

（六）为逃避法律追究逃离事故现场的。

第五条　"因逃逸致人死亡"，是指行为人在交通肇事后为逃避法律追究而逃跑,致使被害人因得不到救助而死亡的情形。

交通肇事后,单位主管人员、机动车辆所有人、承包人或者乘车人指使肇事人逃逸,致使被害人因得不到救助而死亡的,以交通肇事罪的共犯论处。

《中华人民共和国民法典》

第一千二百一十六条　机动车驾驶人发生交通事故后逃逸,该机动车参加强制保险的,由保险人在机动车强制保险责任限额范围内予以赔偿;机动车不明、该机动车未参加强制保险或者抢救费用超过机动车强制保险责任限额,需要支付被侵权人人身伤亡的抢救、丧葬等费用的,由道路交通事故社会救助基金垫付。道路交通事故社会救助基金垫付后,其管理机构有权向交通事故责任人追偿。

137. 在道路两侧及隔离带上种植树木、其他植物或者设置有关设施,妨碍安全视距的,应如何处理?

法律咨询

韩某家住在Y字路口附近。由于韩某较为迷信,且其生意最近一直不好,便决定找人看看风水。韩某被告知,家门前的Y字路口对家中的风水及其自身不利。改善风水的方法就是在门口路两侧种树。韩某立即偷偷在门口两侧种上大树。后其栽种的树的树枝伸展到路中间,严重阻碍了往来车辆的视线,事故率明显提高。请问,在道路两侧及隔离带上种植树木、其他植物或者设置有

第六章 道路交通事故处罚

关设施,妨碍安全视距的,应如何处理?

律师答疑

《道路交通安全法》第106条规定,在道路两侧及隔离带上种植树木、其他植物或者设置广告牌、管线等,遮挡路灯、交通信号灯、交通标志,妨碍安全视距的,由公安机关交通管理部门责令行为人排除妨碍;拒不执行的,处200元以上2000元以下罚款,并强制排除妨碍,所需费用由行为人负担。

构成上述规定的违法行为有以下两个方面的条件:一是"在道路两侧及隔离带上种植树木、其他植物或者设置广告牌、管线等"。所谓"道路两侧",包括道路路基以内的两侧和路基以外的两侧;所谓"隔离带",包括道路中心隔离带和道路两边机动车与非机动车隔离带。二是上述行为具有"遮挡路灯、交通信号灯、交通标志,妨碍安全视距"的影响或者后果。这里的"遮挡路灯、交通信号灯、交通标志",包括全部或者局部遮挡路灯、交通信号灯、交通标志。所谓"妨碍安全视距",是上述行为对道路交通安全造成的一种不良影响状态,即车辆及行人安全通行的视线距离受到妨碍和影响。所谓"安全视距",是指某一道路上各种通行主体不同安全视距中最长的安全视距。应当注意,安全视距不是一个固定不变的距离,不同的道路通行主体具有不同的安全视距,不同的通行速度也有不同的安全视距,具体距离应当根据有关规定确定。根据上述规定,行为人有上述种植树木、设置广告牌等行为,不论是擅自进行还是经有关部门批准进行,只要有"遮挡路灯、交通信号灯、交通标志,妨碍安全视距"的不良影响,即构成上述规定的违法行为。应当注意,擅自在道路两侧及隔离带上种植树木、设置广告牌等行为,除可能构成这里规定的违法行为外,还可能构成其他有关法律、法规规定的违法行为。

关于实施上述行为需要承担的法律责任,包括以下两个层次的内容:(1)由公安机关交通管理部门责令行为人排除妨碍,即公安机关交通管理部门应当责令行为人按照限定的时间和要求,自动采取砍伐、拆除等改正措施,使树木、广告牌等不再遮挡路灯、交通信号灯、交通标志,不妨碍安全视距。当然,排除妨碍的费用由行为人自行承担。(2)拒不执行的,处200元以上2000元以下罚款,并强制排除妨碍,所需费用由行为人负担。这里的"拒不执行",是指行为人对公安机关交通管理部门排除妨碍的责令拒不服从,不自动排除妨碍、不按要求排除妨碍或者无正当理由不在限定的时间内排除妨碍。实施"200元以上2000元以下罚款"的处罚机关是公安机关交通管理部门,"强制排除妨碍"也由公安机关交通管理部门组织实施。"所需费用由行为人负担",是指公安机关交通管理部门组织实施强制排除妨碍措施所支付的各项人力、物力费用,由违法行为人承担。

法律依据

> 《中华人民共和国道路交通安全法》
>
> **第一百零六条** 在道路两侧及隔离带上种植树木、其他植物或者设置广告牌、管线等,遮挡路灯、交通信号灯、交通标志,妨碍安全视距的,由公安机关交通管理部门责令行为人排除妨碍;拒不执行的,处二百元以上二千元以下罚款,并强制排除妨碍,所需费用由行为人负担。

138. 交通警察能否当场收取罚款？

法律咨询

春运期间，余某因驾驶大客车超载在高速路口被交警处以罚款。交警要求余某当场缴纳罚款，余某不服，拒不缴纳。那么，在此种情形下，交通警察能否当场收取罚款？

律师答疑

本案交通警察不可以当场收取罚款。

《道路交通安全法》第108条第2款规定："对行人、乘车人和非机动车驾驶人的罚款，当事人无异议的，可以当场予以收缴罚款。"

根据上述规定，对当事人当场收缴罚款，必须具备以下两个条件：(1)当事人是行人、乘车人和非机动车驾驶人。对机动车驾驶人的罚款处罚，除法律另有规定外，不得当场收缴。(2)当事人无异议。这是指当事人对罚款的行政处罚没有异议，同意当场缴纳款。应当注意的是，根据《道路交通安全法》第89条的规定，对行人、乘车人和非机动车驾驶人罚款的范围是5元以上50元以下，因此，这里规定的可以当场予以收缴的罚款额也应在5元以上50元以下。虽然该规定与《行政处罚法》规定的当场收缴罚款的最高额为100元的规定不一致，但由于《道路交通安全法》属于特别法，所以根据特别法的效力优于一般法的原则，应当适用《道路交通安全法》的规定。

法律依据

《中华人民共和国道路交通安全法》

第八十九条 行人、乘车人、非机动车驾驶人违反道路交通安全法律、法规关于道路通行规定的,处警告或者五元以上五十元以下罚款;非机动车驾驶人拒绝接受罚款处罚的,可以扣留其非机动车。

第一百零八条第二款 对行人、乘车人和非机动车驾驶人的罚款,当事人无异议的,可以当场予以收缴罚款。

《中华人民共和国行政处罚法》

第六十八条 依照本法第五十一条的规定当场作出行政处罚决定,有下列情形之一,执法人员可以当场收缴罚款:

(一)依法给予一百元以下罚款的;

(二)不当场收缴事后难以执行的。

139. 公安机关交通管理部门收取罚款应出具什么收据？不出具法律规定的收据的,当事人能否拒绝缴纳罚款？

法律咨询

在车辆年检前,陈某到公安机关交通管理部门清理扣分和缴纳罚款。当陈某提出需要公安机关交通管理部门开具罚款收据时,工作人员以各种理由拒不出具收据。请问,公安机关交通管理部门收取罚款应出具什么收据？不出具法律规定的收据的,当事人能否拒绝缴纳罚款？

第六章　道路交通事故处罚

📝 律师答疑

本案公安机关交通管理部门应该开具省、自治区、直辖市财政部门统一制发的罚款收据；未开具的，陈某有权拒绝缴纳罚款。

《道路交通安全法》第108条第3款规定，罚款应当开具省、自治区、直辖市财政部门统一制发的罚款收据；不出具财政部门统一制发的罚款收据的，当事人有权拒绝缴纳罚款。

上述规定主要有以下两方面内容：（1）罚款应当开具省、自治区、直辖市财政部门统一制发的罚款收据。这具体有两层含义：第一，罚款必须开具罚款收据，不得不开具罚款收据；第二，罚款收据必须是省、自治区、直辖市财政部门统一制发，不得使用擅自印制的非法定罚款收据。这里所谓的"统一制发"，是指罚款收据由省、自治区、直辖市财政部门统一制作和发放。（2）不出具财政部门统一制发的，当事人有权拒绝缴纳罚款。这具体也有两层含义：第一，不出具罚款收据的，当事人有权拒绝缴纳罚款。所谓"当事人有权拒绝缴纳罚款"，是指当事人拒绝缴纳罚款的行为属于行使法律规定的合法权利，对该行为后果不负任何法律责任。第二，出具的罚款收据不是省、自治区、直辖市财政部门统一制发的，当事人也有权拒绝缴纳罚款。

📖 法律依据

《中华人民共和国道路交通安全法》

第一百零八条第三款　罚款应当开具省、自治区、直辖市财政部门统一制发的罚款收据；不出具财政部门统一制发的罚款收据的，当事人有权拒绝缴纳罚款。

140. 公安机关交通管理部门或者交通警察的违法行为给当事人造成损失的,应如何处理?

法律咨询

窦某是一名出租车司机,不久前,交警以窦某涉嫌从事违法经营活动为由扣留了他的车辆。一段时间以后,交警查明窦某并未实施违法活动。请问,公安机关交通管理部门或者交通警察的违法行为给当事人造成损失的,应如何处理?

律师答疑

根据《道路交通安全法》第118条的规定,本案公安机关交通管理部门及其交通警察给窦某造成损失的,应当依法承担赔偿责任。

公安机关交通管理部门及其交通警察的违法行为包括:(1)违法扣留他人车辆、行驶证、驾驶证、车辆号牌,可能会使他人有关经营活动因此受到损失。(2)使用依法扣留的车辆,可能会造成他人车辆的损坏和其他损失。(3)徇私舞弊,不公正处理交通事故,可能会处罚不该处罚的一方当事人,或者对一方当事人处罚明显偏重,如违反法律规定罚款、非法扣车扣证等。(4)违反规定拦截、检查正常行驶的车辆,有可能影响他人的正常经营活动。此外,还有一些其他的不依法履行职责的行为,如乱罚款、乱采取行政强制措施等,都可能给当事人造成损失。

根据《道路交通安全法》第118条规定,公安机关交通管理部门及其交通警察因违法违纪行为给当事人造成损失的,应当依法承担赔偿责任。也就是说,无论是公安机关交通管理部门作出的

第六章　道路交通事故处罚

决定违法,还是执勤的交通警察有违法行为,只要当事人认为其合法权益受到侵害,都有权提出赔偿请求。

首先,根据《国家赔偿法》第3条、第4条等有关法律规定,公安机关交通管理部门赔偿的范围通常是因违法进行罚款、暂扣或吊销有关证照、扣留车辆,以及行政拘留等行政处罚和行政强制措施给当事人造成的损失。就赔偿的事项来说,主要是因违法行为造成当事人经济上的损失。

其次,根据《国家赔偿法》第9条的规定,当事人提出赔偿请求的途径主要有以下几种:(1)直接向作出具体决定的有关公安机关交通管理部门提出。公安机关交通管理部门经核查后认为请求合理的,应当对本部门及其交通警察因违法行为造成的当事人的损失予以赔偿。(2)在依法向有关行政机关提起行政复议的同时,提出赔偿请求。行政复议机关对符合《国家赔偿法》的规定应当给予赔偿的,在作出撤销、变更原行政决定或者确认原行政决定为违法的同时,决定原作出行政决定的公安机关交通管理部门给予赔偿。(3)在依法向人民法院提起行政诉讼的同时,提出赔偿请求,也可以在行政机关不予赔偿时单独就损害赔偿问题向人民法院提起诉讼。人民法院可以判决原行政机关予以赔偿。

再次,《国家赔偿法》第16条规定,赔偿机关赔偿损失后,应当责令有故意或者重大过失的工作人员承担部分或全部赔偿费用。因此,有关的公安机关交通管理部门对当事人进行赔偿后,应当责令对违法行为负有直接责任的交通警察承担部分或者全部赔偿费用。

最后,根据《国家赔偿法》第36条等法律规定,财产赔偿的形式主要包括:(1)返还非法处以的罚款、非法扣押的车辆以及其他

299

非法追缴或没收的财产。应当返还的财产损坏的,应当将其恢复原状;不能恢复原状的,按照损坏的程度给付相应的赔偿金;应当返还的财产灭失的,给付相应的赔偿金。(2)赔偿由于吊销有关证照而引起停产停业期间的必要的经常性费用开支,以及赔偿对当事人财产权造成的其他损害的直接损失。如果因错误拘留而需要赔偿,每日的赔偿金按照国家上年度职工日平均工资计算。

法律依据

《中华人民共和国道路交通安全法》

第一百一十五条 交通警察有下列行为之一的,依法给予行政处分:

(一)为不符合法定条件的机动车发放机动车登记证书、号牌、行驶证、检验合格标志的;

(二)批准不符合法定条件的机动车安装、使用警车、消防车、救护车、工程救险车的警报器、标志灯具,喷涂标志图案的;

(三)为不符合驾驶许可条件、未经考试或者考试不合格人员发放机动车驾驶证的;

(四)不执行罚款决定与罚款收缴分离制度或者不按规定将依法收取的费用、收缴的罚款及没收的违法所得全部上缴国库的;

(五)举办或者参与举办驾驶学校或者驾驶培训班、机动车修理厂或者收费停车场等经营活动的;

(六)利用职务上的便利收受他人财物或者谋取其他利益的;

第六章 道路交通事故处罚

(七)违法扣留车辆、机动车行驶证、驾驶证、车辆号牌的;

(八)使用依法扣留的车辆的;

(九)当场收取罚款不开具罚款收据或者不如实填写罚款额的;

(十)徇私舞弊,不公正处理交通事故的;

(十一)故意刁难,拖延办理机动车牌证的;

(十二)非执行紧急任务时使用警报器、标志灯具的;

(十三)违反规定拦截、检查正常行驶的车辆的;

(十四)非执行紧急公务时拦截搭乘机动车的;

(十五)不履行法定职责的。

公安机关交通管理部门有前款所列行为之一的,对直接负责的主管人员和其他直接责任人员给予相应的行政处分。

第一百一十八条 公安机关交通管理部门及其交通警察有本法第一百一十五条所列行为之一,给当事人造成损失的,应当依法承担赔偿责任。

141. 车内挂饰物是否应被罚款?

法律咨询

周某开车游玩的过程中,因信仰宗教,购买了很多平安符和纪念品挂件。为了出行平安和生意兴隆,他将众多的平安符贴到车窗上,将挂件挂在车内部。一日,周某因此遭到交警的罚款。请问,周某在车内挂饰物是否应被罚款?

律师答疑

本案中，周某在机动车驾驶室的前后窗范围内悬挂、放置妨碍驾驶人视线的物品系法律禁止的行为，给安全驾驶带来巨大的隐患，因此依法应被罚款。

立法之所以这样规定，是因为悬挂在前窗、后窗或侧窗的饰物，有可能挡住驾驶员透过车前左右后视镜、前窗中部后视镜（需要透过后窗）观看路况的视线，容易引起事故的发生。所以从立法角度来看，挂饰物的做法肯定是违法的。

但从违法处罚的尺度来看，存在交警执法尺度是否一致的问题。根据《道路交通安全法》第90条的规定，机动车驾驶人违反道路交通安全法律、法规关于道路通行规定的，处警告或者20元以上200元以下罚款。条文中包含的"或者"字样表明，交警既然避开"警告"而选择"罚款"进行处罚，那么执法必须承担"说明理由"的义务，也就是为什么不处"警告"而是处"罚款"。车内挂饰物的行为是一种轻微的交通违法行为，如果公安机关交通管理部门既未提供证据予以证实，也没有进行合理说明，那么其处罚行为将面临被撤销或变更的可能。从行政处罚的合理性来看，处以警告似乎更为合理。

法律依据

《中华人民共和国道路交通安全法》

第九十条 机动车驾驶人违反道路交通安全法律、法规关于道路通行规定的，处警告或者二十元以上二百元以下罚款。本法另有规定的，依照规定处罚。

142. 公安机关交通管理部门造成暂扣车辆损坏的，车辆所有人该怎么办？

法律咨询

余某因涉嫌驾驶报废机动车上道路行驶受到公安机关交通管理部门的审查，为了进一步确认车辆是否已经报废，交警扣留了余某的轿车。后来，由于公安机关交通管理部门保管不善，余某的轿车因火灾毁损严重。请问，公安机关交通管理部门造成暂扣车辆损坏的，车辆所有人应该怎么办？

律师答疑

公安机关交通管理部门出于收集证据的需要，暂扣事故车辆是必要的，但应当开具行政强制措施凭证，将车辆移至指定地点，妥善保管，以备核查。公安机关交通管理部门除检验、鉴定外，应当在检验、鉴定完毕后5日内通知当事人领取事故车辆。如果公安机关交通管理部门使用暂扣车辆给余某造成损失的，应当根据《国家赔偿法》第4条和《行政诉讼法》第76条的规定，赔偿余某的损失。

法律依据

《中华人民共和国国家赔偿法》

第四条　行政机关及其工作人员在行使行政职权时有下列侵犯财产权情形之一的，受害人有取得赔偿的权利：

（一）违法实施罚款、吊销许可证和执照、责令停产停业、没收财物等行政处罚的；

（二）违法对财产采取查封、扣押、冻结等行政强制措施的；

（三）违法征收、征用财产的；

（四）造成财产损害的其他违法行为。

《中华人民共和国行政诉讼法》

第七十六条 人民法院判决确认违法或者无效的，可以同时判决责令被告采取补救措施；给原告造成损失的，依法判决被告承担赔偿责任。

143. 发生交通事故后，受害方可以自行扣押肇事车辆吗？

法律咨询

任某在驾车回家途中，因雨天路滑不慎将路人蔡某撞伤。蔡某倒地不起大声叫嚷，拒绝旁人施救，同时电话通知自己的家人。不久后其家人赶到，与蔡某一起围攻任某，限制任某活动，并用铁链将任某的车锁住。请问，交通事故发生后，受害方可否自行扣押肇事车辆？

律师答疑

本案蔡某及其家人围攻任某、扣留机动车的行为，明显超过自力救济合理范围，系违法行为。

根据《民法典》第1177条的规定，当事人采取扣留肇事车辆等自助行为的，必须在必要范围内，同时应当立即请求有关国家机

第六章　道路交通事故处罚

关处理。

发生纠纷后，当事人通过自行扣留、夺取对方的财物或限制其人身自由来实现自己的权利在法律上叫自力救济。自力救济的行为因存在不确定性和危险性，在绝大多数情况下都已经逐渐为公力救济途径所取代，变成通过行政措施或诉讼途径解决。只有在当事人不及时采取自力救济措施，将使其权利以后无法实现或难以实现的情况下，法律才允许当事人采取自救措施，且其必须尽快向有关部门报案。同时，当事人采取的措施只能是扣留财物或暂时限制对方人身自由，而不能有过激行为。交通事故发生后，当事人双方在一定条件下可以自行处理，但大部分情况还是需要由公安机关交通管理部门认定事故责任。当然，无论是对事故自行协商处理还是把事故交由公安机关交通管理部门解决，当事人之间都没有自行采取任何措施的权利。因此，对于肇事车辆，受害人不能私自扣押，否则就是侵犯他人财产权利的行为。

法律依据

《中华人民共和国民法典》

第一千一百七十七条　合法权益受到侵害，情况紧迫且不能及时获得国家机关保护，不立即采取措施将使其合法权益受到难以弥补的损害的，受害人可以在保护自己合法权益的必要范围内采取扣留侵权人的财物等合理措施；但是，应当立即请求有关国家机关处理。

受害人采取的措施不当造成他人损害的，应当承担侵权责任。

144. 机动车不贴交强险标志的，交警是否可以扣留该车？

法律咨询

由于嫌麻烦，袁某决定不在前车窗上粘贴交强险标志。几日后，交警就拦下袁某的轿车，表示必须依法扣留该车。请问，机动车不贴交强险标志的，交警可否扣车？

律师答疑

上道路行驶的机动车未放置保险标志的，交警应该扣留该车；在当事人提供相应的标志或者补办相应手续后，应当及时退还机动车。

在现实生活中，有很多司机认为，车前挡风玻璃本是方寸之地，且已贴了"检验合格"等标志，再多贴一张保险标志，会阻碍视线，有碍安全行车。因此，有不少司机不愿意贴。特别是现在交强险已经捆绑汽车年检，没买保险是通不过年审的。在这种情况下，一些司机就想当然地认为，只要贴了年审合格标签，就表明已购买了保险，根本没必要再贴其他标志。

其实这种想法是不正确的。上道路行驶的机动车必须放置检验合格标志、保险标志等，如未放置检验合格标志、保险标志，公安机关交通管理部门会扣留机动车，通知当事人提供相应的标志或者补办相应手续，而且有可能处警告或者处 20 元以上 200 元以下罚款。

第六章　道路交通事故处罚

> **法律依据**
>
> 《中华人民共和国道路交通安全法》
>
> 第十一条　驾驶机动车上道路行驶,应当悬挂机动车号牌,放置检验合格标志、保险标志,并随车携带机动车行驶证。
>
> 机动车号牌应当按照规定悬挂并保持清晰、完整,不得故意遮挡、污损。
>
> 任何单位和个人不得收缴、扣留机动车号牌。
>
> 第九十五条　上道路行驶的机动车未悬挂机动车号牌,未放置检验合格标志、保险标志,或者未随车携带行驶证、驾驶证的,公安机关交通管理部门应当扣留机动车,通知当事人提供相应的牌证、标志或者补办相应手续,并可以依照本法第九十条的规定予以处罚。当事人提供相应的牌证、标志或者补办相应手续的,应当及时退还机动车。
>
> 故意遮挡、污损或者不按规定安装机动车号牌的,依照本法第九十条的规定予以处罚。

145. 交警能否收取拖车费?

> **法律咨询**
>
> 几天前,白某将车停在限制临时停车路段,后离开办事。但白某回来时发现自己的车不见了,原停放路面留有拖车单位及拖车电话。后白某欲办理取车手续。请问,交警能否收取拖车费呢?

307

律师答疑

本案中，交警部门不应该就拖走白某的车收取拖车费。

对违反道路交通安全法律、法规关于机动车停放、临时停车规定的，交警可以指出违法行为，并予以口头警告，令其立即驶离。机动车驾驶人不在现场或者虽在现场但拒绝立即驶离，妨碍其他车辆、行人通行的，处20元以上200元以下罚款，并可以将该机动车拖移至不妨碍交通的地点或者公安机关交通管理部门指定的地点停放。拖移机动车的，现场交通警察应当通过拍照、录像等方式固定违法事实和证据。公安机关交通管理部门拖车不得向当事人收取费用，并应当公开拖移机动车查询电话，并通过设置拖移机动车专用标志牌明示或者以其他方式告知当事人。当事人可以通过电话查询接受处理的地点、期限和被拖移机动车的停放地点。

交警暂扣车辆是正常的执法行为，由扣车产生的费用属交警队正常执法支出，由此造成的行政性成本开支应由财政拨付支出，车主没有义务为交警的委托行为付费。

法律依据

《中华人民共和国道路交通安全法》

第九十三条 对违反道路交通安全法律、法规关于机动车停放、临时停车规定的，可以指出违法行为，并予以口头警告，令其立即驶离。

机动车驾驶人不在现场或者虽在现场但拒绝立即驶离，妨碍其他车辆、行人通行的，处二十元以上二百元以下罚款，并可以将该机动车拖移至不妨碍交通的地点或者公安机关交通管理部门指定的地点停放。公安机关交通管理部门拖车不

> 得向当事人收取费用,并应当及时告知当事人停放地点。
>
> 因采取不正确的方法拖车造成机动车损坏的,应当依法承担补偿责任。

第二节 道路交通事故刑事处罚

146. 交通肇事在哪些情形下构成故意伤害罪或故意杀人罪?

法律咨询

一天晚上,邵某在郊区酒后驾驶,将一名路过的村妇杨某撞倒在地。为了防止别人发现,邵某将昏迷的杨某拖到了郊区的树林里,用灌木丛将杨某隐藏起来。事发后的第二天,路人发现了杨某,并将杨某送往医院抢救。但是因延误了最佳治疗时机,杨某不幸身亡。请问,邵某交通肇事后的这种做法是否构成了故意杀人罪?

律师答疑

邵某交通肇事后的这种做法会构成故意杀人罪。

根据《最高人民法院关于审理交通肇事刑事案件具体应用法律若干问题的解释》第 6 条的规定,行为人在交通肇事后为逃避法律追究,将被害人带离事故现场后隐藏或者遗弃,致使被害人无法得到救助而死亡或者严重残疾的，应以故意杀人罪或者故意伤害罪定罪处罚。

一般情形下，交通肇事后逃逸致人死亡的行为不应被认定为不作为的故意杀人罪。因为我国《刑法》已经就交通肇事后逃逸致人死亡的行为规定了结果加重犯，可以将致人重伤或死亡的加重结果评价体现相应的结果加重犯中。但是，当行为人因自己的犯罪行为致使他人合法权益处于危险境地，而他人的合法权益又极度要求行为人采取积极的行为时，如果行为人没有采取积极措施防止他人合法权益受到侵害，即使《刑法》对这种犯罪行为已经规定了结果加重犯，行为人仍然可能构成不作为的故意犯罪。如果行为人在发生了构成交通肇事罪的交通事故后，为逃避法律追究而逃逸，致本来应该由其采取救助措施进行救助的受害人因得不到救助而重伤或死亡的，说明行为人对重伤或死亡结果所持的心理态度系间接故意，因此，应对其按故意伤害罪或故意杀人罪定罪处罚。

法律依据

《最高人民法院关于审理交通肇事刑事案件具体应用法律若干问题的解释》

第六条 行为人在交通肇事后为逃避法律追究，将被害人带离事故现场后隐藏或者遗弃，致使被害人无法得到救助而死亡或者严重残疾的，应当分别依照刑法第二百三十二条、第二百三十四条第二款的规定，以故意杀人罪或者故意伤害罪定罪处罚。

《中华人民共和国刑法》

第一百三十三条 违反交通运输管理法规,因而发生重大事故,致人重伤、死亡或者使公私财产遭受重大损失的,处三年以下有期徒刑或者拘役;交通运输肇事后逃逸或者有其他特别恶劣情节的,处三年以上七年以下有期徒刑;因逃逸致人死亡的,处七年以上有期徒刑。

147. 闹市区连续撞人致多人伤亡,会构成以危险方法危害公共安全罪吗?

法律咨询

某日,魏某因琐事情绪低落,路过闹市区时恰逢行人等待信号灯过马路,魏某并没有将车的速度降下来反而加大油门径直撞向人群。前方的行人来不及躲闪,被魏某的车撞倒。魏某发现后,并没有就此停车,反而再一次踩油门向前行驶,致路上多名行人伤亡。请问,魏某在闹市区连续撞人致多人伤亡的行为,构成以危险方法危害公共安全罪吗?

律师答疑

交通肇事罪与以危险方法危害公共安全罪最主要的区别表现在犯罪的主观方面,即前罪的犯罪主观方面是过失,后罪的犯罪主观方面是故意。交通肇事罪是指违反交通运输管理法规,因而发生重大事故,致人重伤、死亡或者造成重大财产损失的行为。该罪的客体是交通运输的正常秩序和交通运输安全;客观方面表现为违反交通运输管理法规因而发生重大事故,致人重伤、死亡或者造成重大财产损失的行为;主体为一般主体;主观方面表现为过失。对于该罪要判处7年以下有期徒刑或者拘役,因逃逸致人死亡的,要判处7年以上有期徒刑。

以危险方法危害公共安全罪,是指以放火、决水、爆炸以及投放毒害性、放射性、传染病病原体等物质或者以其他危险方法危害公共安全的行为。该罪的客体是公共安全;客观方面表现为行为人具有以其他危险方法危害公共安全的行为;犯罪主体为一般主体;主观方面为故意。驾车致多人死亡,可能涉及的罪名有两个:一个是交通肇事罪;另一个是以危险方法危害公共安全罪。如果机动车驾驶人驾车致多人死亡且在将人撞死后无停车之意又将后面的人撞伤撞死的,说明其行为主观恶性较大,应以危险方法危害公共安全罪定罪处罚较为适当。

法律依据

《中华人民共和国刑法》

第一百一十四条 放火、决水、爆炸以及投放毒害性、放射性、传染病病原体等物质或者以其他危险方法危害公共安全,尚未造成严重后果的,处三年以上十年以下有期徒刑。

第一百一十五条 放火、决水、爆炸以及投放毒害性、放射性、传染病病原体等物质或者以其他危险方法致人重伤、死亡或者使公私财产遭受重大损失的,处十年以上有期徒刑、无期徒刑或者死刑。

过失犯前款罪的,处三年以上七年以下有期徒刑;情节较轻的,处三年以下有期徒刑或者拘役。

第一百三十三条 违反交通运输管理法规,因而发生重大事故,致人重伤、死亡或者使公私财产遭受重大损失的,处三年以下有期徒刑或者拘役;交通运输肇事后逃逸或者有其他特别恶劣情节的,处三年以上七年以下有期徒刑;因逃逸致人死亡的,处七年以上有期徒刑。

148. 步行也会构成交通肇事罪吗?

法律咨询

邓某平时酷爱旅行。某个周六,邓某闲来无事去某景区参观。当邓某路过一个红绿灯时,信号灯上显示红色,但是邓某却快速走路通过,致使驾车的杨某来不及刹车,撞上了前方的车辆,最终造成杨某死亡的事故。请问,邓某的这种行为构成交通肇事罪吗?

律师答疑

邓某的行为构成交通肇事罪。

在司法实践中,司机作为交通肇事罪的主体非常普遍,但行人作为该罪主体出现的情况甚为少见。那么行人是否可以成为交通肇事罪的主体?《刑法》第 133 条规定,违反交通运输管理法规,因而发生重大事故,致人重伤、死亡或者使公私财产遭受重大损失的,处 3 年以下有期徒刑或者拘役;交通运输肇事后逃逸或者有其他特别恶劣情节的,处 3 年以上 7 年以下有期徒刑;因逃逸致人死亡的,处 7 年以上有期徒刑。由此可见,任何人(包括走路的行人和骑自行车的人)只要违反了交通运输管理法规,导致发生重大交通事故,造成法定严重后果的,都可能构成交通肇事罪。

要确定行人是否涉嫌犯交通肇事罪,关键是看其行为是否违反了交通运输管理法规。对照《刑法》第 133 条的规定,行人的行为造成严重后果,也有可能构成交通肇事罪,必须承担相应的法律责任。

法律依据

> 《中华人民共和国刑法》
>
> 第一百三十三条 违反交通运输管理法规,因而发生重大事故,致人重伤、死亡或者使公私财产遭受重大损失的,处三年以下有期徒刑或者拘役;交通运输肇事后逃逸或者有其他特别恶劣情节的,处三年以上七年以下有期徒刑;因逃逸致人死亡的,处七年以上有期徒刑。

149. 乘客在小区门口下车,在开门时将人撞死,其行为应如何定性?

法律咨询

一天,杨某在公司加班。见天色已晚,杨某决定打车回家。杨某让出租车司机把自己送到小区门口。出租车司机到小区门口停车后,杨某在开车门的时候,没有注意到后边骑车的魏某,导致魏某撞上车门后当场死亡。请问,在该种情况下,应如何定性出租车

第六章　道路交通事故处罚

司机的这种行为？

📝 律师答疑

乘客在小区门口下车开门撞死人属于一起较为特殊的交通肇事案件。其特殊之处在于：第一，案发地点位于住宅小区的大门口，处在主干道路的边缘位置；第二，肇事人并非车辆的驾驶人，而是搭乘车辆的乘客；第三，案发时，车辆处于停止状态，而非行驶状态。

首先，关于事故发生地在小区门口的问题。根据《最高人民法院关于审理交通肇事刑事案件具体应用法律若干问题的解释》第 8 条的规定，只有在实行公共交通管理的范围内发生重大交通事故的，才可能构成交通肇事罪。如果在公共交通管理的范围外，驾驶机动车辆或者使用其他交通工具致人伤亡，或者致使公共财产或他人财产遭受重大损失，构成犯罪的，应当分别依照重大责任事故罪、重大劳动安全事故罪、过失致人死亡（重伤）罪的规定追究刑事责任。根据我国《道路交通安全法》第 119 条第 1 项的规定，该法所称的"道路"是指公路、城市道路和虽在单位管辖范围但允许社会机动车通行的地方，包括广场、公共停车场等用于公众通行的场所。只要事发地经判断属于《道路交通安全法》中的道路，那么它就属于实行公共交通管理的范围，反之，则即使发生事故也不构成交通肇事罪。本案的事发地在小区门口，虽位于道路边缘，但仍处于公共交通管理范围之内。根据《道路交通安全法实施条例》第 77 条第 3 项"乘坐机动车应当遵守下列规定：……（三）开关车门不得妨碍其他车辆和行人通行"的规定，乘客打开车门之前没有充分尽到向后瞭望的注意义务，违反了交通运输管理法规，导致打开的车门与同向行驶的骑车人发生碰撞，并致人死亡，符合交通肇事罪主客观方面的要件。

其次，关于乘客是非交通运输人员的问题。从司法实践来看，交通肇事罪的犯罪主体一般是从事交通运输的人员，即机动车驾驶员。但是刑法并没有将交通肇事罪的主体限定在交通运输从业人员的范围内，《最高人民法院关于审理交通肇事刑事案件具体应用法律若干问题的解释》第1条更是非常明确地规定非交通运输人员也可以构成本罪主体。因为交通运输管理法规的规范对象不只是从事交通运输的人员，也包括其他交通参与人。换言之，交通运输人员之外的其他交通参与人，不仅也应当在参与交通的过程中遵守交通运输管理法规，而且也可能在此过程中违反交通运输管理法规，并引发交通事故。乘客是搭乘出租车的乘客，属于非交通运输人员，但非交通运输人员并非可以无视交通运输管理法规，无论是《道路交通安全法》还是《道路交通安全法实施条例》均设专节对行人和乘车人应当遵守的交通规则的内容作了明确规定，若他们违反这些规定而引发重大交通事故，同样应当以交通肇事罪追究刑事责任。

最后，关于车辆停止状态是否构成交通肇事罪问题。一般的交通肇事罪多发生于机动车的行驶状态，而本案机动车处在停止状态却引发了交通事故。对此，需要明确的是，刑法并未对交通肇事罪中机动车所处的状态作出限制，无论是行驶状态还是运输过程中的临时停靠，只要违反相应的交通法规而引发交通事故，并达到一定的程度，就构成交通肇事罪。

综上所述，本案以涉嫌交通肇事罪从轻处罚较为适宜。

第六章 道路交通事故处罚

> **法律依据**
>
> **《最高人民法院关于审理交通肇事刑事案件具体应用法律若干问题的解释》**
>
> 第一条 从事交通运输人员或者非交通运输人员，违反交通运输管理法规发生重大交通事故，在分清事故责任的基础上，对于构成犯罪的，依照刑法第一百三十三条的规定定罪处罚。
>
> 第八条 在实行公共交通管理的范围内发生重大交通事故的，依照刑法第一百三十三条和本解释的有关规定办理。
>
> 在公共交通管理的范围外，驾驶机动车辆或者使用其他交通工具致人伤亡或者致使公共财产或者他人财产遭受重大损失，构成犯罪的，分别依照刑法第一百三十四条、第一百三十五条、第二百三十三条等规定定罪处罚。
>
> **《中华人民共和国道路交通安全法》**
>
> 第一百一十九条 本法中下列用语的含义：
>
> （一）"道路"，是指公路、城市道路和虽在单位管辖范围但允许社会机动车通行的地方，包括广场、公共停车场等用于公众通行的场所。
>
> ……

150. 意外撞人后逃逸致被害人死亡的行为构成何罪？

> **法律咨询**

一天，李某像往常一样开车下班回家。由于天色已晚，李某看

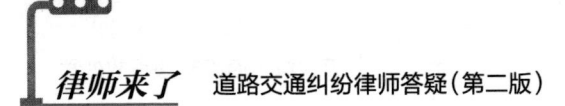

不清路况。李某在行车过程中,意外地将路上行走的杨某撞倒在地。李某怕承担责任,就开车逃离了交通事故现场。事后路过的行人将杨某送往医院救治。但是由于延误了最佳治疗时机,杨某不治身亡。请问,在该种情况下,李某构成何罪?

律师答疑

对于李某的行为,应以故意杀人罪定罪。根据《刑法》的规定,驾驶人意外撞人后不履行保护现场、抢救伤者的义务,而选择逃逸,就表明驾驶人明知自己的行为可能造成他人死亡,却不采取任何措施,其对这一结果的发生持放任态度,因而其行为属间接故意杀人。所谓间接故意,是指明知自己的行为可能引起某种危害社会的结果,并且放任这种结果发生的心理态度。行为人明知自己的行为可能会导致他人死亡的后果,但主观上却放任这种危害行为的发生,从而导致他人死亡,则行为人实施的行为属于间接故意杀人。间接故意杀人的构成要件如下:(1)认识因素:明知危害行为可能导致当事人死亡的后果发生。(2)意志因素:主观上对危害结果持放任态度。(3)当事人因该危害行为而死亡。

在这种情况下,公安机关交通管理部门之所以不以涉嫌交通肇事罪立案,是因为事故的发生经公安机关交通管理部门认定属于交通意外。驾驶人在交通意外的情况下主观上并不存在过错,被害人的死亡更不是其违反交通运输法规的结果。而后来驾驶人逃离现场,对被害人的死亡又是属于间接故意的放任心理,驾驶人的行为自始至终从主观上都不具备交通肇事罪所规定的过失的构成要件。客观上被害人死亡的直接原因是他没有得到及时的救助。因此,驾驶人的不救助才与被害人的死亡具有刑法上的因果

第六章　道路交通事故处罚

关系。综上所述,意外撞人后逃逸致被害人死亡的,应以故意杀人罪定罪处罚。

法律依据

《中华人民共和国刑法》

第一百三十三条　违反交通运输管理法规,因而发生重大事故,致人重伤、死亡或者使公私财产遭受重大损失的,处三年以下有期徒刑或者拘役;交通运输肇事后逃逸或者有其他特别恶劣情节的,处三年以上七年以下有期徒刑;因逃逸致人死亡的,处七年以上有期徒刑。

151. 犯罪嫌疑人因交通肇事被判刑后,被害人还能要求民事赔偿吗?

法律咨询

李某将魏某撞倒后逃逸。后李某被抓获,法院以交通肇事罪判处李某3年以下有期徒刑。魏某为了治病,花去了多年来的积蓄,其想要求李某承担民事赔偿责任。请问,在李某已经被判刑的情况下,魏某还可以要求其承担民事赔偿责任吗?

律师答疑

李某可以要求魏某承担民事责任。

刑事责任和民事责任是两种性质完全不同的法律责任,当事人承担了其中一种责任并不意味着可以免除另一种责任。《民法典》第187条规定，民事主体因同一行为应当承担民事责任、行政责任和刑事责任的，承担行政责任或者刑事责任不影响承担民事责任；民事主体的财产不足以支付的，优先用于承担民事责任。因此，如果当事人的犯罪行为给被害人造成了损害，除了可以追究其刑事责任外，被害人及其近亲属还可以提起民事诉讼要求犯罪人给予经济赔偿。根据我国《刑事诉讼法》第101条第1款的规定，被害人由于被告人的犯罪行为而遭受物质损失的，在刑事诉讼过程中，有权提起附带民事诉讼。被害人死亡或者丧失行为能力的，被害人的法定代理人、近亲属有权提起附带民事诉讼。当然，如果被害人在刑事案件以外对犯罪人另行提起民事诉讼也是可以的。这些规定对于交通肇事案件而言自然也不例外。

法律依据

《中华人民共和国民法典》

第一百八十七条 民事主体因同一行为应当承担民事责任、行政责任和刑事责任的，承担行政责任或者刑事责任不影响承担民事责任；民事主体的财产不足以支付的，优先用于承担民事责任。

《中华人民共和国刑事诉讼法》

第一百零一条第一款 被害人由于被告人的犯罪行为而遭受物质损失的，在刑事诉讼过程中，有权提起附带民事诉讼。被害人死亡或者丧失行为能力的，被害人的法定代理人、近亲属有权提起附带民事诉讼。

152. 司机未察觉事故发生而离开事故现场的，是否属于肇事逃逸？

法律咨询

司某是一名货车司机。一次司某在送货过程中，下起了蒙蒙细雨，司某着急送货，开车速度有点快。由于路面湿滑，司某不慎将行人郑某撞倒在地。但是司某丝毫没有注意到其货车撞倒了郑某，驶离了事故现场。请问，司机司某的这种行为是否属于交通肇事逃逸行为？

律师答疑

交通肇事后逃逸的社会危害性较大，一是因为交通肇事逃逸后，使被害人没法得到救助而死亡；二是因为交通肇事案件的侦破难度大。因此，《刑法》第133条规定，交通运输肇事后逃逸或者有其他特别恶劣情节的，处3年以上7年以下有期徒刑。那么什么是"逃逸"？《现代汉语词典》中对"逃逸"一词的解释是"逃跑"，但是否所有"逃跑"的情形都属于"逃逸"呢？必须具体情况具体分析。

第一，交通肇事后"逃逸"的前提条件是肇事者必须有逃避法律追究的主观目的。如果将发生事故后没有保护现场或离开现场都统一认定为逃逸，显然有悖于立法精神。

第二，"逃逸"在时空上也应有一个必要限制：肇事者离开现场的行为的时间、地点、天气等，不存在不可抗力的情况。

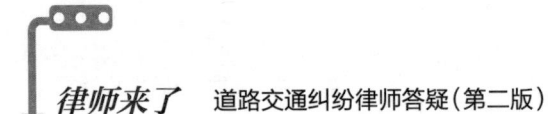

法律依据

《中华人民共和国刑法》

第一百三十三条　违反交通运输管理法规,因而发生重大事故,致人重伤、死亡或者使公私财产遭受重大损失的,处三年以下有期徒刑或者拘役;交通运输肇事后逃逸或者有其他特别恶劣情节的,处三年以上七年以下有期徒刑;因逃逸致人死亡的,处七年以上有期徒刑。

Chapter 7

第七章

参考案例

153. 交通事故伤残参考案例

本案例是机动车与机动车之间发生的交通事故,并且事故造成一人死亡多人受伤;包含的保险险种有交强险、商业三者险。本判决书是一审判决书。本案例中值得关注的有这么几个方面:医疗费合理性;残疾赔偿金的计算方式、举证原则;精神损害抚慰金的赔偿标准;交强险、商业三者险的赔付顺序;交强险的赔付限额、范围;死亡案件交警事故认定程序、尸检程序、车速鉴定程序;诉讼费负担原则;等等。

北京市海淀区人民法院
民 事 判 决 书

(2020)京 0108 民初 533 号

原告:郑某某,女,1939 年 5 月 9 日出生,汉族,住北京市东城区。

委托诉讼代理人:王某某,北京市元吉律师事务所律师。

被告 1:周某,男,1984 年 5 月 4 日出生,汉族,住北京市海淀区。

委托诉讼代理人:田某某,北京市中盾律师事务所律师。

被告 2:中国平安财产保险股份有限公司某分公司,营业场所为北京市西城区金融大街 23 号 15 层。

负责人:曹某,总经理。

委托诉讼代理人:方某,北京振荣律师事务所律师。

原告郑某某与被告周某、被告中国平安财产保险股份有限公司某分公司(以下简称保险公司)机动车交通事故责任纠纷一案,本院于2020年1月9日立案后,根据《全国人民代表大会常务委员会关于授权最高人民法院在部分地区开展民事诉讼程序繁简分流改革试点工作的决定》,依法适用普通程序,由审判员独任审理,公开开庭进行了审理。原告郑某某之委托诉讼代理人王某某与被告周某之委托诉讼代理人田某某、被告保险公司之委托诉讼代理人方某到庭参加诉讼。本案现已审理终结。

郑某某向本院提出诉讼请求:事故给我造成的损失包括北京协和医院的医疗费1952.46元、北京清华长庚医院的医疗费45,800.65元、住院伙食补助费1500元、营养费18,000元、护理费309,340元、交通费1747.02元、残疾赔偿金245,706.5元、精神损害抚慰金25,000元、病历复印费20元,要求保险公司在商业三者险范围内承担50%的赔偿责任,不足部分由周某承担赔偿责任,并承担诉讼费。事实和理由:2018年3月29日11时06分,在北京市海淀区西三环辅路紫竹桥南(南向北),唐某驾驶×××号小型普通客车由南向北行驶时,车辆左前部与主辅路隔离带的路灯杆相撞,致使车辆尾部向右侧滑,该车后部与周某驾驶的在保险公司投保交强险和30万元不计免赔商业三者险的同车道同方向由后驶来的×××号小型轿车左前部相撞,造成两车受损,唐某及其所驾车内乘车人唐某某1、郑某某、唐某某2受伤。唐某某1经抢救无效于2018年3月30日死亡。2018年6月22日,经交通队委托,法大法庭科学技术鉴定研究所出具司法鉴定意见书,鉴定意见为被鉴定人唐某某1因交通事故造成颅脑损伤、胸腹部损伤等多处损伤而死亡;现有材料难以判断由哪次撞击所致其上述损伤。同年7月6日,交通管理部门认定,唐某为同等责任,周某为同等责任,唐某某1、郑某某、唐某某2为无责任。交强险限额已经在郑某某、唐某、唐某某2诉周某、保险公司一案中使用完毕。

周某辩称，我对事故事实和责任认定无异议，肇事车辆在保险公司投保了30万元不计免赔商业三者险，要求法院一并处理。对郑某某主张的诉讼请求以及要求我方承担的责任比例，不予认可。郑某某主张的医疗费过高，依据鉴定意见，与外伤有关的同意赔偿，与外伤无关的不同意赔偿，参与度为C级的同意按照25%赔偿。同意支付365天的护理费。对郑某某主张的护理依赖2年没有异议，但认为护理费标准过高，同意按照每天150元核算。精神损害抚慰金过高。

保险公司辩称，我公司对事故事实和责任认定无异议，肇事车辆在我公司投保交强险和30万元不计免赔商业三者险，其中交强险已经使用完毕，商业险已经使用128,442.93元，同意在剩余限额内承担15%的赔偿责任。诉讼费、鉴定费不属于保险赔偿范围，不同意支付。后续护理依赖部分的护理费，尚未产生，不同意支付。营养费过高。其余答辩意见同周某。

当事人围绕诉讼请求依法提交了证据，本院组织当事人进行了证据交换和质证。对当事人无异议的证据，本院予以确认并在卷佐证。本院经审理查明事实如下：2018年3月29日11时06分，在北京市海淀区西三环辅路紫竹桥南（南向北），唐某驾驶×××号小型普通客车由南向北行驶时，车辆左前部与主辅路隔离带的路灯杆相撞，致使车辆尾部向右侧滑，该车后部与周某驾驶的同车道同方向由后驶来的×××号小型轿车左前部相撞，造成两车受损，唐某及其所驾车内乘车人唐某某1、郑某某、唐某某2受伤。唐某某1经抢救无效于2018年3月30日死亡。

在（2020）京0108民初563号郑某某、唐某、唐某某2诉周某、保险公司机动车交通事故责任纠纷一案中,本院曾调取交通事故卷宗。其中,事故监控录像显示:2018年3月29日11:06:20,唐某驾驶×××号小型普通客车由南向北行驶进入监控画面;2018年3月29日11:06:23,周某所驾驶的×××号小型轿车于唐某车后方同车道同方向行驶进入监控画面;2018年3月29日11:06:25,唐某所驾车辆左前部与主辅路隔离带路灯杆发生碰撞,致使车辆尾部向右侧滑;11:06:26,周某所驾车辆左前部与向右侧滑的唐某所驾车辆后部发生碰撞。北京市公安局公安交通管理局海淀交通支队(以下简称海淀交通支队)于2018年4月2日委托北京中机车辆司法鉴定中心对×××号小型普通客车、×××号小型轿车的行驶速度进行鉴定,该中心于2018年4月26日出具司法鉴定意见书,鉴定意见:×××号小型普通客车参考点1至参考点2通过虚拟参照物1的行驶速度低于31.0km/h,高于27.5km/h。×××号小型轿车参考点3至参考点4通过虚拟参照物2的行驶速度低于42.8km/h,高于36.6km/h。(注:中机鉴定中心在事故监控录像视频画面内设置虚拟参照物1,选取×××号小型普通客车右前轮轮心为参考点1,选取×××号小型普通客车右后轮轮毂后沿为参考点2;在事故监控录像视频画面内设置虚拟参照物2,选取×××号小型轿车右前轮轮心为参考点3,选取×××号小型轿车右后轮轮心为参考点4。)该司法鉴定意见书另记载:通过检验材料中记录的数据信息可知,×××号小型普通客车和×××号小型轿车均未在事故现场道路路面上留有制动印迹。

　　海淀交通支队于2018年7月6日出具道路交通事故认定书,认定唐某为同等责任,周某为同等责任,唐某某1、郑某某、唐某某

2为无责任。

郑某某于2018年4月2日首次至北京协和医院就医,诊断:(1)头部及全身多处外伤;(2)左侧硬膜下积液;(3)左额顶、右小脑、右枕叶硬膜下异常信号,亚急性出血不除外。此后,郑某某至北京清华长庚医院就医,并于2018年8月6日至20日在该院住院治疗14天,出院诊断为:外伤后脑积水、高血压2级(高危)、冠状动脉粥样硬化性心脏病。

郑某某申请护理依赖鉴定、营养期鉴定以及伤残等级鉴定。周某申请就郑某某的全部伤情与事故的因果关系进行鉴定。保险公司申请医疗费合理性鉴定、护理期鉴定。本院委托北京中衡司法鉴定所一并进行鉴定,该所于2021年6月8日出具了司法鉴定意见书,鉴定意见如下:(1)被鉴定人郑某某四肢肌力4级属五级伤残;轻度智能障碍,日常生活有关的活动能力中度受限属九级伤残(综合赔偿指数65%)。(2)建议被鉴定人郑某某护理期365日、营养期180日。(3)被鉴定人郑某某需要部分护理依赖。(4)被鉴定人郑某某目前损害后果为自身脑改变,慢性硬膜下出血,脑积水作用所致。其中,硬膜下血肿为外伤所致;脑积水根本病因为自身疾病,慢性硬膜下出血占次要作用;依据现有材料,其颅脑损伤难以判断由哪一次撞击所致。(5)北京协和医院门诊费用中的诊察费、检查费、卫生材料费等为外伤后常规检查及复查所需,与外伤有关;北京清华长庚医院住院费用中的高血压、冠心病、心功能不全用药:盐酸镁注射液、盐酸曲美他嗪缓释片,补钙用药:骨化三醇软胶囊,支气管炎、哮喘用药:硫酸特布他林雾化溶液、盐酸氨溴索注射液,与外伤无关;其余医疗费于外伤参与度为C级。郑某某已支付鉴定费5450元、周某已支付鉴定费4000元、保险公司已支付鉴定费 5000 元。

本院于 2021 年 6 月 21 日出具书面咨询函，要求鉴定机构明确护理依赖指数。北京中衡司法鉴定所于 2021 年 6 月 24 日出具书面复函，其上载明："被鉴定人郑某某目前遗留四肢瘫，肌力 4 级，躯体伤残日常生活活动能力项目评分为 45 分，需他人监护、照料，存在部分护理依赖，依据（GB/T 31147—2014）《人身损害护理依赖程度评定》标准附录 B 之规定，其护理依赖赔付比例 50%"。

郑某某于 2021 年 8 月 19 日针对鉴定意见书提出书面异议，并要求鉴定机构答复。北京中衡司法鉴定所于 2021 年 9 月 8 日出具书面复函，其上载明："被鉴定人外伤当天未行头颅 CT 检查，其首次影像学检查为伤后半个月（2018-04-14），头颅 MRI 片显示：左侧硬膜下积液，脑室系统扩张，脑沟、裂、池略增宽，双侧额顶颞叶、双侧脑室旁、双侧基底节区及右侧岛叶多发异常信号，考虑缺血性改变（为多发腔梗）。伤后 1 个月（2018-04-26）再次复查头颅 CT 显示：左侧额颞部硬膜下少许出血（影像片见附件）。根据上述影像学提示及变化，我们考虑其双侧额顶颞叶、双侧脑室旁、双侧基底节区及右侧岛叶多发腔梗并脑室扩张应在伤前即已存在，此为患有高血压、冠心病的高龄老人的常见脑血管病变。而外伤性脑积水多发生在中重型颅脑损伤后期，特别多见于严重颅脑损伤并发颅内血肿、蛛网膜下腔出血、广泛脑挫裂伤及昏迷时间较长者。被鉴定人本次外伤后近 1 个月，摄片显示少量慢性硬膜下出血，未见脑室受压、中线偏移及脑挫裂伤等其他外伤性改变，说明头部外伤并不严重。故本所考虑其脑积水主要病因为自身疾病，慢性硬膜下出血占次要作用"。

郑某某于 2021 年 10 月 15 日针对鉴定意见书,提出如下问题"护理期 365 日的始期和终期各是哪一天,请鉴定机构对上述问题予以明确"。北京中衡司法鉴定所于 2021 年 11 月 1 日出具书面复函,其上载明:"GA/T 1193—2014《人身损害误工期、护理期、营养期评定》中规定,护理期是指人体损伤后,在医疗或者功能康复期间生活自理困难,全部或部分需要他人帮助的时间,故护理期起始日为受伤之日,终止日期以原发损伤及后果为依据来确定。被鉴定人郑某某 2018 年 3 月 29 日受伤,外伤后 4 天,因头晕、胸痛、腰部疼痛 4 天就诊,伤后未行头颅 CT 检查,神经系统查体未见明显异常。伤后半月余,复查头颅 MRI 示:左侧硬膜下积液,左侧额顶叶、右侧小脑、右侧枕叶硬膜下异常信号,亚急性出血不除外,双侧额顶颞叶、双侧脑室旁、双侧基底节区及右侧岛叶多发异常信号,考虑缺血性改变;老年性脑改变。4-26 日头颅 CT 示:左侧额颞部硬膜下出血,多发脑梗,脑室扩张。4-27 日出现步行稍困难,5-8 日会诊左下肢肌力Ⅳ级,5-25 日查体见神清语利,四肢肌力正常。其后期肌力查体情况如前,时正常,时下降。头 CT 提示:脑积水,间质性脑水肿,临床完善检查后,8-15 日行脑室 - 腹腔分流术,术后适时调整压力值,症状好转,肢体肌力Ⅴ级。2019-09-09 查体:四肢肌力Ⅴ级。2020-09-30 被鉴定人无明显诱因出现意识障碍,持续几分钟后自行好转,查体见肢体肌力Ⅳ级,头颅 CT 复查未见明确出血灶。上述描述可见,被鉴定人外伤后四肢肌力时好时差,并非持续减弱,而在其神清,肌力、肌张力正常的情况下无须护理。根据对现有送检病历材料的审阅评价,难以确认其外伤后肌力差到需要护理的准确天数,参考三期相关条款规定,建议截止至伤残评定前一日,累计护理期为 365 日"。

扣除医保已实时结算的部分，郑某某已实际支付在北京协和医院门诊治疗期间发生的医疗费260.22元。郑某某已支付北京清华长庚医院住院费42,880元（全自费），其中盐酸镁注射液、盐酸曲美他嗪缓释片、骨化三醇软胶囊、硫酸特布他林雾化溶液、盐酸氨溴索注射液共计258.76元。扣除医保已实时结算的部分，郑某某已实际支付在北京清华长庚医院门诊治疗期间发生的医疗费597.16元（含病历复印费20元）。

郑某某按照每天100元的标准主张15天住院伙食补助费、180天的营养费。

郑某某主张护理费，分为以下四部分：（1）自交通事故发生之日起至住院治疗前（2018年6月10日至8月5日）护理费11,600元。郑某某主张上述期间由护工进行护理，并提交了金额为11,600元的收条。（2）住院治疗期间（2018年8月6日至20日）护理费3220元。郑某某主张上述期间由医院指定的护工进行护理，并提交了北京天晟昱人力资源服务有限责任公司出具的专用收据4张，金额共计3220元。（3）2018年8月21日至2021年9月15日护理费214,220元。郑某某主张上述期间由护工进行护理，并提交了金额共计135,020元的收据以及金额共计79,200元的银行转账记录（付款人系唐某）。（4）2021年9月16日至2023年9月15日护理费80,300元。郑某某主张依据鉴定意见，其存在护理依赖，现暂主张2021年9月16日至2023年9月15日护理费，按照每年80,300元×50%护理依赖赔付核算。周某不认可收条、专用收据的真实性，认可银行转账记录的真实性，但不认可上述证据的证明目的。保险公司不认可收条的真实性，认可专用收据、银行转账记录，但不认可上述证据的证明目的。

郑某某主张因就医、复查发生的交通费。经询,双方均认可郑某某于 2018 年 4 月 2 日、4 月 3 日、4 月 8 日、4 月 19 日、4 月 27 日、4 月 28 日、5 月 7 日、5 月 8 日、5 月 25 日、6 月 20 日、6 月 26 日、7 月 5 日、7 月 28 日、7 月 31 日、8 月 6 日、8 月 20 日,于 2019 年 1 月 21 日、3 月 29 日、9 月 9 日,于 2020 年 11 月 17 日共计就医复查 20 次。

郑某某为非农业家庭户口。郑某某主张残疾赔偿金,算法为 75,602 元 ×5 年 ×65% 综合赔偿指数。周某、保险公司主张残疾赔偿金过高,应考虑外伤参与度,算法应为 75,602 元 ×5 年 ×65% 综合赔偿指数 ×25% 外伤参与度。郑某某对此不予认可,主张自身疾病不是其过错,不能因此减轻周某及保险公司赔偿责任。

另查:周某所驾车辆在保险公司投保了交强险和 30 万元不计免赔商业三者险。郑某某、周某、保险公司均认可交强险限额已使用完毕,保险公司已在商业三者险限额内赔偿唐某修车费 74,000 元,赔偿郑某某、唐某、唐某某 2 医疗费、交通费、丧葬费、死亡赔偿金共计 54,442.93 元。

本院认为,此次事故经海淀交通支队认定唐某与周某为同等责任,唐某某 1、郑某某、唐某某 2 为无责任,故本院酌情认定就第二次碰撞周某应承担 50% 的事故责任。结合此次交通事故发生的经过、发生两次碰撞的时差、两车的受损部位、行驶速度、事故现场道路路面未留有制动印迹等情形以及唐某所驾车辆车上人员的位置、受损程度等情况,同时参考司法鉴定意见书,本院酌情认为第一次碰撞是造成郑某某损害后果的主要原因(参与度 70%),第二次碰撞是造成郑某某损害后果的次要原因(参与度 30%)。本次交通事故造成唐某某 1 死亡、郑某某受伤,现郑某某与周某、保险公司均认可在因唐某某1死亡而提起的(2020)京0108民初563号机动车交通事故责任一案中,交强险限额已使用完毕,对此本院不持异议。综上,本院酌情认定对于郑某某的合理损失,周某承担15%的赔偿责任。

鉴于周某所驾车辆在保险公司投保交强险及30万元不计免赔商业三者险,事故发生在保险期限内,故对于郑某某的合理损失,由保险公司在商业三者险剩余限额内根据保险合同予以赔偿;仍有不足的,由周某予以赔偿。

本次交通事故造成的损害后果系唐某驾驶机动车与主辅路隔离带的路灯杆相撞,随后与周某所驾车辆相撞共同作用导致,经交通管理部门认定郑某某无责任,即郑某某对于事故的发生及损害后果的形成均无过错。虽然郑某某年事已高,自身患有疾病,但这并非侵权责任法中规定的过错。鉴于郑某某对于损害的发生或扩大没有过错,故不能因郑某某个人体质状况而减轻周某的赔偿责任。综上,对于周某、保险公司要求按照外伤参与度核减医疗费及残疾赔偿金之抗辩意见,本院不予采信。

现郑某某主张的交通费、残疾赔偿金、精神损害抚慰金,理由正当,本院予以支持。郑某某主张的医疗费(含病历复印费)过高,应扣除医保已实时报销的部分以及与外伤无关的部分。郑某某主张的住院伙食补助费标准适当,但天数有误,本院按照住院病历中载明的住院天数予以核算。郑某某主张的营养费过高,本院依据其具体伤情酌情按照每天50元的标准支持180天的营养费。郑某某主张的护理期过长,本院参考鉴定意见支持其自事故发生之日起至定残前一日累计365天的护理费,此后依据护理依赖指数酌情支持其自定残之日起两年的护理费;郑某某主张的护

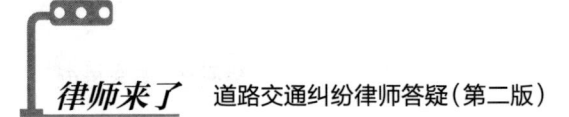

理费过高，其中提供护理费票据的部分，按票据核算，未提供票据的部分，本院酌情按照护工从事同等级别护理的劳动报酬标准计算。

经核实，郑某某损失为：医疗费43,478.7元（含病历复印费20元）、住院伙食补助费1400元、营养费9000元、护理费110,620元、交通费1747.02元、残疾赔偿金245,706.5元、精神损害抚慰金25,000元。

综上所述，依据《中华人民共和国民法典》第一千一百七十九条、第一千一百八十三条第一款、第一千二百零八条、第一千二百一十三条，《最高人民法院关于审理道路交通事故损害赔偿案件适用法律若干问题的解释（2020年修正）》第十一条第一款、第十三条之规定，判决如下：

一、保险公司于本判决生效后七日内在商业三者险限额内赔偿郑某某医疗费（含病历复印费）、住院伙食补助费、营养费、护理费、交通费、残疾赔偿金、精神损害抚慰金共计65,542.83元；

二、驳回郑某某其他诉讼请求。

如果未按本判决指定的期间履行给付金钱义务，应当依照《中华人民共和国民事诉讼法》第二百五十三条之规定，加倍支付迟延履行期间的债务利息。

鉴定费14,450元（郑某某已预付5450元、周某已预付4000元、保险公司已预付5000元），由周某负担9450元，余款于本判决生效后七日内交纳；由保险公司负担5000元，已交纳。

案件受理费6168元（郑某某已预交），由郑某某负担4823元，已交纳；由中国平安财产保险股份有限公司某分公司负担1245元，于本判决生效后七日内交纳。

如不服本判决,可在判决书送达之日起十五日内,向本院递交上诉状,并按对方当事人的人数提出副本,上诉于北京市第一中级人民法院。

审判员　张　×
二〇二一年十二月二十三日
书记员　王××

154. 刑事案件审结后另行提起民事诉讼参考案例

本案例是醉酒驾驶机动车致人死亡的交通事故,包含的保险险种有交强险、商业三者险。本案例系刑事案件审结后另行提起民事诉讼,值得关注的有以下几个方面:死亡赔偿金的计算方式、举证原则;被扶养人生活费的计算方式、举证原则;涉及刑事案件的,是否赔偿精神损害抚慰金问题;对交强险、商业三者险是否拒赔问题等。

山东省无棣县人民法院
民 事 判 决 书

(2018)鲁1623民初2846号

原告:魏某某1,男,住山东省无棣县。

原告:高某某1,女,住山东省无棣县。

原告:宁某某1,女,住山东省无棣县。

原告:魏某。

法定代理人:宁某某,系原告魏某之母。

四原告委托诉讼代理人:李某,无棣恒威法律服务所法律工作者（特别授权）。

被告：王某某1，男，住山东省无棣县。

被告：中国人民财产保险股份有限公司某市分公司，住所地山东省滨州市黄河五路500号。

负责人：刘某，总经理。

委托诉讼代理人：马某，山东中捷律师事务所律师（特别授权）。

委托诉讼代理人：王某某2，山东中捷律师事务所律师（特别授权）。

原告魏某某1、高某某1、宁某某1、魏某与被告王某某1、中国人民财产保险股份有限公司某市分公司（以下简称人保分公司）机动车交通事故责任纠纷一案，本院于2018年7月17日立案后，依法适用简易程序，公开开庭进行了审理。原告宁某某1及其与魏某某1、高某某1、魏某共同的委托诉讼代理人李某，被告王某某1，被告人保分公司的委托诉讼代理人王某某2到庭参加诉讼。本案现已审理终结。

魏某某1、高某某1、宁某某1、魏某向本院提出诉讼请求：（1）判令被告赔偿原告死亡赔偿金、丧葬费、精神损害抚慰金、交通费、误工费等共计1,100,000元；（2）诉讼费用由被告负担。

事实和理由：2018年6月24日23时20分许，被告王某某1驾驶其所有的鲁M×××××号北京现代牌小型轿车，沿S511由南向北行驶至22km+200m处时，与前方顺行原告的近亲属魏某某2驾驶的二轮摩托车发生追尾碰撞，造成魏某某2当场死亡、车辆损坏的道路交通事故。无棣县公安局交通警察大队认定，被告王某某1承担事故的全部责任。鲁M×××××号北京现代牌小型轿车在被告人保分公司投保交强险和商业险，二被告应依法赔偿原告的损失。

王某某1辩称,事故发生属实,尽可能依法赔偿原告的损失。

人保分公司辩称,由于被告王某某1醉酒驾驶涉案车辆,根据相关规定,我公司在交强险和商业险限额内均不承担赔偿责任。我公司在涉案车辆投保相关保险时,已对其中的免赔率、免赔额、免赔事项、免赔责任进行了说明和提示,已履行了告知义务,原告的损失应由车主和侵权人依法赔偿。

本院经审理认定事实如下:2018年6月24日23时20分许,被告王某某1醉酒驾驶鲁M×××××号北京现代牌小型轿车,沿S511由南向北行驶至22km+200m处时,与前方顺向魏某某2驾驶的无牌二轮摩托车发生追尾碰撞,造成魏某某2当场死亡、车辆损坏的道路交通事故。无棣县公安局交通警察大队认定,被告王某某2承担事故的全部责任,魏某某2不承担事故责任。

四原告的近亲属魏某某2出生于1987年6月30日,原告魏某某2系其父亲,高某某系其母亲,宁某某系其妻子,魏某系其儿子。魏某某2自2016年5月19日起至事故发生时,一直在无棣鑫岳化工集团有限公司工作。

被告王某某1驾驶的鲁M×××××号北京现代牌小型轿车的所有人系其本人。该车在被告人保分公司投保机动车交强险、商业三者险和不计免赔特约险;强制保险条款约定,死亡、伤残项下的赔偿限额为110,000元;商业三者险的赔偿限额为1,000,000元;本次事故发生在鲁M×××××号北京现代牌小型轿车交强险和商业三者险保险期间。中国人民财产保险股份有限公司机动车综合商业保险条款第二十四条规定:驾驶人在饮酒、吸食或注射毒品、服用国家管制的精神药品或者麻醉药品的情况下发生交通事故,不论任何原因造成人身伤亡、财产损失和费用,保险人在机动车第三者责任保险限额内均不负责赔偿,被告人保分公司将该免赔事项告知投保人王某某1,并由王某某1签字确认。

2017年山东省城镇居民人均可支配收入为36,789元,城镇居民人均消费性支出为23,072元,在岗职工年平均工资为69,305元。

以上事实,有当事人陈述、无棣县公安局交通警察大队的事故认定书及原告、被告提供的相关证据所证实,本院予以确认。

本院认为,被告王某某1驾驶其所有的鲁M×××××号北京现代牌小型轿车,与四原告的近亲属魏某某2驾驶的无牌二轮摩托车发生碰撞,造成魏某某2死亡的道路交通事故,被告王某某1承担事故的全部责任,事实清楚,证据充分。被告王某某1作为侵权人和鲁M×××××号北京现代牌小型轿车的所有人,应依法赔偿四原告因本次交通事故受到的损失。鲁M×××××号北京现代牌小型轿车在被告人保分公司投保机动车交强险,且本次事故发生在保险期间,人保分公司应在交强险限额内先行赔偿四原告的损失。由于本次事故发生时被告王某某1醉酒驾驶被保险车辆,根据被告王某某1与人保分公司签订的保险合同约定,人保分公司在商业三者险限额内不承担赔偿责任。

四原告的近亲属魏某某2自2016年5月19日起至事故发生时一直在无棣鑫岳化工集团有限公司工作,其主要收入来源地在城镇,因此,对其死亡赔偿金按城镇居民的相关标准计算,其死亡赔偿金为36,789元×20年,即735,780元,丧葬费为69,305元÷12个月×6个月,即34,652.5元。对原告魏某的被扶养人生活费按城镇居民的相关标准计算,为23,072元×13年÷2人,即149,968元。根据《中华人民共和国侵权责任法》第十六条规定,被扶养人生活费计入死亡赔偿金,因此,魏某的死亡赔偿金为

885,748元(735,780元+149,968元)。根据本案实际,支持四原告处理魏某某2丧葬事宜的交通费1000元。四原告主张的处理丧事人员的误工费过高,根据本案实际,支持其5人5天的误工费,为69.75元×5人×5天,即1743.75元。《最高人民法院关于适用〈中华人民共和国刑事诉讼法〉的解释》第一百三十八条规定:因受到犯罪侵犯,提起附带民事诉讼或者单独提起民事诉讼要求赔偿精神损失的,人民法院不予受理,本案受害人一方的损失是因王某某1的犯罪行为造成的,根据以上规定,对四原告主张的精神损害抚慰金10,000元,不予支持。胎儿并不具有民事权利能力,其不是民事主体,当然不享有请求权,因此,对原告主张的宁某某腹中胎儿的抚养费,待胎儿出生并确定其损害后另案处理。依照《中华人民共和国侵权责任法》第六条、第十五条、第十六条、第十八条,《中华人民共和国道路交通安全法》第七十六条的规定,判决如下:

一、被告人保分公司在机动车强制保险责任限额范围内赔偿原告魏某某1、高某某、宁某某、魏某死亡赔偿金110,000元;

二、被告王某某1赔偿原告魏某某1、高某某、宁某某、魏某死亡赔偿金775,748元(885,748元-110,000元)、丧葬费34,652.5元、误工费1743.75元、交通费1000元,共计813,144.25元。

以上款项于本判决生效后十日内付清。

如果未按本判决指定的期间履行给付金钱义务,将依照《中华人民共和国民事诉讼法》第二百五十三条规定,加倍支付迟延履行期间的债务利息。

案件受理费14,700元,减半收取7350元,由原告魏某某1、高某某、宁某某、魏某负担1182元,被告王某某1负担5433元,被告中国人民财产保险股份有限公司某市分公司负担735元。

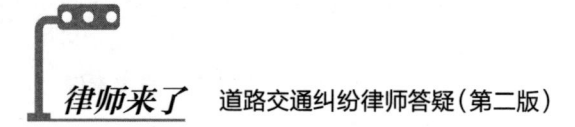

如不服本判决，可以在判决书送达之日起十五日内，向本院递交上诉状，并按对方当事人的人数或者代表人的人数提出副本，上诉于山东省滨州市中级人民法院。

审判员　李××

二〇一八年十月八日

书记员　高××

155.交通肇事逃逸参考案例

江苏省金湖县人民法院
刑事判决书

（2021）苏 0831 刑初 ×××号

公诉机关江苏省金湖县人民检察院。

被告人卞某，曾用名卞某某，男，1969年4月27日出生于江苏省金湖县，汉族，初中文化，私营企业主，住金湖县。因涉嫌犯交通肇事罪，于2021年11月9日被取保候审。

金湖县人民检察院以金检刑诉（2021）××号起诉书指控被告人卞某犯交通肇事罪，于2021年11月29日向本院提起公诉。本院受理后，依法适用速裁程序，于2021年12月9日转为简易程序，实行独任审判，于2021年12月15日公开开庭审理了本案。金湖县人民检察院指派检察官丁某某出庭支持公诉，被告人卞某到庭参加诉讼。现已审理终结。

金湖县人民检察院指控，2021年6月28日5时30分许，被告人卞某驾驶沪C×××××牌号的别克牌商务车，沿金湖县103县道由南向北逆向行驶至金南镇境内11km+120m（交叉路口）路段时，与由南向北左转弯杨某乙（男，1949年1月23日生）驾驶的速利达牌电动三轮车相撞，致杨某乙受伤，经医院救治后于同年10月2日死亡，两车辆损坏，造成道路交通事故。经鉴定，被害人杨某乙系道路交通事故造成的颈椎损伤导致多脏器功能衰竭死亡。经认定，被告人卞某负此事故的主要责任。

事故发生后，被告人卞某主动报警，并在现场等候处理，且如实供述了上述事实。案件审理期间，被告人卞某与被害人近亲属达成赔偿协议，并取得谅解。其对指控的犯罪事实和证据没有异议，并自愿认罪认罚。

上述事实，被告人卞某在侦查阶段有过供述，开庭审理过程中亦供认不讳，并有证人杨某甲证言、道路交通事故现场勘查笔录、道路交通事故现场图、现场照片、公安交通管理行政强制措施凭证、驾驶证、行驶证及车辆信息、监控视频、司法鉴定意见书、检车照、道路交通事故认定书、尸体检验意见书、谅解书、认罪认罚具结书、公安机关出具的发破案材料等证据予以证实。上述证据，合法有效，足以认定。

本院认为，被告人卞某违反道路交通安全法，发生重大事故，致一人死亡，负事故的主要责任，其行为已构成交通肇事罪。公诉机关指控的事实清楚，证据充分，定性准确，应予支持。被告人卞某犯罪以后自动投案，并如实供述自己的罪行，系自首，依法可以从轻处罚。被告人卞某自愿认罪认罚，依法可以从宽处理。被告人卞某与被害人近亲属达成赔偿协议，并取得谅解，可以酌情从轻处罚。公诉机关的量刑建议符合法律规定，予以采纳。依照

《中华人民共和国刑法》第一百三十三条，第六十七条第一款，第七十二条第一款，第七十三条第二款、第三款，《最高人民法院关于审理交通肇事刑事案件具体应用法律若干问题的解释》第二条第一款第（一）项以及《中华人民共和国刑事诉讼法》第十五条之规定，判决如下：

被告人卞某犯交通肇事罪，判处有期徒刑十个月，缓刑一年。

（缓刑考验期从判决确定之日起计算）。

如不服本判决，可在接到判决书的第二日起十日内，通过本院或直接向江苏省淮安市中级人民法院提出上诉。书面上诉的，应提交上诉状正本一份，副本二份。

审 判 员　倪××

二〇二一年十二月十五日

法官助理　邵　×

书 记 员　陈××

156. 醉驾刑事处罚参考案例

苏州工业园区人民法院
刑事判决书

（2021）苏××××刑初×××号

公诉机关江苏省苏州工业园区人民检察院。

被告人李某，男，1994年×月×日出生于陕西省××县，汉族，初中文化，系上海××苏州有限公司员工，户籍所在地陕西省××县,暂住地苏州。2021年2月10日因涉嫌犯危险驾驶罪被取保候审。

江苏省苏州工业园区人民检察院以苏园检刑诉〔2021〕××号起诉书指控被告人李某犯危险驾驶罪,于2021年7月12日向本院提起公诉。本院依法适用速裁程序,公开开庭审理了本案。公诉机关指派检察员潘某某出庭支持公诉,被告人李某到庭参加诉讼。本案现已审理终结。

公诉机关指控,2021年2月4日晚,被告人李某在苏州工业园区唯亭街道一饭店与朋友聚餐饮酒,后其独自驾驶小型轿车行驶至苏州工业园区夷亭路041路灯杆附近时,被民警查获。经司法鉴定,被告人李某血液中乙醇含量为165mg/100mL。被告人李某归案后如实供述自己的罪行,且自愿认罪认罚。被告人李某已向本院缴纳财产刑保证金人民币2000元。

本院认为,被告人李某目无法制,在道路上醉酒驾驶机动车,其行为已构成危险驾驶罪。被告人李某归案后如实供述自己的罪行,依法从轻处罚。被告人李某自愿认罪认罚并同意适用速裁程序,依法从宽处罚。公诉机关指控被告人李某犯危险驾驶罪的事实清楚,证据确实、充分,指控的罪名、情节正确,提出的量刑建议适当,本院予以支持。据此,依照《中华人民共和国刑法》第一百三十三条之一第一款第(二)项,第六十七条第三款,第七十二条第一款、第三款,第七十三条第一款、第三款,第六十四条及《中华人民共和国刑事诉讼法》第十五条之规定,判决如下:

被告人李某犯危险驾驶罪,判处拘役一个月十天,缓刑二个月,并处罚金人民币二千元(缓刑考验期自判决确定之日起计算,罚金自判决生效后第二日起一个月内缴纳并上缴国库)。

如不服本判决，可在接到判决书的第二日起十日内，通过本院或者直接向江苏省苏州市中级人民法院提出上诉。书面上诉的，应当提交上诉状正本一份，副本两份。

审判员　王　×

二〇二一年七月十四日

书记员　顾××